SUMMAIRE ET EPITOME
DU LIVRE
DE ASSE

GUILLAUME BUDÉ

SUMMAIRE ET EPITOME DU LIVRE *DE ASSE*

Édition critique
par
Marie-Madeleine de La Garanderie
et
Luigi-Alberto Sanchi

LES BELLES LETTRES

2008

*Conformément au règlement de la collection,
ce volume a été relu par Pierre Laurens
et Alain-Philippe Segonds.*

95, bd Raspail, 75006 Paris.
www.lesbelleslettres.com

ISBN : 978-2-251-34494-2

INTRODUCTION

par

Marie-Madeleine de La Garanderie

Notre temps voit fleurir une multitude de petits livres qui – répondant aux questionnements de lecteurs non spécialisés, « motivés » toutefois, comme disent les rubriques des publicitaires – condensent en une centaine de pages de vastes domaines du savoir. Ce genre d'ouvrages a deux exigences : 1. donner, appuyé sur des données précises et éventuellement chiffrées, « l'état de la question » ; 2. être attrayant en portant le lecteur à « se représenter » les choses. Il implique une longue décantation préliminaire.

Or voici de ces sortes de publications, datant du début de l'an 1522, un lointain prototype : *Le summaire et Epitome du livre De asse* de Guillaume Budé. Ici le genre est saisi tout près de sa source et cherche même sa voie chemin faisant. À ce titre il mérite à la fois notre curiosité, notre admiration… et notre indulgence.

Le *De asse*

Sa source est le *De asse et partibus eius* du même Budé, livre au titre modeste (l'as, le sou en quelque sorte…) mais au propos ambitieux (rien moins que la totalité de l'économie antique !), qui était sorti des presses de Josse Bade le 15 mars 1515. C'était le temps où, pour reprendre l'image chère aux humanistes, les « lettres anciennes renaissaient après un long déluge »[1]. Les livres s'imprimaient, les manuscrits circulaient. Mais que savait-on vraiment du train de vie des Anciens ? Que coûtait, par exemple, la solde du mercenaire, l'entretien des légions, le repas du pauvre et celui du riche ? Et quel niveau de richesses, quelles sources de richesses ? Ces questions se posaient dans toute la « nation savante ». L'Antiquité s'offrait, s'ouvrait comme un immense champ de fouilles... L'Italie sans doute, avec Ange Politien, avec Hermolao Barbaro, s'y était engagée la première. Guillaume Budé venait, dans son *De asse*, de relever le défi[2] et de revendiquer la palme pour la France. Le livre avait fait événement, tant par l'heureuse coïncidence entre sa publication et l'avènement du jeune roi qui était appelé à devenir le symbole de la Renaissance française[3], que par l'énorme masse de documentation qu'il fournissait au monde savant[4]. Il avait connu dès 1516 une seconde édition augmentée.

Budé était une sorte d'archéologue de l'écrit, un amoureux des textes, bref un philologue au plein sens du terme. Déjà célèbre pour sa connaissance de la langue grecque (il avait traduit deux traités de Plutarque), il avait donné en 1508 ses premières *Annotations* au vaste corpus du droit civil, ces *Pandectes* recopiées de siècle en siècle, altérées et défigurées sous l'accumulation des gloses. Au détour de sa lecture et de son commentaire, à propos de la loi, *De haeredibus instituendis*, il avait lu : *Assis partes sunt quadrans, triens, semis, etc.* Ces lignes avaient ouvert pour lui un nouveau domaine à explorer : les monnaies et mesures des Anciens, et, de manière générale – clef de leur

1. Cf. *De studio litterarum recte et commode instituendo*, Paris, Belles Lettres, 1988, p. 5.

2. Sur cette compétition, voir L. Delaruelle, *Guillaume Budé, les origines, les débuts, les idées maîtresses* (Paris, E. Cornély, 1907), réimpr. Genève, Slatkine, 1970, p. 160-65.

3. Comme Budé se plaira à le souligner en 1519 en offrant au roi le recueil d'apophtegmes qui devait devenir l'*Institution du Prince*.

4. Cette importance est attestée par la place faite en 1990, dans la belle exposition *En français dans le texte* présentée par la Bibliothèque Nationale, à ce livre – pourtant en latin dans le texte – mais capital.

mode et de leur train de vie – leur « manière de compter ». Elles seront la matrice du *De asse.* Après avoir triomphé d'innombrables obstacles paléographiques et linguistiques, et opéré la conversion des données chiffrées éparses chez Pline, chez les historiens et chez les poètes, en valeurs contemporaines, Budé pouvait se flatter[5] d'avoir redonné sens, présence et corps à une multitude de textes et « fait sortir l'Antiquité de ses sépulcres ».

Mais pour quels lecteurs ? Car, écrit dans la langue normale des savants du temps, le latin, et émaillé de citations grecques, le *De asse* est un livre massif, de lecture continue, difficile et sinueux. La prolifération même des documents et la richesse de la pensée en masquent l'architecture. De plus il s'est enrichi, au fil de son écriture, et souvent au détriment de la clarté, de longs excursus, sortes d'essais philosophiques ou politiques où Budé se révèle et comme écrivain et comme penseur[6], mais qui n'ont qu'un rapport ténu avec le propos. On sait qu'il avait en son temps rebuté un Érasme[7], lecteur pressé et pragmatique, mais devait trouver dans la préface que lui consacra l'éditeur des *G.B. omnia opera* (Bâle, 1556), Giulio Secondo Curione, le plus profond et pertinent de ses critiques[8]. Traduit en italien en 1562, il ne devait jamais l'être en français. Aussi bien, au fil du temps et des évolutions monétaires, ses estimations, qui constituaient l'axe porteur de l'édifice, étaient devenues obsolètes.

5. « Il est de fait, écrira-t-il à Erasme l'année suivante, que l'argument même du livre et l'exposé des problèmes que pose le système monétaire ne sont accessibles qu'à des lecteurs un peu instruits, et à condition qu'ils lisent attentivement et à plusieurs reprises. Personne n'a jamais choisi sujet plus impossible, thème plus embrouillé [...]. Mais moi je crois avoir touché mon but à tous égards et si complètement réussi que nul ne saurait blâmer mon ouvrage » (Allen, ep. 493, M.-M. de La Garanderie [éd.], *Correspondance d'Érasme et Budé,* Paris, Vrin, 1967, p.85).

6. Les digressions du *De Asse* représentent près du tiers du livre. On les trouve notamment au livre IV, et surtout au livre V qui s'achève sur un épilogue surajouté. C'est dans ces passages que les études budéennes ont trouvé leurs trésors.

7. Cf. Allen, ep. 435, 480, 493, et *Correspondance d'Érasme et Budé,* cité.

8. « Nul ne nie que la seule qualité qui lui ait manqué soit la clarté, mais il est robuste, viril, sublime et respire une vigoureuse antiquité... » Cf. M.-M. de La Garanderie, *Christianisme et lettres profanes,* Paris, H. Champion, 2001, p. 265.

La critique universitaire du siècle dernier a abordé l'étude de Guillaume Budé avec tout le sérieux qu'elle méritait sous la plume de Louis Delaruelle dont le *Guillaume Budé* reste d'une grande utilité. Le *De asse* y est jugé admirable par son propos, mais illisible en raison de son écriture enchevêtrée et sinueuse. Deux chapitres lui sont consacrés : l'un à « l'œuvre scientifique », l'autre aux « digressions » dont est donné un soigneux inventaire. Fâcheusement, dans le premier d'entre eux, où est exposée la question des monnaies[9], l'auteur se laisse prendre au piège de l'incontestable difficulté du texte. Il prétend à tort que Budé a confondu dès le départ monnaies grecques et romaines. Ce qui, il va de soi, retirerait toute valeur à l'œuvre scientifique. Cette allégation ne résiste pas à une étude plus attentive ; et surtout elle ne résiste pas à la lecture du *Summaire et Epitome* en langue française que Budé a lui-même donné de son livre[10] et dont on trouvera ici la première édition moderne.

L'*Epitome*

Il entrait sans nul doute dans le projet initial de Budé de mettre ses découvertes à la disposition d'un plus grand nombre de lecteurs. Son *De asse*, en effet, n'avait pas été dédié à quelque grand personnage, comme le voulait l'usage, mais « à tout homme de bonne volonté curieux de lettres et de philosophie ». Il y avait une évidente antinomie entre cette intention hautement proclamée et le livre lui-même. Budé se devait donc de condenser et de rendre accessibles les résultats de sa recherche scientifique. De plus il allait bientôt y être porté par sa carrière. Le

9. *Op. cit.*, haut de la p. 142. Toutefois il faut reconnaître que la brusquerie avec laquelle Budé introduit le mot « drachme » à la page 5 du *De asse* (« post haec sequitur drachma... ») et même dans l'*Epitome*, au *verso* du f. 1, pouvait déconcerter. La drachme circulait couramment sur les marchés de Rome, et son équivalence avec le denier en faisait une sorte de monnaie d'adoption..

10. Delaruelle ne l'a pas utilisé : son étude de l'œuvre de Budé ne va pas au-delà de 1519.

savant était devenu homme de cour. Il espérait sa nomination comme Maître des requêtes de l'Hôtel du roi (elle sera officialisée en août 1522). Il participait à ces conversations à la table du roi au cours desquelles se manifestait la curiosité de convives distingués, éclairés, mais qui (c'était le cas du roi lui-même) ne parlaient pas, ou peu, le latin. C'est pour eux que l'auteur du *De asse* va se livrer à l'inventaire de son champ de fouilles. Par une sorte de jeu de miroir, il en offre la visite, guidant le regard de ses contemporains et, indirectement, le nôtre.

Il y avait toutefois une autre antinomie, fondamentale celle-ci, qui tenait à la forme même de l'esprit de Guillaume Budé, à sa liberté d'écriture, à ses scrupuleux et inépuisables questionnements. Comme l'en taquinait Érasme, Budé a grand peine à « retirer sa main du tableau »[11]. De la tension entre l'exigence de brièveté du genre, la difficulté exceptionnelle de la matière et la répugnance du savant à l'égard de toute simplification hâtive va naître un abrégé relativement long et complexe.

De toute manière cet *Epitome* n'est pas un chef d'œuvre littéraire. Budé est un auteur néolatin, non un auteur français. Sa langue française manque d'aisance. Langue parlée en quelque sorte, langue du quotidien. Ce n'est pas non plus une belle édition. C'est un texte très peu soigné à l'orthographe très mouvante, que l'usage incertain des majuscules, joint à l'absence de l'apostrophe émaille de ces étranges « génitifs » : *Dytalie, Dalexandre,* etc. Sorti des presses de Pierre Vidoue pour Galliot du Pré le 20 février 1522, reproduit à l'identique par Antoine Bonnemère en 1527, puis à nouveau par Galliot du Pré en 1529, il a connu du vivant de l'auteur une ultime édition, due à François Regnault en 1538 (64 feuillets). Celle-ci, en fine gothique et sensiblement plus raffinée, est présentée comme « revue et augmentée » sans pourtant offrir de différences notables[12].

11. Cf. Allen, ep. 430, et *Correspondance d'Érasme et Budé,* cité.

12. Toutefois les manchettes y sont correctement calées, ce qui n'était pas le cas en 1522.

* * *

Le texte comporte deux parties bien distinctes et inégales, dont la première, la plus courte (quinze feuillets), apparemment suffirait. Le commencement est sans art. L'as d'abord, comme le plus courant et le plus ancien (« du temps que les Romains estoient pauvres »...) ; puis les multiples de l'as... Enfin, « quand les Romains furent plus riches, ils prirent l'habitude de compter par sesterces »...

Ce mot « sesterce » était le nœud dont l'énigmatique embrouillement rendait inintelligibles nombre de textes historiques. Aussi, des apports scientifiques de l'auteur du *De asse*, le plus immédiatement utilitaire fut-il d'avoir, le premier ou un des premiers[13] élucidé cette question cruciale. S'avisant que *sestertium* pouvait être un génitif pluriel sous-entendant *decies centena millia*, c'est-à-dire un million, il expliquait comment les Anciens, par « abréviation de langage » exprimaient, par un jeu de multiplications, les très grands nombres : « Car le plus grand nombre qui soit en la langue latine était cent mille, ainsi que dit Pline[14]. Aussi les Romains et Latins comptaient-ils leurs plus grandes sommes par multiplication de cent mille. Et nous comptons par multiplication de millions ».

La question du sesterce élucidée, puis étayée par quelques exemples, on entre, au *verso* du f. 8, dans la partie la plus ingrate du petit livre. Faute d'être familiarisé avec la vie écono-

13. Budé devait apprendre en 1518 par une lettre d'Erasme (Allen, 810, *Correspondance d'Érasme et Budé*, p. 153) qu'un petit livre sur la question, le *De sestertio* de Leonardo Porzio, pouvait avoir circulé avant sa sortie des presses (Rome, 1524). Budé en fut très perturbé ; il revendiquera hautement son antériorité dans l'édition de 1527 du *De asse* (voir K. Davies, « Leonardo Porzio in the 1527 *De asse* », in *Acta conventus neolatini Bononiensis*, MRTS, p. 430-36). Erasme n'en sera sans doute pas convaincu, car, procédant à Bâle en 1533 à de nouvelles additions à sa collection d'*Adages* il fait figurer, parmi ses ultimes ajouts l'adage *Herciscere* (n° 4116, sur les héritages dans l'indivision) accordant, à égalité la gloire *de assis inventione* à Budé et à Porzio.

14. Pline l'Ancien, *Histoire naturelle*, XXXIII, 133.

mique de l'an 1522, on se perd parmi les unités de l'époque et celles de l'Antiquité. Aussi bien portent-elles souvent le même nom (livre, denier, once, et aussi drachme[15]). De plus, il s'agit tantôt de poids, tantôt de monnaies, les deux choses étant inséparables avant l'ère du papier-monnaie... Budé ne s'y perd-il pas lui-même[16] ? Mais non. Tout au contraire, il manifeste un sens si aigu des spécificités des diverses pièces du jeu – et de leurs variations au gré des temps et des lieux – qu'il jongle avec celles-ci en pleine maîtrise[17], et presque avec allégresse ! Le jongleur est même si sûr de lui qu'il semble se plaire à faire et à refaire ses bilans ou à s'assurer – et à s'émerveiller – de l'équilibre de ses balances. Budé est à l'aise dans les méandres[18] de cette arithmétique comme dans ceux de la philologie. Il tient devant nous « bureau de change » au grand marché du monde antique. Et finalement il nous donne presque triomphalement, aux folios 10*v* à 15*v*, des tableaux, bien distincts et bien clairs, des monnaies romaines, puis des monnaies grecques. Certes il est plaisant de l'y voir s'embarrasser dans l'écriture des nombres, alignant et multipliant les multiplications ... Mais il n'était pas facile de faire des mathématiques avec des chiffres romains[19] et sans le secours de la notion de « puissance » !

On pourrait achever la lecture en ce *verso* du f. 15. Les données numériques ont été fournies, accompagnées chacune d'exemples qui les illustrent et les justifient, – ceux-ci tirés de Suétone (trois, dont deux concernant Auguste, un Néron), de Pline, de Sénèque, de Cicéron. Mais la plus longue partie du livre est à venir : « *Cy après je reciteray* »...

* * *

15. Il est précisé au f. 9 que le mot est encore d'usage chez les apothicaires.

16. Mais on comprend mieux en cet endroit que L. Delaruelle ait pu, perdant le fil du *De asse*, accuser Budé de telles confusions.

17.On peut lire, f. 10*v* : « Laquelle estimation, et celle que je feray cy après, n'est point faicte à l'advanture, mais par compte fondé en demonstration telle qu'on n'en peult faire doubte ».

18. Le mot est précisément de Budé : *De Asse*, p. 111.

19. Nous avons cru bon d'en conserver la présentation dans cette édition.

Réciter, c'est raconter, et c'est aussi citer. Cette seconde partie du livre est une longue suite de citations : Budé nous ouvre le cabinet de sa collection de textes. Ce faisant il nous donne les clefs d'une exposition d'antiques merveilles. Et il est significatif que ce soit sous ces derniers mots que la génération suivante, avec le petit livre de Charles Fontaine *Les antiques merveilles du livre De asse* en donnera en 1554 une sorte de réplique.

Le texte porte les traces d'une rédaction hâtive et relève plutôt du rapport d'expert que de la littérature... Budé ne soigne pas son style. Il n'évite pas les répétitions, ni des détails apparemment inutiles. Pour lui ce sont les documents présentés, et donnés dans leur intégralité, qui importent, comme pour l'archéologue les débris de statues, de poteries, ou d'outils... Souvent il se borne à recopier des passages du *De asse* de sorte que, au lieu de parler d'abrégé, il conviendrait parfois de parler de « morceaux choisis », voire d'une simple juxtaposition de fragments traduits des auteurs latins ou grecs. D'où ce qui peut apparaître comme des longueurs, voire des redites, en un genre qui se propose de résumer. Le dessein d'abréger semble réfréné par la séduction du sujet.

Dans cette seconde partie, la proportion entre description et calcul est inversée, mais l'alternance est maintenue. Après chaque épisode Budé « fait ses comptes » et transpose scrupuleusement tous les chiffres en valeurs de son temps. On s'exerce d'abord sur un premier exemple court : le prix du cheval Bucéphale. Mais ce n'est qu'un début. Nous allons visiter une galerie de tableaux historiques : « La chambre de Darius », « Alexandre et Aristote », « Le banquet d'Antoine et Cléopâtre », « Le théâtre de Scaurus », « Le triomphe de Pompée », « La bibliothèque de Lucullus », « Sénèque devant Néron » et, sans doute la plus imposante pièce du musée, « La mort de Sardanapale »... On passe d'une séquence à l'autre, soudainement parfois, soit par analogie thématique, soit par le pouvoir d'un texte, soit par celui d'un personnage : telle la fascinante Cléopâtre dont Budé évoque après Plutarque la voix « si douce et artificieuse que sa langue estoit comme ung instrument de plusieurs chordes ».

* * *

Mais le but de l'auteur n'est pas de nous promener ainsi dans différents paysages antiques. Ceux-ci ne sont que des sortes d'« étiquettes », ou de « légendes » qui signalent et éclairent les découvertes du chercheur. L'essentiel est l'estimation. C'est l'estimation qui permet au lecteur de se représenter les choses. D'où ces longues plages de calculs comme lorsque, vers le f. 55, Budé prend le temps de tirer, de la masse de ses données, un bilan du revenu de l'empire romain. Ou encore lorsque, abordant à partir du f. 66 les données fournies dans l'Ecriture sainte, il fait (f. 69[v]-71) les comptes du temple de Jérusalem.

À son tour l'estimation appelle une réflexion, qui se déploie sur la scène du monde. Méditation sur les caprices de la fortune, – ainsi à propos de Darius, ou de Sénèque. Personnages caractérisés, et jugés. Exemples : Alexandre, lecteur d'Homère, protecteur des philosophes, généreux avec les vaincus ; Auguste « qui prit toujours de sages mesures », embellit la ville de Rome et sut faire un excellent testament. Contre-exemples : Caligula, Néron, Antoine. Le jugement proposé n'est pas seulement d'ordre moral. L'imagination, l'habileté, l'astuce appellent aussi la curiosité, voire l'admiration. À cet égard le personnage le plus savoureux est Lucullus, et le plus sidérant serait Sardanapale.

Tout en rouvrant l'immense théâtre de l'Antiquité, Budé, tissant sa toile fil à fil, aussi libre en son cheminement narratif qu'il est rigoureux en ses calculs, se ménage et ouvre à ses lecteurs un espace de pensée. Ainsi y a-t-il plus d'un enseignement à tirer de ce modeste *Epitome.*

1. *Une exigence scientifique* – remarquablement définie avec fierté, et avec clarté, au f. 59[v] qui constitue le « discours de la méthode » de Guillaume Budé. Cette exigence a valeur absolue. Ainsi, tout en regardant la Bible comme un livre au sta-

tut particulier parce que divinement inspiré, Budé s'attache à élargir à ces textes sacrés la méthode scientifique dont sont justiciables les auteurs grecs et latins. Il se plait à souligner leur concordance avec l'histoire profane, mais prend éventuellement le risque que celle-ci soit mise en échec.

2. *Une vision de l'histoire romaine* contrastée : « Une chose merveilleuse est de considérer l'estat de Romme estant en sa grandeur et en l'empire fleurissant », peut-on lire au bas du f. 34. Toutefois la couleur dominante du tableau n'est pas la gloire. C'est, comme le font bien voir les évocations des deux triomphes de Pompée ou des cinq triomphes de César une scandaleuse démesure, et une longue suite de pillages : « Et venoit ceste grande richesse des Romains du pillage qu'ils avoient faict par toutes les parties du monde, ainsi que celles des Perses qui avoyent spoilié l'Asie et depuis furent spoliés par Alexandre et les Macedoniens » (f. 59).

3. *Une réflexion très aigüe (et novatrice) sur l'économie politique.* En effet, l'argent, sujet central du livre, y est traité non seulement d'un point de vue moral comme il est traditionnel, mais aussi d'un point de vue scientifique, c'est-à-dire spécifiquement. Du point de vue moral, il est significatif que Budé, en conclusion de son livre, donne la parole à Salomon. C'est à lui aussi que dans le *De asse* était dévolu le rôle d'arbitre. Salomon enseigne que « la béatitude et félicité de ce siècle et de cette vie consistent en acquisition et possession de sapience ». Soit. Mais Salomon est réputé « à la fois le plus riche et le plus sage de tous les hommes ». Heureux donc les riches… si du moins ils savent user généreusement et intelligemment de leurs richesses ! Pas d'écho ici du sermon de Jésus sur la montagne… L'or, l'argent sont des biens, au double sens du mot – des biens fondés sur des ressources naturelles qu'il importe de ne pas gaspiller. Il n'y a rien là de bien nouveau.

Beaucoup plus remarquable et plus neuve est l'intuition scientifique qui pousse Budé à se pencher sur l'extrême diversité, selon les pays ou les régions, des valeurs d'une même monnaie comme la drachme ; à évoquer les dévaluations opérées par les empereurs romains et les rois de France, ou l'épuisement des mines de Toulouse : « A la verité l'or et l'argent estoit trop plus abundant anciennement qu'il n'est de present », dit-il, « et sont ces deux mestaux tousjours diminués par succession de temps ; car il s'en deperit tousjours par usaige, par dorures, par naufraiges, par tresors enfouys, et aultrement ». Budé se fait géographe pour suggérer l'étendue de l'empire des Perses, démographe pour calculer le coût de l'entretien d'une légion romaine. Car pour lui l'intelligence des faits économiques est essentielle à l'intelligence de l'histoire. C'est par ces faits, dit-il, que « l'estat du monde, et des royaulmes et empires renommés se peut entendre plus clairement ».

* * *

Le lecteur de cet *Epitome* ne pourra prétendre avoir lu le *De asse*. Le *De asse* ne se lit pas d'une traite ; c'est la chronique d'une aventure intellectuelle, dont la lecture elle-même est aventureuse. Tout au plus ce petit livre pourra-t-il lui servir de guide pour faire quelques plongées dans le grand livre lui-même… Mais surtout il pourra lui apprendre beaucoup sur la science des humanistes et sur Guillaume Budé.

Certes, comme pour les esprits curieux qui entouraient le roi, et le roi lui-même, c'est la seconde partie, descriptive et anecdotique, qui reste la plus attrayante. Si familiarisé que l'on soit avec ces sujets par le roman et le cinéma, il n'est pas sans saveur de les goûter dans les textes fondateurs ! Mais je voudrais insister sur l'intérêt épistémologique que présente l'austère première partie. À travers elle, prenons la peine d'imaginer Budé entouré de livres, de manuscrits, les déchiffrant, les comparant avec une attention scrupuleuse, voire méfiante, ou encore allant chercher dans quelque tiroir ou quelque coffre, tantôt une médaille antique, tantôt une pièce de monnaie étrangère, pour en user, non en simple collectionneur, mais en expérimentateur. Ces pages nous offrent une sorte de radiographie du cerveau du chercheur. Elles permettent d'apprécier la sagacité et la constance de Guillaume Budé dans une démarche scientifique menée sur des matériaux incertains et sans les instruments mathématiques qui nous sont familiers... L'intérêt de tels calculs n'est plus dans leurs conclusions, qui sont bien connues et occupent à peine quelques pages dans les manuels ; il est dans leurs tâtonnements, dans leurs maladresses mêmes. Ces pages nous font assister à la genèse, à l'essai et à la prise de conscience d'une méthode que, plus loin, aux ff. 59v-60, comme une sorte de pause dans la partie narrative de son livre, Budé (cet auteur difficile et réputé obscur !), exposera lumineusement.

C'est dire que l'*Epitome* du *De asse*, éclos à l'aurore de la numismatique et de l'économie politique, est une pièce à mettre sous vitrine au musée de la recherche scientifique.

LE TEXTE

Le texte français

Le texte présenté ici suit celui de la première édition : Paris, Galiot du Pré, 1522, dont nous signalons la pagination en marge. Les différences entre cette première édition et les suivantes étant insignifiantes, nous sommes fondés à croire que seule la première a été véritablement supervisée par Budé[1].

Dans la transcription du texte, notre souci a été d'intervenir le moins possible : les abréviations courantes à l'époque ont été évidemment résolues ; on a introduit les apostrophes, la dissimilation c/ç, i/j et u/v, les accents de dernière syllabe et les accents diacritiques : *à, jà, là, ès, où,* etc. Pour la lisibilité du texte, nous avons aussi estimé nécessaire de remplacer par *au* l'article prépositionnel *ou* qui équivaut à « en le ». La ponctuation et l'emploi des majuscules ont été uniformisés selon l'usage moderne, ainsi qu'un bon nombre d'agglutinations ou désagglutinations : on lira, par exemple, *longtemps, très estimé.* Dans la transcription des chiffres, nous avons adopté l'usage moderne : on ne trouvera pas « .XXVI. », mais simplement « XXVI ». Par souci de clarté, nous avons mis entre guillemets les fréquentes citations, de même que les propos rapportés, et introduit les italiques pour distinguer les titres d'œuvres littéraires.

En revanche, nous avons conservé les hésitations typiques entre *s* et *z*, *i* et *y*, *an* et *en*, *aul* et *au*, *eu* et *u*, *ou* et *o*, quelques accords homophones flottants, l'insertion éventuelle des let-

1. Pour une liste des éditions du *De Asse* et de l'*Epitome*, voir C. E. Dekesel, *Bibliotheca Nummaria. Bibliography of* XVI*th* *Century Numismatic Books. Illustrated and Annotated Catalogue*, Londres, Spink, 1997, p. 171-200.

tres étymologiques (*debvoir*, *adjouster*, etc.), l'emploi irrégulier des consonnes doubles, de même que les oscillations dans les graphies des noms propres (*Octovian* et *Octavian*, *Tyr* et *Thir*, *Espaigne* et *Hespaigne*), puisqu'ils ne font pas obstacle à l'intelligibilité des phrases et gardent l'allure de la langue de cette époque ; toutes ces formes sont cependant répertoriées dans l'Index des noms.

Seules certaines graphies exceptionnelles ont été directement corrigées, telles que *Syrus* pour *Cyrus* ou *sens* au lieu de *cens* que l'on trouve par ailleurs. Les cas délicats sont ou bien indiqués dans le glossaire, par exemple *emboicques* pour « euboïques », ou bien font l'objet d'intégrations sur la base du texte latin de Budé, comme « Ta<r>bellins » ; ces interventions sont expliquées en note de fin de volume lorsqu'elles ne résultent pas de la simple comparaison avec le texte latin du *De Asse* présenté en bas de page.

Nous avons en outre jugé utile de découper le texte de Budé en paragraphes chaque fois que le sens le suggérait et suivant le rapport avec le texte-source en latin. Nous avons également reproduit les titres en manchette de l'édition de 1522, les plaçant par souci de clarté à côté de l'endroit où commence le paragraphe concerné.

Le texte latin

Le problème du rapport entre l'*Epitome* et l'œuvre-source était posé. Il est évident que l'*Epitome* ne constitue pas un simple abrégé du *De Asse* : pratiquement toutes les digressions politiques et culturelles, les démonstrations philologiques et les interventions sur les textes anciens y sont absentes. Surtout, Budé adopte un ordre général d'exposition sensiblement différent. Cependant, presque tous les passages de l'*Epitome* dépendent directement du texte latin du *De Asse*, encore que la progression de celui-ci ait souvent été réarrangée dans le texte français.

Pour faciliter le rapprochement entre les deux œuvres, nous proposons en bas de chaque page du texte français les extraits du *De Asse* correspondants ; pour le repérage, nous avons adopté des appels de notes alphabétiques placés en tête de chaque passage concerné. Nous reproduisons le texte latin de l'édition la plus proche chronologiquement de l'*Epitome*, celle d'Alde, Venise, 1522 ; BnF, cote : Rés. J. 1618, sauf dans deux cas expliqués en note, où nous complétons le texte de 1522 avec les additions postérieures que nous signalons par des crochets obliques. Nous offrons également le renvoi à la page des deux éditions du *De Asse* les plus répandues : celle de Lyon (Sébastien Gryphe, 1542 et rééditions), citée dans l'étude fondamentale de Louis Delaruelle, et celle contenue dans le deuxième volume des *Budaei Opera* (Bâle, Nicolas Episcopius, 1556, réimpr. Gregg, Farnborough, 1966), la plus citée de nos jours. Les trois éditions de Venise, Lyon et Bâle sont indiquées dans ces notes par les lettres V L B suivies du numéro de page ou de feuillet. Pour le détail du rapport entre le *De Asse* de 1522 et son *Epitome*, cf. la Postface, *infra*.

Dans la transcription du texte latin, nous avons éliminé les accents et les lettres anciennes (*à, talentûm, auarißimus, quó nam*, etc.) et résolu les abréviations ; nous avons également introduit les italiques pour les titres d'ouvrages et les guillemets pour les citations, dont nous donnons les références entre crochets lorsqu'elles n'apparaissent pas dans le texte de l'*Epitome*. Dans les discussions lexicographiques ou philologiques qui accompagnent un passage cité en latin, nous avons placé entre guillemets les expressions ou vocables évoqués par Budé ou l'interprétation d'une phrase difficile ; nous avons en revanche écrit en italiques les termes repris à une citation, afin d'attirer l'attention sur les solutions que propose Budé.

L'usage des ligatures pour les diphtongues *ae*, *Ae*, etc. n'étant pas régulier, nous avons choisi la forme séparée *ae* en minuscule, plus lisible et, pour cette même raison, la ligature *Æ* pour les majuscules. Quelques graphies désuètes – comme *pene* pour *paene* ou *numus* pour *nummus* – ont été rétablies.

Quant aux passages en grec, outre la résolution des abréviations paléographiques, nous avons rétabli les majuscules pour les noms propres et pour les titres d'ouvrages. La ponctuation des deux langues anciennes étant restée relativement stable, nous avons maintenu presque intégralement celle de l'original imprimé.

Citations, notes, glossaire et index

Pour l'identification des nombreux passages latins et grecs cités en traduction française dans l'*Epitome*, nous complétons entre crochets les références déjà données par Budé : s'il écrit « au douzième chapitre de sainct Mathieu », nous n'ajoutons que le verset concerné, entre crochets, dans ce cas après le mot « chapitre » ; nous n'ajoutons de référence aux citations du *De Asse* que lorsque celles-ci diffèrent sensiblement de celles de l'*Epitome*. En fin de volume, l'index des auteurs cités permettra de retrouver la totalité des citations présentes dans l'*Epitome* et dans les extraits du *De Asse*. Pour ne pas alourdir de notes la page de texte, nous avons décidé de placer également en fin de volume, après les notes explicatives, un Glossaire des termes usités en numismatique et des vocables propres au moyen français ainsi qu'un *Index nominum* qui répertorie les personnages et les lieux mentionnés dans l'*Epitome* et dans les extraits latins.

SVMMAIRE ET EPITOME

DV LIVRE DE ASSE.

POur auoir entiere ou ſouffiſante cõgnoiſſance des poi nombres, & meſures du temps paſſe, ſelon la langue Latine & Rõmaine ancienne, & pareillement ſelon la Grecque. eſt beſoing dentendre le fondemẽt de la matiere qui eſt tel comme il ſenſuit.

S eſtoit monnoye derain ou de cuyure, comme lon dit maitenãt billon, ou menu change, Et valloit peu plus de quatre deniers tournois. La ſixieſme partie dung As ſe nommoit Sextans, & valloit deux onces, car les douze onces faiſoient vng As, & eſtoit menue mõnoye. Nous lyſons en Pline ou trentetroiſieſme liure de lhyſtoire naturelle, que le peuple de Romme fiſt vne cueillette ſur ſoy, & dõna chaſcun vng ſextans, pour faire les obſeques As

Avignon : Bibliothèque municipale (Ms 1963-1)

1 # SUMMAIRE ET EPITOME DU LIVRE *DE ASSE*

[*]Pour avoir entiere ou suffisante congnoissance des pois, nombres et mesures du temps passé, selon la langue Latine et Rommaine ancienne, et pareillement selon la Grecque, il est besoing d'entendre le fondement de la matiere qui est tel comme il s'ensuit.

[a]As estoit monnoye d'erain ou de cuyvre, comme l'on dit As
maintenant billon ou menu change, et valloit peu plus de quatre deniers tournois.

---

*. Les notes de bas de page proposent le texte latin correspondant aux développements de l'*Epitome* toutes les fois que cela est possible, compte tenu de l'indépendance relative des deux œuvres. En particulier, la partie introductive de l'*Epitome* jusqu'au f. 15^{v} ne présente que des convergences poctuelles avec le texte latin du *De Asse*, car elle fournit la synthèse des résultats obtenus dans celui-ci à partir d'un dépouillement très large de sources anciennes et au moyen de bien des discussions philologiques, ainsi que Budé le relève f. 5^{v} : « combien qu'au livre que j'ai intitulé *De asse,* ceste matiere soit plus amplement deduyte, et y soit grant nombre d'exemples accumulées pour monstrer ce que je maintiens, et aussi l'utilité qui est à entendre cette difference, car sans ce l'hystoire latine ne se peult bien et entierement comprendre [...], toutesfois, pour eviter prolixité de tant d'exemples qu'il y a, je n'en prendray que trois ou quatre [...] ». Lorsque les divergences de composition ou de contenu sont importantes, nous faisons précéder l'extrait latin de la mention « Cf. ». Nous signalons enfin la contiguïté de deux extraits du *De Asse* par un système de renvois référencés d'après les feuillets de l'*Epitome* où l'extrait voulu est inséré ; les appels de notes concernant le texte latin forment une série indépendante, ces notes sont situées en fin de volume.

a. Cf. V 1^{v}-2, L 12, B 4 : Varro libro primo [V, 169, 1-2] *De lingua Latina* assem ab aere dictum esse putat, as enim et libra et pondo idem significant.

[a]La sixiesme partie d'ung as se nommoit *sextans* et valloit deux onces, car les douze onces faisoient ung as, et estoit menue monnoye. Nous lysons en Pline, au trentetroisiesme livre [138, 1-6] de l'*Hystoire naturelle*, que le peuple de Romme fist une cueillette sur soy, et donna chascun ung sextans, pour faire les obseques | de Menenius Agrippa, ung senateur Rommain qui pour sa grant 1v integrité et preudhommie mourut paovre, et ainsi le dit Valere [IV, 4,2, 1-7].

Quadrant [b]La quarte partie s'appelloit *quadrans*, qu'on appelle encores aujourd'huy ung « quadrin » à Romme[1], retenant le nom ancien, et valloient les quatre ung as.

[c]Et s'appeloit autrement *teruncius*, pour ce qu'il valloit trois onces de douze, qui font la livre Rommaine ancienne.

Tel estoit le quadrant dont est faicte mencion au cinquiesme chapitre [26] de *sainct Mathieu*, où le texte dit : « Tu n'en sortiras jamais jusques à ce que tu ayes payé le derrenier quadrant », ou quadrin. Et, au douziesme [42-43] de *sainct Marc*, de la bonne femme qui mist dedans le tronc ung quadrant en deux petites pieces, qui pouoient estre comme une maille de France. Et par ce peult on estimer combien valloient cent quadrins, qui sont

---

a. V 197, L 618, B 239 : Sextans nummulus erat, quadrante minor, duas uncias valens. Plinius libro supradicto : « Populus Romanus stipem spargere coepit Sp. Postumio Q. Marcio consulibus ; tanta abundantia pecuniae erat ut eam conferret L. Scipioni, ex qua is ludos fecit. Nam quod Agrippae Menenio sextantes aeris in funus contulit, honoris id necessitatisque propter paupertatem Agrippae, non largitionis esse dixerim. »

b. Cf. V 1, L 9, B 3 [*incipit du* De Asse] : Assis partes sunt quadrans, triens, semis, bes et dodrans et aliae enumeratae in lege *Seruum* in titulo « De haeredibus instituendis », libro duodetricesimo [5, 13 ; 48 ; 60] *Pandectarum* [...].

c. Cf. V 44, L 146-47, B 56 : Erat et quadrans, authore Plinio [XXXIII, 45, 3], nummulus, qui et « triuncis » uocatus est a tribus unciis ; ut enim sestertius quarta pars est denarii, ita quadrans quarta pars assis, hoc est librae aereae [...]. Caeterum quem « quadrantem » Plinius et « triuncem » appellat, Cicero « teruncium » appellauit libro III [45, 3-4] *De finibus*, his uerbis : « Interit enim magnitudine maris Ægaei, stilla muriae et in diuitiis Croesi teruncii accessio. » Et *Ad Atticum*, libro V [20,6, 16-17] : « Spero toto anno imperii nostri teruncium sumptus in prouincia nullum fore ». Varro [*L. L.*, V, 174, 3-4] « Teruncius (inquit) a tribus unciis dictus, quod sit libellae quarta pars, quomodo et quadrans assis. »

vingt cinq asses, qui valloient deux drachmes d'argent et demy, et la drachme vault trois solz et six, ainsi que je monstr<er>ay.

[a]Cent quadrins aultrement s'appelloient sportule à Romme, et estoit une somme de deniers que les gros personnaiges Quadrins
et riches donnoient par jour à ceulx qui les accompaignoient
2 par honneur, et au matin se | trouvoient à leur lever pour leur dire le bonjour, selon la coustume qui du tout n'est pas abolye aujourd'huy en France, et en court principallement. Et fut ceste façon inventée, au lieu de donner la repue par ceux à qui il grevoit de tenir maison ouverte, car les sportules estoient de moindre coust. À ceste cause Auguste, qui mist bonnes ordonnances en toutes parties de la chose publicque et du gouvernement des Rommains, ordonna que, au lieu des sportules, c'est à dire des livrées, on donneroit le soupper entier et droit, comme estant plus honnorable et de plus grant liberalité, au contraire.

Neron, au commencement de son empire, qu'il se gouverna bien, entre aultres choses fist ordonnances pour restraindre les despences superflues, et au lieu de la *coene droite* (car ainsi se nommoit la table que tenoient les gros senateurs et officiers) ordonna qu'on donneroit les sportules, qui estoient comme les livrées ainsi que dit est. Ceste somme valloit dix petis sesterces, qui sont dix carolus et demy. Et pour ceste cause Marcial [III, 7,1], soy mocquant de ceste coustume, et taxant ceulx qui es-
2v toient si miserables que se donner tant de vexa- | cion d'aller dès le grant matin courir la ville de Romme qui estoit si grande, et

---

a. Cf. V 196v-97, L 617-8, B 238-39 : Ita fit ut pro sportula deni sestertii darentur. Quos denis caroleis et semisse aestimandos esse dico. Caroleos nostri denarios, quasi « dextantes » aliquando uocitarunt, ita ut assem, nostrum solidum esse aestimemus, duodenos denariolos ualentem ; tanti est illa sportula a Iuuenale [I, 95-96 ; 117-18], Martialeque decantata, quae merces salutationum erat olim, et togatis id est comitibus et asseclis dabatur rectae coenae loco. [...] Martialis identidem *centum quadrantes* uocat, *misellos* appellans ob tenuitatem pecuniae, praesertim Romae, ubi omnia cara erant, ut ex praecedentibus liquet. [...] Ex hoc tamen coniicere opes diuitum Romanorum licet, qui numerosae turbae quotidianam hanc mercedem darent. Tranquillus [*Ner.*, 16, 2, 2-3] de initio principatus Neronis loquens : « Adhibitus sumptibus modus, publicae coenae ad sportulas redactae. » Augusti autem instituto diuites coenam rectam dabant, quae maioris erat et liberalitatis et impensae.

attendre à la porte longuement en yver et en tout temps pour si peu de chose qu'estoient ces quadrins, appelle souvent ceste somme « les cent miserables quadrins ».

Libella

[a]Depuis fut faicte une petite monnoye d'argent qui s'appelloit *libella* qui ne valloit que ung as. Et signifie ceste diction « petite livre ».

Denier

[b]Après fut forgée une aultre piece qui s'appella *sestercius,* et valloit deux asses et demy ; par quoy les quatre sesterces valloient dix asses qui sont dix livres d'erain.

[c]Pour lesquelles dix livres fut depuis forgé le denier rommain, qui à ceste cause fut ainsi nommé pour ce que *deni* signifie dix.

Nummus. Sestertius

Or estoit la façon de nombrer telle que l'on nombroit par asses et sesterces communement.

---

a. V 31[v], L 104, B 39-40 : As igitur, qui et « assis » dicitur, ut antea dictum est, libralis nummulus erat : quod nomen inditum est nummo iam inde ab eo tempore quo Romanus populus aere graui pro nummo utebatur. [...] Idem nummus « libella » dicitur, per diminutionem a libra.

b. V 44, L 146, B 56 : Denarius autem argenteus decem libris aeris, id est assibus decem ualebat. Et quinarius quinque hoc est denarii dimidium, ut sestertius quinarium dimidiatum ualebat, hoc est duos asses et semissem***1**.

c. Cf. V 201[v]-202, L 633, B 244-45 : Ex iis autem quae adnotauimus alia quoque omnia intelligi aestimarique poterunt, nec aliquid esse puto quod non sit a me deprehensum in iis, quae apud authores legi ; unumque tantum est cuius omnino periculum recipere in me nolim, quod apud Vitruuium libro tertio [1, 7,7 – 8,9] legitur ubi de senario et denario loquitur his uerbis : « Ex eo etiam uidentur ciuitates Graecorum fecisse, uti quemadmodum cubitus est sex palmorum, ita in drachma quoque eo numero uterentur. Illae enim aereos signatos uti asses, ex aequo sex quos obolos appellant, quadrantesque obolorum, quae alii dichalca, nonnulli trichalca dicunt, pro digitis uiginti quatuor in drachma constituerunt. Nostri autem primo decem fecerunt antiquum numerum et in denario denos aereos asses constituerunt et ea re compositio nummi ad hodiernum diem denarii nomen retinet. Etiamque quartam eius partem quod efficiebatur ex duobus assibus et tertio semisse, sestertium uocitauerunt. Postea quoniam aduerterunt utrosque numeros esse perfectos et sex et decem, utrosque in unum coniecerunt et fecerunt perfectissimum decussisexis. Huius autem rei authorem inuenerunt pedem. E cubito enim cum dempti sunt palmi duo, relinquitur pes quatuor palmorum. Palmus autem habet quatuor digitos. Ita efficitur uti habeat pes sexdecim digitos, et totidem asses aereus denarius », uel ut in aliis exemplaribus, *aeratius.* Neutrum tamen recte, denarius enim nunquam aereus fuit apud Romanos nec drachma apud Graecos, sed ante argentum signatum aereus decussis ut centussis aereus fuit. Quare non *aereus* sed *aereos* legendum est, ut ad asses referatur.

[a]Et pour ce, combien que *numus* en latin soit proprement ce que les Grecs appellent *nomisma*, c'est à dire monnoye (qui se peut et doit interpreter « loy[2] »), toutesfois *numus* et *sestercius* vulgairement se prenoit pour une mesme chose, c'est assavoir pour ceste piece valant deux asses et demy.

[b]Et est à noter que, du temps que les Rommains estoient
3 encores povres, on nombroit pour le plus, et | faisoit on les comptes par monnoye d'erain, en disant « mille d'erain, ou dix mille, ou cent mille », ainsi que faict Tite Live au dernier livre de la *Seconde guerre punicque* [XXX, 45,3, 1-2] où il dit que Scipion porta au tresor publicque, du pillaige qu'il avoit faict, cent mille livres d'argent, et donna à chascun homme de pied quarante d'erain, qu'il appelle *quadraginta aeris*. Et au second de la *Guerre macedonicque* [XXXIV, 52,11, 1-2] il dit : « à chascun pieton fut donné cent cinquante d'erain ». En ung autre passage [XXX, 17,14, 2-3] il dit qu'il fut donné aux ambassadeurs pour homme cinq mille, et à leurs suyvans chascun mille d'erain, en voulant par luy signifier l'espece de la monnoye qui estoit donnée, car mille d'erain ne vallent que cent deniers, ou quatre cens sesterces.

[c]Il est escript au dixiesme chapitre [29] de *sainct Mathieu* que Denier
deux passes, c'est à dire deux moyneaulx, se vendoient ung as,

---

a. Cf. V 32, L 106, B 40 : Nummum autem et sestertium idem fuisse notius prope erat quam ut probari deberet, nisi [...] et Calderinus uir ingeniosus nummum apud Iuuenalis *Satyra sexta* [364]***2** denarium esse dixisset.

b. V 45, L 150, B 57 : [...] *Millia aeris* dixit [Cornelius Nepos, *Att.*, 13, 6-7] ad differentiam millium nummum uel sestertium. Liuius libro ultimo *De II bello Punico*, de Scipione loquens : « Argenti tulit in aerarium pondo centum millia ; militibus ex praeda quadringenos aeris diuisit » et libro II *De bello Macedonico* de triumpho Quintii « duceni quinquageni aeris in pedites diuisi » ; et rursus libro praedicto *Belli Punici* : « legatis in singulos dona ne minus quinum milium, comitibus eorum mille aeris ». *Mille aeris* dixit pro centum drachmas, id est argenti libra. Sed genus nummi dati exprimere uoluit.

c. V 200[v], L 629, B 243 : Nunc ut fausta ac felici clausula disputationem hanc peragamus, percurramus ea quae in Euangelio leguntur. Iam primum *Matthaei* decimo : « Nonne duo passeres asse ueneunt ? » οὐχὶ δύο στρουθία ἀσσαρίου πωλεῖται. Assis duos sextantes nostros ualuit, id est denariolos quatuor. Et *Lucae* XII : οὐχὶ πέντε στρουθία πωλεῖται ἀσσαρίων δύο : « Nonne quinque passeres ueneunt

lequel j'estime quatre tournois, et au douziesme [6] de *sainct Luc* que pour deux asses l'on avoit cinq passes. Et, au vingtiesme [2] de *sainct Mathieu*, que la journée d'ung vigneron estoit ung denier, qui sont quatre sesterces, c'est à dire trois solz et six, qui est encore aujourd'huy la journée d'ung vi- | gneron alentour de 3v
Paris.

[a]Valere, au quatriesme livre [10, 1-9], en parlant de l'ancienne povreté des Rommains, dit que Gnæus Scipio, estant empereur pour les Rommains en Espaigne, escripvit au Senat pour avoir congié de retourner à Romme pour marier sa fille. Au moyen de quoy, affin qu'il ne bougeast, il fut advisé par les senateurs que sa fille seroit mariée aux despens de la chose publicque ; ce qui fut faict, et luy fut donné en mariage quarante mille d'erain qui vallent quatre cens escus couronne, c'est à dire sept cens livres tournois.

Centum sestertii. Centum sestertia

Depuis que les Romains furent plus riches on commença à compter par sesterces.

[b]Mais la difficulté est pour ce que on trouve ès aucteurs anciens trois manieres de parler de sesterces. Car aulcunes fois on trouve par escript *centum sestertii*, aulcunes fois *centum sestertia*,

---

assibus duobus, id est dipondio ? » [...] Et *Matthaei* XX « denarius diurnus » tres solidos et semissem ualet, quanti uinitores fere conduci solent.

a. V 199v-200, L 627-8, B 242 : Priscae autem Romanorum paupertatis indicia sunt quae a Valerio libro IIII scribuntur de paupertate, ex quo uerba haec transcribenda duximus : « Itaque cum secundo Punico bello Cn. Scipio ex Hispania Senatui scripsisset, petens ut sibi successor mitteretur, quia filiam uirginem adultae iam aetatis haberet, neque ei sine se dos expediri posset, Senatus ne res publica bono duce careret, patris sibi partes desumpsit consilioque uxoris ac propinquorum Scipionis constituta dote, summam eius ex aerario erogauit ac puellam nuptui dedit. Dotis modus XL millia aeris fuit, qua non solum humanitas patrum conscriptorum sed etiam habitus ueterum patrimoniorum cognosci potest [...]. » Quadraginta millia aeris nostro numismate quadringentos coronatos ualent [...].

b. Cf. V 36v, L 121-22, B 46 : Ventum iam esse ad locum praecipitem, horrore quodam animi sentio, instantis et proximi periculi magnitudinem reputantis : hoc est enim caput eius rei, quam agimus, hic cardo totius operis, haec denique alea ancipitis incepti, ut ostendere aggrediamur, uel demonstrare potius quid inter « sestertia centum » et « sestertium centies » intersit ; transitus omnino et lubricus, et abruptus, ut aut in baratrum quoddam errorum praecipitaturus sim,

aultres fois *centies sestertium. Centum sestertii,* qui sont cent petis sesterces, vallent vingt et cinq deniers qui sont deux cens cinquante asses.

[a]Cent grans sesterces vallent cent mille petis sesterces, et est autant à dire en latin *centum sestertia,* comme *centum milia sestertiorum,* c'est à dire cent mille sesterces monnoyez, que j'appelle
4 « petis se- | sterces » pour faire difference entre les sesterces qui signifient une somme et nombre de monnoye, combien que les anciens n'y en facent point. Et ceste maniere de parler, « cent mille sesterces » et « cent mille nummes » et « cent sesterces » signifie tout ung, et trouve l'on puis l'ung puis l'autre ès livres anciens.

Centies sestertium

[b]Mais la troisiesme maniere de parler est où gist la grande difficulté, c'est à dire où a esté l'erreur generalle et perpetuelle par cy devant : car entre *centies sestertium* et *centum sestertia* tant y a de tare que l'ung signifie cent <mille> fois autant que l'autre. Et cent fois sesterces signifie cent fois cent mille petis sesterces, ou cent fois cent grans. Laquelle maniere de parler a mis les expositeurs et translateurs de livres depuis mille ans en grande hesitation et erreur, car aucuns pensoient que ce fust tout ung, et ont parlé indifferemment ; les aultres ne pouoient comprendre la difference, combien qu'ilz se doubtassent que ce ne fust pas

---

si in eo quicquam titubauerim, aut tenorem inoffensum seruare commentatio haec nequeat, si inibi uel tantulum a ueritate deflexerim.

a. Cf. V 36, L 120-21, B 46 : Nunc igitur causam tenemus cur sestertia singula mille nummos sestertios significent : nam duae librae et selibra seu, quod idem est, mnae duae et hemimnaeon ducentas et quinquaginta drachmas ualent, quae si quarternario multiplicentur, mille nummos efficiunt.

b. Cf. V 40^{v}, L 136, B 52 [*cf. extr. f. 35*] : Martialis [III, 22, 1-2] enim *centies centena millia* intellexit, id est *centies sestertium.* Ortus est enim apud antiquos ille loquendi modus ex compendio sermonis. Nam cum primum dicerent « centies centena millia sestertium nummorum », postea usus obtinuit ut compendiose « centies sestertium » dicerent ; quem loquendi modum nonnulli neoterici non percipientes, centies *talentum* protulerunt, quasi « sestertium » rectus aut accusandi casus sit et non potius genitiui. Poetae autem et alii interdum scriptores compendium illud iterum contrahentes, non « centies sestertium », sed « centies » tantum dicunt, ut in exemplis suprascriptis, subintelligi uolentes « centena millia sestertium » [...].

tout ung. Mais la verité est que ceste maniere de parler est venue en usaige par abbreviation de langaige. Car, quant ilz vouloient signifier une grant somme, pour accourcir leur parolle, ilz disoient « cent fois sesterces », au lieu de dire « cent fois cent mille
sesterces », ou « qua- | tre cens fois sesterces » au lieu de dire 4v
« quatre cens fois cent mille », ainsi que nous disons aujourd'huy « cent dix livres douze solz et six », sans adjouster « deniers ». Mais la maniere de le dire en latin est plus nayfve et advenant, en disant *centies sestertium*, qu'elle n'est en françois en disant « cent fois sesterces », ainsi qu'il y a en chascune langue certaine proprieté qui ne se peult si bien trouver en une aultre. Plus y a que les poetes disent seullement « cent fois », c'est à dire *centies*, ou « mille fois » ou autre somme, sans dire « sesterces ». Et neantmoins ilz entendoient « tant de fois cent mille sesterces », tout ainsi comme ilz disoient mille d'erain, ils entendoient mille asses forgées d'erain, ou mille pieces de monnoye d'erain.

[a]Plus y a que necessité les faisoit ainsi parler. Car le plus grant nombre qui soit en la langue latine estoit cent mille, ainsi que dit Pline [XXXIII, 133, 1-3]. À ceste cause quant ilz veullent signifier ung million, ilz disent « dix fois cent mille », et dix millions « cent fois cent mille » : c'est à dire *decies centena millia*, et *centies centena milia sestertium*, et pour abreger ilz laissoient les deux motz du millieu en disant *centies sestertium*, comme se on
vouloit dire en françois « cent | fois d'escus », au lieu de dire 5
« cent fois cent milliers d'escus », qui sont dix millions. Mais ilz sentent facillement en latin ce qui ne <se> faict en françois pour la raison que j'ay dicte, car les Rommains et Latins comptoient leurs plus grandes sommes par multiplication de cent mille, et

a. V 166, L 527, B 203 : Propterea Plinius libro XXXIII : « Non erat (inquit) apud antiquos numerus ultra centum millia. Itaque hic et hodie multiplicatur, ut "decies centena millia", aut saepius dicantur. Foenus hoc fecit, nummusque percussus. » Quem locum ex uetusto sic lego : « Itaque est hodie : multiplicantur haec, ut decies centena millia aut saepius dicantur. » Hoc sensu, « ut olim non erat numerus ultra C millia sic nec hodie, quia cum ad C millia peruentum est, per multiplicationem fit progressus, dicendo "decies centena millia" aut uicies, aut centies, quae summae antiquis ignotae foenore excreuerunt. »

nous comptons par multiplication de millions. Comme se nous disions « le revenu du Royaulme peut valloir ou monter quatre fois de francs », au lieu de dire « quatre fois dix cens mille francs » ; et pareillement, se nous disions « quatre fois deux cens cinquante mille de francs », au lieu de dire « quatre fois dix cens mille et deux cens cinquante mille », car ceste maniere de parler est aulcunes fois ès livres anciens.

[a]Comme Cicero ès *Verrines* [II, 1, 36], en recitant le texte d'ung compte rendu : « J'ay receu (dit il) vingt fois deux cens trente cinq mille, quatre cent et seize sesterces » ; auquel lieu il entend « vingt et deux cens mille », que nous disons deux millions deux cens trente cinq mille et tant de sesterces. Ou, en ensuyvant la proprieté de nostre langue, se nous disions « quatre de francs », au lieu de dire quatre millions de francs. Mais nous n'avons point de necessité de ce faire. Car ce mot « million » est
5v bien | tost dit au lieu de « dix cens mille ».

Or, combien qu'au livre que j'ai intitulé *De Asse*, ceste matiere soit plus amplement deduyte[3], et y soit grant nombre d'exemples accumulées pour monstrer ce que je maintiens, et aussi l'utilité qui est à entendre cette difference, car sans ce l'hystoire latine ne se peult bien et entierement comprendre, et ne peult on avoir congnoissance de l'estat de l'empire de Romme, ne pareillement

---

a. V 42v, L 142, B 54 : [...] ut autem usquequaque priscam elegantiam, multa iam rubigine ignorantiae exesam, ita reddamus interpolem, ut ex pristino nitore desiderari nihil possit, unum tantum locum Ciceronis ex *Praetura urbana* citabimus, qui ad hoc ostendendum cum praecedentibus satis erit, in qua oratione de rationibus quaesturae prouincialis relatis a Verre loquens sic inquit, uerba ipsa rationum referens : « "Accepi uicies ducenta XXXV millia quadringentos XVI nummos, dedi stipendio, frumento, legatis, proquaestori, cohorti praetoriae sestertium mille sexcenta XXXV millia quadringentos decem et septem nummos, reliqui Arimini sestertium sexcenta millia." Hoc est rationes referre ? Hoc modo aut ego, aut tu Hortensi aut quisquam hominum retulit ? » Quae uerba ex collatione Asconii [Ps.-Asc., *ad loc.*] contra fidem exemplarium emendauimus et nisi hoc modo legantur, ratio expensi acceptique non quadrabit, quam necesse est quadrare si sensum Ciceronis percipere uolumus. [...] Notandus est ergo loquendi modus antiquorum : « Accepi *uicies et ducenta* » hoc est *bis et uicies* sestertium, quod Cicero uel Verres potius dixisset, nisi minores illas summas addendas habuisset, id est XXXV millia quadringentos nummos.

de l'estat des royaulmes, seigneuries et empires qui ont esté en Grece et en Asie, sans entendre les monnoyes et maniere de parler des Grecs, toutesfois, pour eviter prolixité de tant d'exemples qu'il y a, je n'en prendray que trois ou quatre ou peu plus, qui serviront d'eschantillons pour faire conjecture du reste.

Le cens des senateurs

[a]Le premier sera de Suetonne en la *Vie d'Auguste Cesar* [41,1, 8-9], où il dit que Auguste « augmenta le cens des senateurs, et le fist monter de huyt cens mille à douze fois sesterce », ou sesterces ; auquel lieu tous les commentateurs et expositeurs du livre ont dit par cy devant qu'il falloit corriger ce passaige, et que aultrement ne se pouoit entendre ; et falloit remettre ce mot « cent », lequel les escripvains avoient obmis | en disant « douze 6
cens fois sesterce » ou « douze fois cent ». Et il est tout prouvé au livre *De Asse* qu'il n'y fault riens adjouster, et que « douze fois » est assez, mais qu'il fault entendre « sesterces » en plusier nombre et non pas « sesterce » en singulier, combien que plusieurs ayent cuydé qu'ilz parlassent par singulier[4]. Et est à dire douze

a. 1) V 28^v-29 [cf. 37^v-38], L 96-97 [cf. 127], B 36-37 [cf. 48] : Idem Tranquillus in *Augusto,* « Senatorum censum ampliauit ac pro octingentorum millium summa duodecies sestertium taxauit, suppleuitque non habentibus. » Quo loco idem Sabellicus***3** : « Sic omnes, inquit, Tranquilliani codices, quos uidimus habent : sed minuere id fuisset censum, non augere, si ex *octingentis millibus nummum* ad *duodecies sestertium* contraxisset. Quare aut haec nostra, aut nulla quod uideam alia quadrare poterit lectio. Erit igitur uera lectio non *duodecies sestertium,* sed *duodecies centies sestertium,* ut ex parte tertia auctus sit census, quod idem ualet ac si dicas, "uoluit Augustus ut singuli senatores qui octingenta possiderant sestertia mille et ducenta possiderent." Habuit enim sestertium mille nummos. » Hactenus ille ; cuius uerba Beroaldus***4** dissimulans *duodecies centies* legit et itidem ut Sabellicus interpretatur, ut sit sestertium pro mille nummis. Haec eius emendatio cuiusmodi sit, postea uiderimus.

2) V 50^v, L 166, B 63-64 : Proinde tandem accedamus ad exempla, quasique pedem cum rerum explicatione conferamus, et primum illud uideamus Tranquilli in *Augusto* quod corruptum esse non emendatum ab enarratoribus diximus, « Senatorum — taxauit. » Sic enim legit Blondus in *Roma triumphante****5**, tametsi hoc tempore ea uerba intelligi non posse existimauit. Nos *duodecies sestertium* docuimus significare *duodecies centena millia sestertium nummum* et in singula millia quinque et uiginti coronatos taxandos constituimus. Si igitur mille ac ducentos quinquies et uicies numeraueris, triginta millia coronatorum censum senatorium fuisse comperies et ex Tranquillo hoc noueris, Augustum censum senatorium ex uiginti millibus ad triginta millia auxisse.

fois sesterces, douze fois cent mille sesterces, qui vallent trente mille escus couronne de France.

[a]Et tant falloit qu'ung homme eust vaillant en estimation de ses biens avant qu'il peust estre senateur à Romme. À ceste cause les bons princes, quant ilz veoient gens de bien et de sçavoir, et dignes d'estre mis au nombre des senateurs, s'ilz n'avoient vaillant jusques à ceste somme, ilz leur donnoient des biens tant qu'ilz eussent ceste somme fournie ; et ainsi le faisoit Auguste, et Vespasian, et donnoit grosses pensions à ceulx qui ne pouoient entretenir l'estat qu'il leur appartenoit de maintenir : comme à ceulx qui avoient esté ès gros estatz, et ne s'estoient point enrichis, ainsi que Suetonne tesmoingne [*Aug.*, *ibid.*[5] ; *Vesp.*, 17,1, 1-3].

[b]L'aultre passaige est dudict Suetonne en la *Vie de Neron* [30, 1-3], auquel lieu luy, parlant de la grande et abhominable prodi-
6v galité d'icelluy | prince, dit les parolles qui s'ensuivent pour icelle montrer par exemple : « À peine (dit il) se peult croyre » ce que l'on trouve escript de luy. Le roi Tyridates d'Armenie estoit venu à Romme pour luy faire honneur, et quasi recongnoistre de luy son royaulme. « La renommée est que Neron luy donna par

a. Cf. V 60, L 196, B 75 : Interea exempla ad id, quod agebamus, citabuntur. Tacitus libro XIII [34, 4-9] de Nerone nondum deterrimo principe loquens : « Sed nobili familiae honor auctus est, oblatis in singulos annos quingenis sestertiis, quibus Messala paupertatem innoxiam sustentaret. Aure<li>o quoque Cottae et Atherio Antonino annuam pecuniam statuit princeps, quanquam per luxum habitas opes dissipassent. » De eodem Tranquillus [*Ner.*, 10,1, 7-9] « Nobilissimo, inquit, cuique sed a re familiari destituto annua salaria et quibusdam quingena constituit. Et de *Vespasiano* : « Expleuit censum senatorium, consulares inopes quingenis sestertiis annuis sustentauit. »

b. V 125, L 404-5, B 156 : Quapropter idem author de *Nerone* ita inquit : « Diuitiarum et pecuniae fructum non alium putabat quam profusionem, sordidos ac deparcos esse quibus ratio impensarum constaret, praelautos uereque magnificos qui abuterentur ac perderent. Laudabat mirabaturque auunculum Caium nullo magis nomine quam quot ingentes a Tiberio relictas opes in breui spatio prodegisset. Quare nec largiendi nec absumendi modum tenuit. In Tiridatem, quod uix credibile uideatur, octingenta nummum millia diurna erogauit abeuntique super sestertium millies contulit ; nullam uestem bis induit. Quadringenis in punctum sestertiis aleam lusit ; numquam carrucis minus mille fecisse iter traditur, soleis mularum argenteis. » Hactenus Tranquillus. Tiridates rex erat Armeniae [...].

jour, pour son estat entretenir tant qu'il fut en la ville, huyt cens mille sesterces, et que, quant il s'en partit, luy donna pour une foys mille fois sesterces. » Je ditz que la premiere somme valloit autant que vingt mille escus de France, à trente cinq sols pour escu, qui est à prendre le marc d'argent à unze livres. Et la seconde somme valloit deux millions cinq cens mille desditz escus.

Ledit aucteur [*Aug.*, 101, 2, 6-7] récite que Auguste par testament laissa à distribuer au peuple de Romme par ses heritiers quatre cens fois sesterces. Et nous avons veu cy dessus que le cens d'ung senateur valloit douze cens mille sesterces. Par quoy l'on voyt evidamment l'erreur qui estoit de penser que ce fust tout ung. Car ledit lays testamentaire valloit ung million d'escus, ainsi que nous verrons cy après [f. 50-52].

[a]Pline, au neuviesme livre [117] de l'*Hystoire naturelle* recite
pour chose merveilleuse et plaine de | grande superfluité qu'il 7
avoit veu une dame de Romme, non point en ung solennel convy ou bancquet, mais en ung bancquet moyen de nopces, laquelle avoit autresfois eu à mary Caligula, empereur de Romme, et s'appelloit Lollie Pauline. Dit que ladicte dame avoit le chief, la gorge et le sein couvers, et les mains pareillement, de perles et esmeraudes jointes ensemble et entrelassées. Lesquelz joyaulx on estimoit par le menu, et par compte faict au vray, quatre cens fois sesterces, qui est ung million d'escus couronne. Et n'estoit point cest acoustrement don de prince, mais luy estoient eschuz par succession, lesdictes pierres, de ceulx, comme dit Pline, « qui jadis avoient pillé l'Asie quant ilz estoient consulz ou preteurs ».

[b]Senecque, au livre de *Consolation* [*Ad Heluiam*, 10, 4], parlant de Caligula l'empereur qui fut successeur de Tybere, et soy

a. V 29^{v} [cf. 51^{v}], L 98 [cf. 169], B 37 [cf. 65] : Plinius eodem libro « Lolliam Paulinam, quae fuit Caii principis matrona nec serio quidem aut solenni caeremoniarum aliquo apparatu, sed mediocrium etiam sponsalium coena uidi smaragdis margaritisque opertam alterno textu, fulgentibus toto capite crinibus spiris collo monilibus digitisque : quae summa quadringenties sestertium colligebat, ipsam confestim paratam nuncupationem tabulis probare ; nec dona prodigi principis fuerant, sed auitae opes, prouinciarum scilicet spoliis partae […]. »

b. V 127^{v}-128, L 412, B 159 : Seneca libro *De consolatione ad Albinam matrem suam* ita inquit, de Caligula loquens : « C. Caesar Augustus quem mihi uidetur

esmerveillant de la dissolue prodigalité de luy : « Il me semble (dit il) que nature avoit produyt ce prince pour monstrer ce que les vices extremes peuent faire quant ilz eschayent en souveraine fortune » ; lequel (dit il) « fut si excessivement depravé qu'il voulut despendre pour ung bancquet ou festin cent fois sester-
7v ces. Mais, combien | qu'il s'aydast des esperitz et inventions de tous gourmens et prodigues, à peine peut il trouver moyen de consumer en ung soupper le tribut de trois provinces ». Par les exemples dessusdictes il est cler à juger que cent fois sesterces est une grosse somme d'argent.

[a]Ciceron en la troisiesme [*sic* ; II, 2, 184,1 – 185,6] des accusations *Verrines*, lesquelles il fist à l'encontre de Verrès qui avoit

---

rerum natura edidisse ut ostenderet quid summa uitia in summa fortuna possent, centies sestertio coenauit uno die et in hoc omnium adiutus ingenio, uix tamen inuenit quo modo trium prouinciarum tributum una coena fieret. » Quibus uerbis apparet centies sestertium immensam esse pecuniam et quae de Cleopatrae unione diximus ex Plinio***6** non uanitate commentitia a nobis esse aucta, sed modice aestimatum eius pretium ; id quod in omnia paene in his libris prodita ualet. Maiora sunt ista omnino nostrae aetatis captu.

a. V 40, L 133-4, B 51 : Vt hoc [*scil.* omnia perspicua facere] autem efficere possim, utar rursus Ciceronis authoritate, qui in *Actione III in Verrem*, cum multa Verri furta obiecisset per totam eam orationem, ad extremum uelut summam criminum exaggerans, unius tantum oppidi furta ac paucorum mensium colligere statuit, ut de uniuersis pecuniis per iniuriam ablatis documentum coniecturamque daret. Ait igitur se publicanorum tabulas conquisitas obsignasse et ad iudicium illud Verris attulisse, ut ex perscriptis sub nomine praetoris nauium commeatibus, constare iudicibus ratio posset earum mercium, quas Verres tunc Siciliae praetor in Italiam deportandas curasset. Eius igitur haec uerba sunt circa finem orationis : « Cum haec paucorum mensium ratio in his libellis sit, facit<e> ut uobis triennii totius ueniat in mentem, sic contendo, ex his paruis libellis apud unum magistrum societatis repertis, uos iam coniectura assequi posse cuiusmodi praedo iste in illa prouincia fuit, quam multas cupiditates, quam uarias, quam infinitas habuerit, quantam pecuniam non solum numeratam, uerum etiam in huiuscemodi rebus positam confecerit, quae uobis alio loco planius explicabuntur ; nunc hoc attendite : his exportationibus quae recitatae sunt, scribit sestertia LX socios perdidisse ex uicesima portorii Syracusis. Pauculis igitur mensibus ut hi pusilli et contempti libelli indicant, furta praetoris quae essent sestertium duodecies ex uno oppido solo exportata sunt. » Nego quenquam esse acutum ac perspicacem lectorem, qui post haec uerba Ciceronis dubitare potuerit de eo, quod adstruimus. Quod ut omnibus etiam crassioris Mineruae lectoribus planum fiat, paucis uerbis rem explicabo. Cum enim affirmet Cicero societatem publicanorum « ex uicesima portorii *sexaginta sestertia* » id est *sexaginta nummorum millia*, ideo perdidisse, quod

esté preteur trois ans en Sicille, dit en ung passaige en ceste maniere, en addressant sa parole aux juges : « Je vous vueil monstrer (dit il) quelz larrecins Verrès peult avoir faict en trois ans par toute l'ysle de Sicille par ce qu'il a faict en quatre ou six moys en une seulle ville. Or pour ce faire il a esté besoing que j'aye eu le double signe des papiers journaulx des fermiers du port et imposition foraine d'icelle ville, esquelz est enregistré pour combien de marchandise Verrès le preteur a fait amener et passer en Italie par le destroit de Sicille ». Et après ce qu'il a produit, par journées et divers chapitres, les marchandises et estimacion d'icelles, dont les fermiers faisoient registre combien qu'ilz n'en eussent riens eu de Verrès, car ilz n'en eussent osé parler : « Regardez bien (dist il) et vous trouverez, se vous | comptez bien, 8
que les fermiers ont chargé en debet sur Verrès et mis en non receu, en si peu de temps que j'ay dict, soixante mille sesterces pour le vingtiesme denier de l'imposition de Syracuse. Par quoy vous appert que Verrès en peu de temps a pillié, desrobé, et emporté hors le pays marchandises et denrées pour douze fois sesterces ».

Ce passaige bien consideré et entendu est une preuve et tesmoingnage non reprouchable pour monstrer que douze fois sesterces valloit autant que douze cens grans sesterces, ou douze cens mille petis. Car Cicero dit que les fermiers et publicains avoient mis et chargé sur le nom de Verrès à plusieurs fois soixante mille sesterces à eulx deuz. Or ne leur estoit il deu que le vingtiesme denier pour l'impost. Par quoy il fault multiplier ceste somme par le nombre de vingt pour sçavoir ce que le tout valloit. Ce faict, je trouve que vingt fois soixante vault douze cens, et par ce moyen est mon fait verifié. C'est à dire que Cicero

---

Verres immunes merces tanquam praetorias nec tamen improfessas transportabat et ex eo colligat furtiuas merces ad *sestertium duodecies* ex uno oppido abstulisse, certo iam certius habeo sestertium duodecies *mille ac ducenta sestertia* significare. Si enim sexagenarium uicenario multiplicaueris, mille et ducenta fient in summa, atqui Cicero furtorum summam a portorio uicesimae probare facile potuit. Si ergo uicesima pars sestertii duodecies sexaginta sestertia esse ab eo dicitur, necessario sestertium duodecies mille ac ducenta sestertia eodem authore erit.

a dit « douze fois sesterces » pour douze cens mille sesterces, et non pas pour douze sesterces.

[a]Il est aussi à noter que tout ainsi que *sestertius* vault deux asses Sestertius. Sestertium
8v et demy, qui sont deux livres et de- | mye d'erain, lequel j'appelle « petit sesterce », tout ainsi *sestertium,* que j'appelle « grant sesterce » pour noter la difference de *sestertius,* vault deux livres et demye d'argent.

Et pour cette cause ont esté imposés ces deux noms ou vocables, car sesterce vault autant à dire par interpretation et etymologie que le troisiesme demy. C'est à dire deux entiers et ung demy[6].

Toutesfois les Rommains, quant ilz vouloient designer mille petis sesterces, ne disoient pas *sestertium* au singulier nombre ; mais quant il y avoit ou dix mille ou plus grant somme, ilz disoient *decem sestertia,* par le plusier ; ou *viginti* pour vingt mille petis, ou aultre plus grant nombre. Aussi ne disoient ilz point « petis sesterces » ou « grans sesterces », comme je faitz, car par le langaige latin la difference se peult facillement entendre par le genre masculin et par le neutre, ce qui ne se peult faire en françois. Decem sestertia

Quatre cens sesterces petis vallent cent deniers rommains, qui vallent quatre pieces d'or rommaines que nous appellons aujourd'huy medailles d'or ; et les quatre pesent une once, et cent deniers vallent une livre d'argent, que j'estime dix escus à
9 la couronne, c'est à dire dixsept li- | vres dix solz.

[b]Et vault la livre de Romme ung marc et demy de France, et demye once davantaige. Car les douze onces vallent quatre Drachme. Ung gros

a. V 36, L 121, B 46 : Quomodo igitur « sestertii » dicti sunt « nummi », quod duos asses et semissem singuli ualerent, id est, dipondium et semissem [*scil.* aeris] : ita « sestertia » ex eo dicta sunt, quod duas libras singula et selibram argenti ualerent.

b. V 49 [*err. num. « 94 »*], L 162-63, B 62 : Libram igitur Romani in XII uncias distribuebant et unciam in octo drachmas. Huius librae bessem, selibram nostram regiam esse dico, cuius modus a zygostate publico statuitur Parisiis. [...] Hoc besse nunc utemur pro libra quam « marcam » uocitamus ; eamque in uncias octonas distribuemus, unciamque rursus in totidem drachmas et drachmas singulas in terna scrupula, ita ut hemidrachmium sesquiscrupulum ualeat. Primum hoc dico

vingts et seize drachmes, ou deniers, qui est le marc et demy. Et la demye once paracheve les quatre drachmes pour faire cent. Mais les changeurs n'usent point de ce terme (drachme) ; mais disent « ung gros » ce que les Rommains disoient une drachme, qui sont deux estellins et demy. Le poix d'une drachme, et l'appellation aussi, dure encores aujourd'huy entre les espiciers et apothicaires[7]. Et pour resolution de ceste matiere il fault avoir ceste forme et praticque qui s'ensuyt. Il y a en l'once huyt drachmes atticques, ou huyt deniers rommains. Car c'est tout ung, et selon la mode des changeurs de France, il y a en l'once vingt estellins, ou huyt gros.

[a]Car les deux gros font ung quart d'once, qui est le poix d'ung noble à la rose ou de Edouart, et d'une medaille de Romme ; et des philippus anciens qui pesoient autant qu'ung noble dessusdict.

[b]Et de mesme poix estoit ung stater atticque, ainsi comme dit Pollux [IV, 173, 6].

---

drachmam Romanam et Atticam a nostris uocitari « grossum » et scrupulum « denarium » et semigrossum esse nobis semidrachmam Atticam, quam drachmam nostri « sterlinos duos et dimidiatum » esse dictitant : qua ratione pondus nostrum facile congruet cum antiquo, hoc modo teneamus libram nostram cum Latina libra comparatam subsesquiplam proportionem habere, quam habet bes ad assem. Quippe cum libra nostra (de octonaria semper loquor, quam « marcam » uocitari diximus) quatuor et sexaginta grossos capiat, id est octies octo, si trientem addideris bessi, id est duo et triginta grossos, seu quaternas uncias, libram utique efficies plenam antiquam, sex et nonaginta drachmis constantem, ut antea dictum est ; qui numerus exit ex unciarum numero per drachmarum numerum multiplicato, hoc est ex duodenario in octonario ducto. Haec est exacta librae ratio, cui tamen semunciam addere nos oportet, cum libra in ratione nummaria cum mina Graeca exaequata sit et plane sit centenaria. Erit ergo libra Latina non modo sesquialtera nostrae librae, id est sesquilibra nostra, sed etiam praeterea quatuor drachmas habuisse intelligetur. Sed nihil hoc conturbare nos debet. Satis est enim ad facilem huius rei explicationem quod grossus noster cum drachma Attica conuenit et denarius cum scrupulo. « Grosso » autem uocabulum utar non uerecunde, cum Latinum uerbum sit, licet alio significatu antiquis usurpatum.

a. V 80 [cf. 209], L 258 [cf. 655-56], B 100 [cf. 253] : Romanis nomismatibus pares omnino pondere sunt Anglici nummi, qui « nobiles » appellantur, duntaxat « Eduardei » et « Rosati », pondere senum scrupulorum.

b. V 79, L 255, B 98 : At aureus Atticus, qui « stater » ab eis appellatur, pondere didrachmus erat, ut auctor est Pollux libro IIII *De uocabulis rerum*,

Car les monnoyes d'or à Romme et à Athenes pesoient le dou-
9v ble de celles d'argent, comme l'on voyt à l'œil | aujourd'huy.

Partition de livre d'argent en deniers et en gros ou drachmes

Il y a doncques huyt drachmes, huyt deniers rommains, et huyt gros de France en une once. Et fault entendre de deniers rommains. Car les maistres des monnoyes de France comptent par deniers, et disent qu'il y en a vingt et quatre en l'once. Et les changeurs disent vingt estellins. Par ce moyen ung denier rommain vault de poix trois deniers de France, car les trois font ung gros. Or y a il huyt onces au marc, qui vallent huyt fois huyt drachmes ou deniers rommains, qui sont soixante quatre. Le demy marc vault trente deux drachmes ou deniers rommains, ou gros de France, qui sont pour douze onces. C'est à dire pour marc et demy quatre vingts et seize drachmes, qui proprement font la livre rommaine selon l'oppinion de plusieurs aucteurs.

[a]Mais toutesfois, en matiere d'argent et monnoye, je trouve qu'il fault tousjours compter la livre pour cent deniers, ainsi que les Grecs font la mine de cent drachmes. Et est tout ung entre les anciens de dire *libra* et *pondo*, qui est par advanture ce que l'on trouve par escript en nostre langue : ung « pesant » ou ung besant. Toutesfois, quant les Latins disent *libra* ou *pondo*, ilz en-
10 tendent d'argent | non monnoyé.

Une mine

Mais quant les Grecs disent une mine, ilz entendent cent drachmes de monnoye. Et pour ce est ce que les Rommains usent de sesterces, pour signifier les sommes de monnoyes ou d'or avallué à monnoye d'argent.

Pour passer oultre, fault dire que, puisque cent deniers ou drachmes vallent le poix d'une livre, que deux cens cinquante deniers vallent ung grant sesterce, qui en vault mille petis, qui

---

ὁ δὲ χρυσοῦς στατὴρ δύο εἶχε δραχμὰς ἀττικάς. « Aureus (inquit) nummus duas drachmas Atticas habebat ».

a. V 36, L 121, B 46 : Verum id adnotandum quod libram nunc et minam centenarias intelligimus, indifferenter utentes, quod « pondo » etiam identiter appellatur Plini libro XXI [185, 8-9] : « *Mna*, quam nostri *minam* uocant, pendet drachmas Atticas centum ». [...] Drachma igitur non modo pondus denarii Romani, sed etiam nummum significat eodem pondere percussum ab Atheniensibus [...].

sont deux livres et demye d'argent. Car les quatre cens vallent une livre, et les quatre vallent ung denier.

Or à ce que la façon de nombrer et reduyre les monnaies antiques à celles de present soit plus à main et plus facile à retenir, j'en feray cy ung sommaire, et feray le compte au pris que l'argent vault à compter unze livres pour marc. Et vingt sept solz six deniers pour once ou peu plus, ainsi qu'il a esté depuis peu de temps, combien que pour le present il vaille plus. Et par ce moyen je prendray l'estimation des choses antiques à la monnoye plus forte qu'elle n'est aujourd'huy. |

[a]*Sestertius* et *nummus* qui estoit tout ung, et se peult apeler 10v
« petit sesterce », valloit autant comme ung karolus et obole tournois, car il valloit deux asses et demy. Et ung as valloit environ quatre deniers tournois et pyte. Laquelle estimation, et celle que je feray cy après, n'est point faicte à l'advanture, mais par compte fondé en demonstration, telle qu'on n'en peult faire doubte.

Car on trouve aujourd'huy des deniers anciens et medailles d'or et d'argent, par le poix et valleur desquelz j'ay eu apprehension et certaine congnoissance de ce qui estoit caché et ensevely en ignorance, après ce que j'ay trouvé la maniere de compter, et les notes pour congnoistre le denier rommain.

Et est ung sesterce petit deux livres et demye d'erain.

[b]*Sestertium* valloit autant que deux livres et demye d'argent. C'est à dire mille petis sesterces qui valloient deux cens cinquan-

---

a. Cf. V 53v, L 172, B 66 : Asses deni in denario fuerunt et sestertii quaterni. Hic aestimatione a nobis instituta, tribus duodenariis et semisse ualuisse deprehenditur, cum libra decem aureis aestimetur ; qua ratione sestertius nummus decem denariolis et semisse, id est obolo nostro ualet : sic asses singuli quaternis denariolis aestimabuntur.

b. Cf. V 50, L 164-66, B 63 : Confectum igitur iam habemus, libram Romanam centum grossos nostros habuisse. Quare si huius temporis aestimationem sequi uolumus, in singula pondo Romana decem et septem francicos, tres solidos Turoneos et nouem denariolos statuere necesse est ; aestimationem nunc legitimam sequor et edictalem, non negociatoriam et uulgarem : edicto enim principali libra argenti undecim francicis aestimata est, licet passim duodecim iam ueneat. Cum enim, ut diximus, libra antiqua sesquiliplex fuerit nostrae et praeterea semunciam habeat, pro XII unciis sedecim francicos et decem solidos numerabimus ; pro

te deniers ou drachmes atticques, que je estime dix escus couronne.

Le denier ou drachme atticque vault selon l'estimation que
11 dessus trois solz six deniers tournois. Parquoy | il appert que la livre d'argent, qui s'appeloit *libra* et *pondo* et *mina*, vault par estimation trois cens cinquante solz tournois, qui sont cent fois trois solz et six. Et vallent dix escus couronne, à trente cinq solz pour escu. Laquelle somme doublée une fois et demye monte à vingt cinq escus. Et pour ce à bonne cause je compte pour chascun millier de sesterces vingt cinq escus.

Dix mille sesterces ou dix grans sesterces valloient autant que deux cens cinquante escus couronne.
Vingt mille sesterces, cinq cens escus.
Quarante mille sesterces, mille escus.
Cinquante sesterces, douze cens L escus.

---

semuncia XIII solidos et nouem denarios. Ita fit ut mille nummi, id est singula sestertia, aestimari a nobis duobus et quadraginta francicis undeuiginti solidis et quatuor denariis debeant, uel (ut summa rotundetur et minutiarum taedio liberemur) tribus et quadraginta francicis, hi ducatos duos et uiginti et triginta quinque solidos Turoneos faciunt. Quibus si duo solidos et semissem addas, fient ducati tres et uiginti ; ducatos legitima aestimatione accipio, ut XXX solidis Parisinis ualeant, id est solidis Turoneis triginta septem et semisse.

Hactenus igitur legitimam iustamque aestimationem in singula millia nummum habemus, nisi quod octo denariolos addidimus, id est bessem solidi. Huic summae ad uulgarem aestimationem argenti paulo minus quatuor francici desunt, nam cum argenti libra octonaria uulgo duodenis francicis permutetur propter argenti inopiam et nomismatis ieiunitatem, in singulas uncias ad legitimum pretium bini solidi et semis accedunt, quas uncias in sestertiis singulis tricenas singulas esse ostendimus, atque eo amplius quadrantem unciae. Hi solidi paulo plus duobus ducatis ualent aestimatione ante dicta : qua ratione fit ut in singula sestertia si extendere pretium uelis uulgari iudicio quinque et uiginti ducatos statuere, aut certe totidem nostros solatos aureos possis.

Ego tamen ad legitimam aestimationem nihil adderem, si commodum aliquem numerum in eo nactus essem, quo ueluti radice uti ad maiorum summarum cumulationem possem, id quoniam fieri nequit, quindecim tantum solidos adiiciam, ut mille nummum quinque et uiginti aureis coronatis aestimetur, id est quadraginta tribus francicis et dodrantem, ita ut coronatum quinque et triginta solidis esse intelligamus, quanti scilicet locabatur ubere re nummaria ; solidos autem semper appello, qui duodenarii nunc dicuntur, in Italia non ignoti***7**.

Cent sesterces, deux mille cinq cens escus.

Deux cens sesterces, cinq mille escus.

Le cens d'ung chevalier

Cinq cens sesterces, XII mille V cens escus.

Le cens d'ung senateur devant Auguste

Huyt cens sesterces, vingt mille escus.

Mille grans sesterces, qui plus proprement s'appelloit *decies sestertium,* c'est à dire « dix fois sesterces », valloit autant que vingt cinq mille escus.

Le cens d'ung senateur depuis Auguste

Douze fois sesterces, trente mille escus.

Quinze fois sesterces, trente sept mille escus. |

Vingt fois sesterces, cinquante mille escus. 11v

Trente fois sesterces, septante cinq mille escus.

Quarante fois sesterces, cent mille escus.

Cinquante fois sesterces, six vingts cinq mille escus.

Soixante fois sesterces, cent cinquante mille escus.

Le pris de la perle de Cleopatra[8]

Cent fois sesterces, deux cens cinquante mille escus.

Quatre cens fois sesterces, ung million d'escus.

Mille fois sesterces, deux millions cinq cens mille escus.

Le vaillant de Lentule, serviteur d'Auguste[9]

Quatre mille fois sesterces, dix millions.

Dix mille fois sesterces, vingt cinq millions.

Vingt mille fois sesterces, cinquante millions.

Le tresor que Tybere laissa quant il mourut[10]

Vingt sept mille fois sesterces, soixante sept millions cinq cens mille escus.

Monnoye des Grecs

[a]Une drachme attique valloit autant qu'ung denier romain, ainsi que dit a esté. Elle se divisoit en six obolles et valloit chascun obolle

a. V 197v, L 620-21, B 239-40 : Cum ergo drachma Attica quaternis sestertiis Romanis ualeret, id est denario uno, sestertius Romanum sesquiobolum Atticum

sept deniers tournois, qui est la sixiesme partie de trois solz et six. À ceste cause, quant ilz vouloient signifier ung homme de neant, ils
12 disoient *homo trioboly* à Romme, c'est à dire « de | trois obolles », qui sont quatre petis blancs ; et quant ilz vouloient signifier une femme fort impudicque et abandonnée à tous, ilz l'appelloient *scortum diobolare*, ainsi que font les poetes comicques, voulant dire une meschante femme qui se donnoit pour autant que deux petis blancs.

Il y avoit aultres pieces de billon à Athenes, mais il n'en est point de mencion parmi les hystoires ; par quoy je les laisseray.

Ce que les Rommains appelloient *sestertius* estoit autant en monnoye de Romme comme *sesquiobolus* en monnoye d'Athenes, qui est une maille et demye, la quarte partie d'une drachme ou d'ung denier.

Et neantmoinns la monnoye d'Athenes renommée et celebrée en hystoires, c'est *drachme* ; car ainsi que les Rommains disoient ou cent ou mille sesterces, tout ainsi disoient les Grecs cent ou mille drachmes. Et pour ce, quant on lit ès livres translatez de grec en latin tant de chiliades ou myriades, qui est à dire tant de mille ou de dix mille, sans dire quelle monnoye, il fault entendre de drachmes atticques. Mais les translateurs y ont souvent erré ainsi qu'il apperra cy après : |

12v Cent drachmes vallent une myne, dix escus couronne.

Deux cens cinquante drachmes, autant qu'ung millier de petis sesterces, vingt cinq escus.

Dix mynes vallent quatre mille sesterces, cent escus.

Soixante mynes vallent ung talent atticque, qui doibt estre estimé à ceste raison soixante fois dix escus, six cens escus.

---

ualuit, ut obolus omnino semissem nostrum et denariolum ualuerit, ac si septuncialem nummulum haberemus. Hac ratione diobolus [*sic*] septenos sestantes nostros ualebat : quare Plautus in *Poenulo* [381-82] cum dixit : « Non ego homo trioboli sum nisi ego illi mastigiae exturbo oculos atque dentes » sic intellexit ἄξιος τριωβόλου ut Graeci loquuntur, id est « non aestimandus triobolo Attico » seu duobus sestertiis. Sic alibi [463] : « Aruspex non homo trioboli » ; genitiui sunt schemate Graeco enunciati. Et « trioboli » igitur hominem uocat uocabulo monoptoto, ut « nauci » hominem Antiqui dixerunt et « frugi ». Idem in eodem *Poenulo* [270] : « Seruorum sordidulorum scorta diobolaria ». [...] « Bos » etiam olim numisma erat Atticum bouis nota percussum, didrachmum alio nomine dictum.

Talent Il est plusieurs manieres de talens renommées ès hystoires.

[a]Tite Live [XXXVIII, 38,13, 1-4] recite que en une composition faicte par les Rommains, par laquelle on leur devoit bailler certain nombre de talens, ce mot fut adjousté que les talens ne seroient pas moindres que de quatre vingts livres d'argent en poix. Et ce talent dont je parle, Plaute et Terence en leurs comedies [*Most.*, 912-14 ; *Phorm.*, 643-44] appellent grant talent atticque, qui a proportion « sesquitierce », ainsi que parlent les arithmetiques, au talent petit et commun. Car le petit contient soixante livres, et le grant vingt davantaige, qui est la tierce partie du petit.

[b]Vitruve architecte [X, 15,7, 8-12] appelle ung talent en gros poix six vingts livres, qui est le double de l'atticque. Suide [τ 34]

---

a. V 63-64, L 204-8, B 78-80 : « Idem Liuius (inquit ille [Priscianus, *De ponderibus et mensuris****8**]) ostendit libro XXXVII *Ab Vrbe condita* magnum talentum Atticum octoginta habere libras et paulo plus, cum supradictorum computatio manifestet octoginta tres libras et quatuor uncias habere talentum, quod est denariorum sex millium. » Liuii uerba haec citat : « Talentum ne minus pondo LXXX Romanis ponderibus pendat, uel sic decreuit Senatus, ut non plus quam ternae librae et quaternae unciae singulis talentis desint ». [...] Maius autem et minus fuisse docet Terentius in *Phormione* cum inquit, « Si quis daret talentum magnum ». [...] Talenti magni meminit Plautus in *Mostellaria* his uerbis : « Si hercle nunc ferat sex talenta magni argenti pro istis praesentaria, nunquam accipiet. » Locus autem Liuii, qui apud Priscianum citatur, non libro XXXVII legitur, sed trigesimo octauo, his uerbis : « Argenti probi XII millia Attica talenta dato intra XII annos pensionibus aequis. Talentum ne minus pondo LXXX Romanis ponderibus pendeat », ubi tamen ordinem uerborum peruersum esse credo. Non enim Latine XII millia *talenta,* sed *talentum* dicitur, quomodo et alibi et in loco supradicto locutus est Liuius. Qua re hic Liuium scripsisse puto, *argenti probi Attica talenta XII millia,* uel *Atticum talentum.*

b. V 64, L 208-9, B 80 [*suite de l'extr. préc.*] : Quod si de talento dicere ulterius pergam, exitum res non inueniet : usqueadeo de talento diuersa produntur et uaria ab authoribus. Suidas et Hesychius talentum apud quosdam centum et uiginti quinque librarum fuisse tradunt ; apud nonnullos genus fuisse nomismatis. Non omittendum id, quod Pollux***9** inquit, talentum Atticum apud Athenienses Atticas drachmas capere numero sex millia : apud alios eundem numerum, sed suarum cuiusque loci drachmarum. [...] Vitruuius libro X de testudine Agetoris Byzantii loquens : « Erigebatur autem machina in altitudinem ad deiiciendum murum circiter pedes centum. Item a latere dextra ac sinistra procurrendo perstringebat non minus pedes centum. Gubernabant eam homines centum, habentem pondus talentum quatuor millium, quod fit quadringenta octoginta millia pondo. » His

13 et Hesi- | che [τ 53 ; 59], deux aucteurs grecs, disent que ung talent valloit six vingts cinq livres en aulcunes villes. Et toutesfois que le petit ne valloit que soixante ; et que aulcunes fois talent signifie une espece de monnoye.

[a]Herodote [III, 89, 10-11] dit que ung talent babylonicque valloit soixante et dix mynes emboicques.

Pour accorder ces choses icy, et oster confusion et hesitation qui se peult ensuyvre de la discrepance et contrarieté que l'on trouve ès traditions et escriptures des aucteurs grecs et latins, il m'a semblé qu'il falloit icy noter deux choses.

[b]La premiere est que c'est aultre chose d'ung talent d'argent frappé et monnoyé, que d'ung talent de poix d'argent. Ainsi comme en France une livre d'argent vault deux marcs en poix, et en monnoye elle vault vingt ou vingt et cinq solz. Pareillement ung franc est nom de monnoye, comme « franc à pied » et « à cheval »[11]. Et franc vault une livre en nombre de sommes.

[c]L'autre est que Pollux, aucteur grec, en ung livre qu'il dedia à l'empereur Commodus, auquel il a colligé les termes et

---

uerbis si emendate leguntur, author est Vitruuius talentum centum et uiginti pondo Romana continere : quod genus proxime accedit ad illud talentum, quod Suidas et Hesychius posuerunt. In aliis libris *quadringenta nonaginta millia* legitur ; qua ratione talentum centum et uiginti pondo et semissis fuit.

a. V 113^v, L 368-9, B 142 : Herodotus Alicarnasseus libro III qui *Thalia* inscribitur, Darium Histaspis filium, qui post Magorum caedem hinnitu equi ad regnum Persicum assumptus est, in uiginti satrapias Persarum regnum distribuisse dicit et praefectos unicuique dedisse et tributa stata fixaque indidisse, ea lege dicta, ut qui argentum tributi nomine penderent, talenti Babylonii pondere, qui aurum, Euboici afferrent. « Valet autem, inquit, Babylonicum talentum LXX minas Euboicas ».

b. Cf. V 64^v, L 209, B 80 [*suite de l'extr. f. 12^v*] : quod ipsum [*scil.* talentum] ego non argenti talentum fuisse, sed negociatorium et mercimoniale puto, quod duplicem fortasse ad talentum argenti proportionem habebat, ut hodie libra argentaria et aurificum subdupla est zygostaticae.

c. V 114, L 370-71, B 142-43 : Ego cum rei obscurae***10** et caligine quadam uariantium authoritatum obductae, lucem aliquam afferre magnopere laborassem, nihil appositius ad illustrandam eam obscuritatem inueni, quam quod Pollux in nono *De uocabulis rerum* inquit [...]. Sed uerba Pollucis haec sunt loco supradicto : τοῦτο γε μὴν οὐκ ἄκαιρον, ὅτι τὸ μὲν ἀττικὸν τάλαντον ἑξακισχιλίας ἐδύνατο δραχμὰς ἀττικάς, τὸ δὲ βαβυλώνιον ἑπτακισχιλίας, τὸ δὲ αἰγιναῖον μυρίας, τὸ δὲ σύρον πεντακοσίας καὶ χιλίας, ὡς πρὸς τὸν ἀττικῆς δραχμῆς λογισμόν,

dictions de chascune science et | artifice en sommaire et en abbregé, dit, en ceste maniere ou à peu près, au neufiesme volume [86] : « Il fault (dit il) estre adverty qu'ung talent atticque vault six mille drachmes, et le babyllonicque sept mille, le egineticque dix mille, le syriaque quinze cens. Mais c'est à entendre tousjours des drachmes atticques. Car ainsi que le talent atticque valloit soixante mines atticques, aussi le babylonicque en valloit septente atticques. Et le egineticque cent. Et pareillement des aultres. Mais tout ainsi que la myne atticque valloit cent drachmes atticques, aussi la myne babyllonicque valloit autant de drachmes babyllonicques. Et les aultres mines semblablement valloient six 13v

---

ὥσπερ οὖν καὶ τὰς μνᾶς τὰς ἀττικάς, τὸ μὲν ἀττικὸν ἑξήκοντα εἶχε, τὸ δὲ βαβυλώνιον ἑβδομήκοντα, τὸ δὲ αἰγιναῖον ἑκατὸν κατὰ ἀνάλογον. ἡ μνᾶ δὲ ὡς παρ' Ἀθηναίοις ἑκατὸν εἶχεν δραχμὰς ἀττικάς, οὕτω καὶ παρὰ τοῖς ἄλλοις τὰς ἐπιχωρίους, δυναμένας πρὸς λόγον τοῦ καθ' ἕκαστον ταλάντου κατά τε προσθήκην καὶ ἀφαίρησιν. « Hoc autem non absurdum erit dicere, quod talentum Atticum Atticas drachmas ualebat numero sex millia, Babylonium septem millia, Æginaeum decem millia, Syrium mille et quingentas, duntaxat ineunda ratione secundum drachmae Atticae modum : quippe ea ratione qua Atticum talentum sexagenas minas, Babylonium septuagenas, Æginense centenas proportione capiebat. Porro mina ipsa ut apud Athenienses centenas habebat drachmas, sic apud alios quoque totidem suas cuiusque gentis, quae pro ratione cuiusque talenti plus minusue ualerent augmento uel decremento. »

Ex his Pollucis uerbis ad formulam unam omnia propemodum genera talentorum minarumque redigere possumus. Quomodo enim Atticum talentum sexagenas minas Atticas capit et mina Attica centenas suas drachmas : sic Babylonium sexagenas minas Babylonias, quae centenas ipsae drachmas uernaculas capiunt : et Æginense talentum totidem minas Æginenses et Ægineticae rursus minae, centenas drachmas Ægineticas. Sic libra nostra nummaria duplex est : Parisina et Turonensis. Parisina quinque et uiginti solidorum est ; Turonensis, uiginti. Quod ideo fit, quia uiginti solidi Parisienses aequales sunt aestimatione quinque et uiginti Turonensibus ; quare utraque libra uicenaria est, sed solidus tantum refert, ut drachma apud priscos. Verumenimuero ut Babylonium talentum proportione « ephectam », id est sesquisextam, uel (ut alii loqui malunt) « supersextam » ad talentum habet Atticum (sexta enim parte hoc ab illo superatur) sic drachma Babylonia Atticam drachmam sesquisexta proportione superat. Et ut Æginense talentum proportionem superpartientem ad Atticum talentum habet, utpote quod semel id capiat et duas insuper eius partes (ita enim sese habet centenarium talentum ad sexagentarium) sic eandem quoque proportionem Æginaea drachma ad Atticam drachmam habet.

mille drachmes en nombre et non plus. Mais c'est à entendre des drachmes de chascun pays dont le talent porte le nom. »

Par ces parolles de Pollux, j'entends que tous talens se peuvent et doibvent reduire à une forme et nombre de mines et de drachmes ; car ung talent vault tousjours LX mines ou LX livres, et une mine cent drachmes ; mais la difference gist en estimation. Car soixante mines de Babyllone valloient autant que
14 septente d'Athenes, qui est proportion sesquisexte, pour | autant que le nombre babyllonicque surmonte le nombre atticque de la sixiesme partie de l'atticque qui est dix. Pareillemant cent drachmes babyllonicques ont la proportion sesquisexte comparées en poix et valleur avec cent drachmes atticques, car ilz poisent ung sixiesme davantaige, qui sont seize drachmes en nombre et deux tiers de drachme ; et ainsi est il des aultres. Mais pour ce que les mines atticques estoient congneues en tous pays, à ceste cause les aucteurs et historiens ont estimé les talens de chascune contrée par les mynes atticques en disant par maniere d'exemple : « le talent babyllonique vault LXX mines atticques », qui est autant que s'ilz disoient « le talent de Babyllone vault LX mines » ; mais les mines du pays vallent ung sixiesme plus que les atticques, car les six vallent sept. Et ainsi fault entendre de celles de l'isle d'Egine et celles de Syrie, c'est assavoir en augmentant l'estimation selon ce que dessus a esté dit, pour autant que les six d'Egine vallent dix d'Athenes, et les syriaques vallent quinze. Et ainsi est il des drachmes comparées les unes aux aultres.

[a]Toutesfois il est tout certain et clerement prouvé et demons-
14v tré par | les *Oraisons* de Demosthenes et aultrement, dont les pas-

---

a. V 88, L 284-85, B 110 : Vlteriore igitur indagine lectorem eo perducemus, ubi uel ab inuito confessio exprimatur se iam ueritatem non modo uidere, sed etiam palpare. Primus locus est apud Demosthenem in oratione quae κατὰ Ἀφόβου [I, 29, 1-5] inscribitur ; in qua orator enumerans fraudes tutorum suorum et ostendere uolens tribus propemodum talentis uno nomine se ab eis circunscriptum, ita inquit : σκέψασθε τοίνυν ὅσον ἀργύριον οὗτοι παρὰ τοὺς κλινοποιοὺς κλέπτουσι· τετταράκοντα μὲν μνᾶς αὐτὸ τὸ ἀρχαῖον, δέκα δὲ ἐτῶν τὸ ἔργον αὐτῶν δύο τάλαντα. Δώδεκα γὰρ μνᾶς ἑκάστου τοῦ ἐνιαυτοῦ τὴν πρόσοδον αὐτῶν ἐλάμβανον. « Considerate igitur quantam isti pecuniam ex lecticariis fabris interuerterunt : primum pro sorte quadraginta minas pono ; deinde pro quaestu decennii eorum

saiges sont alleguez et accumulez au livre *De Asse*, dont je faitz icy ung *Epitome*, qu'ung talent atticque petit, et tel qu'il se prenoit communement en contractz et nombres de sommes, valloit six mille drachmes atticques, qui sont pareillement six mille deniers de Romme ; et que, quant les hystoriens ou aultres escripvans parlent de talens simplement, sans aultre designation, qu'ilz entendent d'ung talent atticque, comme il apperra evidemment cy après.

[a]Et se doibt estimer ce talent petit six cens escus couronne pour le moins, voyre à forte monnoye, c'est à dire en prenant fondement de ceste taxe sur le marc d'argent, estant à unze livres ou peu plus.

Reste d'en faire cy ung bordereau ou abbregé pour donner moyen de prompte et facille calculation de monnoye grecque, ainsi que j'ay faict de monnoye rommaine et latine. Et pourra l'on congnoistre par les hystoires que je coucheray en brief cy après quelle utilité peult venir de ceste declaration à ceulx qui veullent entendre l'estat du monde au temps des grans empires et principaulx. |

---

opificii duo talenta ; siquidem duodenas minas quotannis accipiebant eius mercedis nomine, quam serui meruerunt. » His uerbis apparet decies duodenas minas duo talenta ualere. Qua ratione sexaginta minae centenariae talentum Atticum faciunt. [...] His enim exemplis et aliis permultis eiusdem orationis, quae citare nunc longum esset, planum fit quicquid aliqui scripserint de mina Attica, minam tamen Atticam semper centenariam intelligi et eiusmodi minas sexaginta talentum efficere.

a. V 65, L 210, B 81 : Nunc talentum aestimabimus sexcentis coronatis nostris : hoc est sexagies denis ; denos enim aureos in libras constituimus. Hac ratione centum talenta centies sexcentos aureos ualent, hoc est sexaginta millia : quod promptum est colligere in digitos tantum calculum deducenti. Centies enim quingenti, quinquaginta millia efficiunt et centies centum decem millia. Eadem ratione decem talenta sex millia coronatorum ualent et uiginti duodecim, triginta decem et octo ; quadraginta quatuor et uiginti ; quinquaginta autem triginta et mille sexaginta millia. Quod semel dicendum duxi ne lectores posthac aestimandis summis haereant. Ita fit, ut quod Graeci « quinquaginta talenta » argenti dicunt, Romani « duodecies sestertium » dicant, quae summa census est senatorii, quod ita postea probabimus, ut nemo in posterum ambigat.

15 Ung talent atticque vault vingt et quatre mille sesterces. C'est à dire vingt et quatre fois vingt et cinq escus. Et est estimé en somme six cens escus.

Dix talens, deux cens quarante mil sesterces, six mil escus.

Quinze talens, trois cens soixante mil sesterces, neuf mil escus.

Vingt talens, quatre cens quatre vingts mil sesterces, douze mil escus.

Trente talens, sept cens vingt mil sesterces, dixhuyt mil escus.

Cinquante talens, douze fois sesterces, trente mil escus.

Soixante talens, trente six mil escus.

Cent talens, vingt et quatre fois sesterces, soixante mille escus.

Deux cens talens, quarante huyt fois sesterces, six vingts mil escus.

Quatre cens talens, nonante et six fois sesterces, douze vingts mil escus.

Cinq cens talens, six vingts fois sesterces, trois cens mil escus.

Mille talens, douze vingts fois sesterces, six cens mil escus.

Deux mil talens, quatre cens quatre vingts fois sesterces, douze cens mil escus.

15v Quatre mil talens, neuf cens soixante fois | sesterces, deux millions quatre mille escus.

Six mille talens, quatorze cens XL fois sesterces, trois millions six cens mille.

Dix mille talens, deux mil quatre cens fois sesterces, six millions. Le revenu d'Egypte

Vingt mille talens, quatre mil VIII cens fois sesterces, XII millions.

Quarante mille talens, neuf mille six cens fois sesterces, vingt et quatre millions.

Cinquante mille talens, douze mille fois sesterces, trente millions.

Cent mille talens, vingt et quatre mille fois sesterces, LX millions d'escus.

Icy après je reciteray summairement aulcunes histoyres appartenans à la matiere traictée cy devant, par lesquelles on pourra entendre ce que j'ay dit estre vraysemblable.

Bucephalas [a]Aulu Gelle, qui fut environ le temps d'Adrian l'empereur, recite au cinquiesme livre [2, 1,1 – 3,2] des *Nuytz atticques* que Bucephalas, le noble et renommé cheval d'Alexandre, fut achecté treize talens et donné à Philippe roy de Macedone, qui le donna à son filz Alexandre, « laquelle somme, dit Aule Gelle, vault de nostre monnoye romaine trois cens LX mille sesterces ».
Voyons | si ledit Aulu Gelle s'accorde à ce que j'ay dit. J'ay tous- 16
jours estimé le talent six cens escus et dix talens six mille ; à laquelle raison treze tallens vallent sept mille VIII cens escus. Et j'ay aussi dit que cent mille sesterces valloient deux mille cincq cens escus ; par quoy il fault que III cens mil sesterces vallent sept mille cincq cens escus ; reste douze mille sesterces que je estime trente livres d'argent qui vallent trois cens escus à dix escus pour livre ou pour mine ; par quoy le compte est tout ung en talens et en sesterces. Pline [VIII, 154, 1-5] dit que ledict cheval fut vendu seize talens, et fut pris en ung haras appartenant à Plistonicus, ung gentilhomme de Pharsalle ; par quoy le pris dessusdit monte selon Pline à IX mil six cens escus.

[b]Ciceron fit une *Oraison pour defendre Rabyre* [*R. Po.*, 20,8 – 21,5], cytoyen rommain, en laquelle il parle de Gabinius, aultre

---

a. V 90, L 289-90, B 112 : Gellius libro quinto *Noctium Atticarum* : « Equus Alexandri regis et capite et nomine Bucephalas fuit. Emptum Chares scripsit talentis XIII et regi Philippo donatum, aeris nostri summa est sestertia trecenta et XII. » Hactenus Gellius. Talenta decem sex millia aureorum ualent, et tria talenta mille et octingentos : fiunt septem millia octingenti aureos. Centum sestertia duobus millibus et quingentis ualent, ea ratione, qua in singula pondo denos aureos taxamus : sic trecenta sestertia septem millia et quingentos coronatos ualent et XII trecentos, hoc est triginta libras argenti. Quare ad nummum conuenit inter utranque summam. De hoc Plinius : « Eidem Alexandro et equi magna raritas contigit. Bucephalum eum uocauerunt siue ab aspectu toruo, siue ab insigni taurini capitis armo impressi : sedecim talentis ferunt ex Philonici Pharsalii grege emptum etiam tum puero capto eius decore. » Recte tamen apud Gellium XIII legi ex Plutarcho patet in *Alexandro* [6, 1] qui tredecim talentis a Philonico Thessalo emptum dicit, ut forte apud Plinium XVI pro XIII legatur.

b. V 89, L 286-88, B 110-11 : Alter est locus Ciceronis, ubi uelut cubile esse ipsius ueritatis, quam quaerimus existimaui. Is [*scil.* locus] est autem in oratione *Pro Rabyrio*, in qua oratione de Gabinio [Cicero] loquens, qui ob Ptolemaei reductionem in Ægyptum, et peculatum insignem in ea re admissum, decem millibus talentum damnatus est, ita inquit : « Redeo igitur ad crimen et accusationem

cytoien qui fut condempné en dix mille talens envers la chose publicque pour ce que, luy estant consul et ayant armée en Syrie, il avoit pris pareille somme que dict est de Ptolomée, roy d'Egipte, pere de Cleopatra et de Ptolomée, le dernier roy qui fit mourir Pompée ; et ce pour le remetre par force et soubz l'auc-
16v torité de l'empire de Romme en son royaulme, dont il | avoit esté chassé pour son maulvais gouvernement. Et pour ce que ceste somme estoit si grande qu'il ne la pouoit finer, il s'en alla en exil. En ceste mesme oraison Ciceron, comme j'ay dit, parle

---

tuam. Quid uociferabare decem millia talenta Gabinio esse promissa ? Huic uidelicet perblandus reperiundus fuit, qui hominem, ut tu uis, auarissimum exoraret. Sestertium bis millies, sed quadringenties magnopere contemneret. » Ad intelligendum horum uerborum hoc praefari habemus : Gabinium decem millibus talentum damnatum esse, nec praedes tantae summae dare, nec ex bonis eius auctione addictis eam summam seruari potuisse. Quare cum Rabyrius Posthumus eius criminis affinis uideretur, accusatus et ipse fuit, quasi impulsu eius Gabinius Ptolemaeum in regnum reduxisset, et quasi pars peculatus ad eum peruenisset, ut quod eius pecuniae a Gabinio seruari non potuerat, a Rabyrio damnato exigeretur. Hunc igitur Cicero patrocinio suo defendit, cuius oratio et corrupta et mutilata lectitatur, nec eam in uetusto libro *Orationum* Ciceronis reperi. Ea autem uerba sic legenda censeo, « Quid uociferabare decem millia talentum Gabinio esse promissa ? Huic uidelicet perblandus reperiendus fuit, qui hominem, ut tu uis, auarissimum exoraret. Sestertium bis millies scilicet et quadringenties magnopere contemneret », hoc sensu : « Pugnat secum accusatio tua, tu Gabinium auarissimum hominem fuisse criminabaris, et ut regem reduceret, talentis decem millibus conductum esse, nunc Rabyrii impulsu fecisse dicis, ut regem reduceret, et ob id Rabyrium in crimen uocas. Quonammodo conuenit hominem auarissimum, ut tu uis, Gabinium pollicitatione bis millies et quadringenties sestertium adduci ad facinus non potuisse, nisi et suasore Rabyrio impelleretur ? » Caeterum nos singula talenta sexcentis coronatis aureis et sexaginta libris centenariis aestimare instituimus, singulas autem libras denis aureis. Sexagies enim deni aurei sexcenti in summa fiunt. Hac ratione centum talenta sexaginta millia aureorum ualent, id est centies sexcentos. Haec summa decies multiplicata sexcenta millia aureorum efficit, tot enim coronatorum millia mille talentum ualet. Sic fit, ut decem millia talentum sexagies centena millia aureorum ualeant, hoc est decies sexcenta millia. Rursus aestimatione nostra quadringenties sestertium millies mille aureos nostros ualet, hoc est decies centena millia. Qua ratione bis millies et quadringenties sexagies centena millia ualet. Et ita ad nummum summa latina cum summa graeca conuenit et est ea, quam Graeci « apartilogiam » uocant. Lingua nostra uernacula Latinae linguae imitatione « rotundam rationem » uocat. Horatius libro primo *Epistolarum* [6, 34-35] « Mille talenta rotundentur, totidem altera, porro | Tertia succedant ».

de dix mille talens. Et en ung autre passaige [*ibid.*], au lieu de dire « dix mille talens » qui est languaige de Grece et d'Asie, et pareillement d'Egypte, et voulant ceste parolle convertir en languaige latin, pour ce qu'il parloit aux juges qui estoient rommains, il dit « deux mil quatre cens fois sesterces » ; lesquelles deux sommes reviennent à une en reduysant les talens à sesterces, ainsi qu'il appert en l'abbregé qui est contenu cy dessus. Car j'ay dit que mil talens vallent six cens mil escus et dix mille talens six millions, et que quatre cens foys sesterces vault ung million, et deux mille quatre cens fois sesterces six millions ; par quoy il appert qu'il n'y a nulle erreur au fondement que j'ay prins pour prouver mon intention, puisque les grosses sommes s'accordent en talens et en sesterces.

[a]Atheneus, aucteur grec, au quatriesme livre [27, 17-31] des *Dipnosophistes*, recitant les dictz des historiens de Perse et de

a. V 90v-91, L 291-92, B 112-13 : Athenaeus libro quarto *Dipnosophistarum* : ὁ δὲ μέγας Ἀλέξανδρος δειπνῶν ἑκάστοτε μετὰ τῶν φίλων, ὡς ἱστορεῖ Ἔφιππος ὁ Ὀλύνθιος ἐν τῷ Περὶ τῆς Ἀλεξάνδρου καὶ Ἡφαιστίωνος μεταλλαγῆς, ἀνήλισκε τῆς ἡμέρας μνᾶς ἑκατόν, δειπνούντων ἴσως ἑξήκοντα ἢ ἑβδομήκοντα φίλων. ὁ δὲ Περσῶν βασιλεύς, ὥς φησι Κτησίας καὶ Δίνων ἐν τοῖς Περσικοῖς, ἐδείπνει μετὰ ἀνδρῶν μυρίων πεντακισχιλίων, καὶ ἀνηλίσκετο εἰς τὸ δεῖπνον τάλαντα τετρακόσια. Γίνεται δὲ ταῦτα ἰταλικοῦ νομίσματος ἐν μυριάσι διακοσίαις τεσσαράκοντα. Αὗται δὲ εἰς μυρίους πεντακισχιλίους μεριζόμεναι, ἑκάστῳ ἀνδρὶ γίνονται ἀνὰ ἑκατὸν ἑξήκοντα ἰταλικοῦ νομίσματος, ὡς εἰς ἴσον καθίστασθαι τῷ τοῦ Ἀλεξάνδρου ἀναλώματι, ἑκατὸν γὰρ μνᾶς ἀνήλισκεν ὡς Ἔφιππος ἱστόρησεν. « Magnus autem, inquit, Alexander coenans semper et ubique cum amicis, ut Ephippus Olynthius in eo uolumine prodidit, quod *De Alexandri obitu et Ephaestionis* scripsit, centenas minas in dies expensas coenae ferebat, cum ad sexagenos aut summum septuagenos ad coenam adhiberet. At uero Persarum rex, ut authores sunt Ctesias et Dinon in *Historiis Persicis*, ad coenam suam quindecim hominum millia accipiebat, in easque coenas quadringena talenta expensabat. Fiunt haec Italico nomismate myriades ducentae et quadraginta. Porro hae in quindecim millia hominum distributae, fiunt in singulos centum et sexaginta Italici nomismatis. Quare hic sumptus superiorem illum Alexandrinum aequat : quippe cum Alexander centenas minas in dies expenderet. » Haec uerba Athenaei cum ad calculum reuocarem, sic rationem inibam : ducentae et quadraginta myriades, id est, ducenties et quadragies dena millia, more Romano uicies et quater centena millia dicuntur. Cum igitur compendio sermonis « quater et uicies sestertium » dici soleat ab antiquis, ut nos in superioribus docuimus, si nummos hic « sestertios » intelligamus et ad aureos nostros redigamus, fient sexaginta millia coronatorum, id est duplex census senatorius. At quadringenta talenta more a nobis instituto

ceulx qui ont escript les faiz d'Alexandre, montre que Alexan-
17 dre, quelque | part qu'il fust, avoit coutume de tenir table à soupper depuis qu'il eut concquis l'Asie, et menger avec ses amys en une mesme salle, lesquelz estoient de soixante à soixante et dix pour le plus. Et pour ceste coustume entretenir estoit ordonné de despence par jour cent mines atticques, qui sont mille escus de France. « Mais le roy Daire (dit il) qui fut par luy deffait avoit de coustume de faire aulcunes fois convys ou bancquetz aux plus apparens de sa cour, lesquelz il prenoit pour ses commensaulx jusques au nombre de quinze mille. »

Et, pour chascun soupper tel que dit est, avoit d'estat ordon- Myriade
né et reiglé pour despence de table quatre cens talens, qui sont, comme dit ledit aucteur, à la monnoye d'Ytalie deux cens quarante myriades ; c'est à dire, à la mode de France, deux millions quatre cent mille <escus> ; car chascune myriade vault dix mille. Par quoy cent myriades vallent ung million et quarante myriades quatre cens mille. Or combien que l'aucteur ne disse point de quelle monnoye il fault entendre le nombre desditz myriades, toutesfois j'entends de drachmes atticques ou deniers rommains,
17v qui est tout ung ainsi qu'il est certain et | sans controverse à ceux qui ont lu les prouves faictes au livre *De Asse*[12].

Par quoy il fault reduyre lesdictes sommes en ceste maniere : cent mille drachmes vallent quatre cens mille sesterces, qui sont estimez dix mille escus ; car chascun cent mille vault deux mille cinq cens escus, comme il est monstré en la praticque que j'en ay baillé au commencement. Laquelle somme de dix mille escus il

---

aestimata fiunt ducenta et quadraginta millia coronatorum, cum centum talenta sexagenis millibus semper antea aestimauerim. Quare talentorum aestimatio quadruplex erit nomismatis Italici contra sententiam Athenaei, qui ignorare hoc non potuit, cum Romae sub Hadriano scripserit, ut ex lectione eius intelligimus. Quod si [...] non « sestertios » *nummos*, sed « denarios » id est « drachmas » intelligamus, ut mos Graecorum postulat, summa ad nummum quadrabit. Sexaginta enim aureorum millia quater multiplicata ducenta et quadraginta millia fient, et quater et uicies sestertium nonagies sexies sestertium fiet, cum singuli denarii quaternos nummos ualeant. Graeci enim uidentes denarios Romanos aequales esse suis drachmis, cum myriadas dicerent, denariorum intelligi uolebant, quandoquidem sic Attici numerabant. Quos alii omnes secuti sunt scriptores.

fault multiplier vingt et quatre fois, car il y a deux millions quatre cens mille drachmes, qui sont vingt et quatre fois cent mille. Ainsi appert que la somme monte douze vingtz mille escus, pour venir à la somme grecque.

Cent talens vallent soixante mille escus. Laquelle somme il fault quadrupler, car il y avoit quatre cens talents. Ce faict, il apperra que quatre fois soixante mille feront douze vingts mille escus, par quoy les deux sommes seront semblables et egalles ; et monte ceste somme à la façon de parler des Rommains nonante et six fois sesterces. Aultrement, se l'on entendoit deux cens quarante myriades de petis sesterces, premierement ce seroit chose impertinente qu'ung Grec entre les Grecs parlast de monnoye
grecque à la façon des Rommains et | non pas des Grecs ; et il 18
seroit contre la coustume de faire des hystoriens grecs comme Plutarque et aultres ; tiercement, il s'en ensuyvroit cest inconvenient que le talent ne seroit que de quinze livres ou mines, qui n'est que le quart d'ung talent petit et commun ; et seroit l'une somme quadruple de l'autre contre l'intention de l'aucteur.

Despence ordinaire de Alexandre

Plus apperra à ceulx qui vouldront prendre la peine de calculer et partir les talens en mines que, pour chascune teste de ceulx qui estoient à table à ses bancquets, le roy Daire de Perse et Alexandre depuis lui, à son ordinaire, faisoient despence de C soixante drachmes qui vallent XVI escus couronne, à XXXV solz pour escu.

[a]Et pour monstrer que ce que dit est de Daire est vraysemblable, et aussi quantes fois l'an on peult conjecturer qu'il tenoit

a. V 91, L 295-96, B 114 : Sed ne mirum aut incredibile potius uideatur tanti coenas Persicas constare regibus potuisse***11**, hic mihi in mentem uenit, ut adderem id, quod memoriae proditum est de uasis et supellectile et instrumento, ut ita dicam, luxuriae Persicae. Post uictum igitur Darium apud Issum in Cilicia, cum Alexander Darium fugientem secuturus, Parmenionem Damascum misisset, ubi ueluti sedem eius belli Darius esse statuerat, comportatis illuc pecuniis omnique splendore instrumenti uiatorii tam regii quam procerum, Damasco iam in potestatem redacta Parmenio ad regem Alexandrum scribens de thesauris repertis et impedimentorum copias enumerans, inter alia luxus castrensis ministerium hoc catalogo recensuit : παλλακίδας εὗρον μουσουργοὺς τοῦ βασιλέως τριακοσίας εἰκοσιεννέα, ἄνδρας στεφανοπλόκους ἓξ καὶ τεσσαράκοντα, ὀψοποιοὺς διακοσίους

cest estat, j'adjousteray ung dit de l'aucteur dessusdict, parlant de la superfluité et prodigalité dudict roy Daire, luxurieuse et exhorbitante des limites de magnificence royalle, qui fut cause comme on doit ymaginer de sa totale desconfiture et deffaicte miserable. Ainsi que les actes et choses humaines subgectes à
18v mutation ont inclination fatalle et or- | donnée par providence divine, de trebucher alors qu'ilz sont montez au plus hault, et que les hommes pensent estre environnez de seureté de toutes pars, et par ce sont endormis en nonchallance et outrecuydance. Après (ce dit Atheneus [XIII, 87, 1-12]) que le roi de Perse eut perdu la bataille en Cilicie et prins la fuite, et Alexandre luy eut donné la chasse, ledict Alexandre se delibera de le suyvre jusques en son pays tout avant. Mais il envoya preallablement Parmenion, son principal lieutenant en la ville de Damas, en laquelle Daire avoit retyré une partie de ses finances et tresors et tout le bagaige de son train, pour mettre la ville en son obeissancc par ledit Parmenion et se saisir de tout ; ce que fist Parmenion qui tantost en escripvit au roi Alexandre en ceste maniere : « Sire (dit il), j'ay trouvé en Damas, entre le train de la maison du roy Daire, vostre adversaire, III cens XXIX damoyselles concubines, chanteresses, sçavantes, gaillairdes et bien instruictes en toutes façons et especes de musicque, lesquelles le roy menoit en son ost pour son deduyt et passetemps ; quarante et six hommes ouvriers de met- |
19 tre fleurs en œuvre et faire boucquetz et chappelletz de gentillesses odoriferantes, plus cuysiniers deux cens soixante et dixsept ; potiers besoingnans de terre pour faire journellement potz et

---

ἑβδομήκοντα ἑπτά, χυτρεψοὺς εἰκοσιεννέα, γαλακτουργοὺς τρεῖς καὶ δέκα, ποτιματοποιοὺς ἑπτὰ καὶ δέκα, οἰνοηθητὰς ἑβδομήκοντα, μυροποιοὺς τεσσαράκοντα. « Pallacas, inquit, inueni canendi peritas et musicae uariae artifices, ad regis oblectationem intentas numero trecentas undetriginta ; uiros coronamentorum artifices sex et quadraginta ; coquos ducentos et septuaginta septem ; figulos ad culinarium instrumentum in castris fingendum, undetriginta ; lactarios pistores tredecim ; potionum temperatores concinnatoresque liquorum decem et septem ; et praeter hos, homines septuaginta, qui a sacellandis uinis erant et colo condiendis, unguentarios insuper quadraginta. » Si tantus igitur splendor fuit, tamque copiosus in statiuis apparatus, quantum concipere animo possumus, eum fuisse apparatum, qui Babylone aut Susis aut Persepoli fuit ?

ustensilles de cuisine jusques au nombre de vingt et IX ; maistres de paticerie, de tartes[13] et de toutes especes qui se cuysent au four friandes et delicates, au nombre de treize ; eschançons, sommeliers, ouvriers de mixtionner, faiseurs de vins aromatizez et de toutes doulces liqueurs et boissons artificielles et qui se passent par la chausse, dixsept d'une bende, et soixante et dix de l'autre ; et quarante hommes ouvriers de faire odeurs et senteurs, tant liquides comme seiches. »

Persepolis Si doncques le roy de Perse avoit tant de delices estant en guerre, et faisoit tant de bancquetz, et si exquisement se traictoit et nourissoit en tous deduitz, alors qu'il estoit près du combat si hasardeux et sur les champs, que peult on ymaginer qu'il avoit de passetemps, et en quelles delices il vivoit quant il se tenoit au repos asseuré ou en Persepolis, ou en Babylone, qui estoit ville abundante en toutes superfluitez, en tous vices emanans et pro- |
venans de grant opulence ? 19

[a]Herodote au troisiesme livre [89 *sq.*] de son *Hystoire* divise le royaulme de Perse en vingt gouvernances ou provinces, et met, pour la principalle, le royaulme de Lydie dont Cresus le riche fut roy, et depuis deffait par Cyrus et redigé en captivité.

Pline [VI, 112,1], en parlant de l'estat des Perses de son temps, dit que l'empire des Perses, qui pour lors estoit translaté en « Parthe », contenoit dixhuyt royaulmes. Herodote, au lieu dessusdict [*sic* ; V, 53], monstre par journées et logis que, depuis Sardes qui est en Lydie jusques à Suse ou à Memnonia qui estoit

a. Cf. V 113ᵛ, L 368-69, B 142 : Alter nunc de integro prope instaurandus mihi labor et Persarum opes expendendae, qui soli Romanorum fortunam ad terminos usque Alexandri euadere gestientem retro in occidentem inhibuere : a Romanis etiam ipsi longe ad orientem summoti. Herodotus Alicarnasseus libro III qui *Thalia* inscribitur, Darium Histaspis filium, qui post Magorum caedem hinnitu equi ad regnum Persicum assumptus est, in uiginti satrapias Persarum regnum distribuisse dicit, et praefectos unicuique dedisse, et tributa stata fixaque indidisse ea lege dicta, ut qui argentum tributi nomine penderent, talenti Babylonii pondere : qui aurum, Euboici afferrent. [...] Herodotus igitur has seu prouincias, seu praefecturas [*scil.* satrapias] ab Hellesponto ad Indiam usque singillatim percensens, et quicquid unaquaeque quotannis pensitaret, tandem summam colligens, « Quod si, inquit [*ibid.*, 95, 1-3], Babylonica pecunia ad pondus Euboicum redigatur, fient nouem millia quingenta quadraginta argenti talenta [...] ».

le sejour des roys, il y a trois moys de chemin. Et neantmoins leur empire passoit jusques à Bactres et en Inde.

Les tresors du Roy de Perse pris par Alexandre

[a]Les hystoriens conviennent en cela que Alexandre le Grant en sa conqueste trouva de merveilleux tresors en diverses contrées du royaulme dessusdict, combien qu'ilz discordent au nombre des talens : Quinte Curce [V, 2,11 ; 6,9] dit qu'en deux villes de Perse, c'est à dire en Suse et Persepolis, il trouva cent soixante et dix mille talens d'argent en masse ; laquelle il appelle « somme increable[14] » ; sans aultres six mille qui avoient esté trouvez en Damas et | aultre somme en Babylone.

[b]Plutarche [*Alex.*, 36, 1-2] parle de quarante mille talens d'argent trouvez en Perse ; et cinquante mille talens de pourpre. Strabo au XV livre de la *Cosmographie* [3,9 – 5,9] dit que la plus

a. Cf. V 129v-130, L 418, B 161 : In ea igitur urbe [*scil.* Persepoleos] quantas opes Alexander ceperit, uerbis ipsius Curtii [V, 6, 2,4 – 3,4] authoris tersi atque elegantis referemus. « Multas urbes (inquit) refertas opulentia regia partim expugnauerat, partim in fidem acceperat. Sed urbis huius diuitiae uicere praeterita. In hanc totius Persidis opes congesserant Barbari : aurum argentumque cumulatum erat ; uestis ingens modus ; supellex non ad usum modo, sed ad ostentationem luxus comparata. » Et paulo infra [8,2 – 9,6] : « Ingens pecuniae captiuae modus traditur, prope ut fidem excedat. Caeterum aut de aliis quoque dubitamus, aut credimus in huius urbis gaza fuisse centum et uiginti millia talenta, ad quae uehenda (nanque ad usus belli secum portare decreuerat) iumenta et camelos a Susis et Babylone contrahi iussit. » Sic in uulgatis libris legitur ; uerum obseruata uetusta lectione non *centum et uiginti millia talenta* lego refragante loquendi consuetudine doctorum, sed *centum millia et uiginti talenta.* Haec summa quanti aestimari nomismate nostro possit, ex praecedenti apparet. Quanta autem fuerit gaza Babylonica Curtius [V, 1,23, 6-7] non addidit ; licet Alexandrum « recognouisse » dicat.

b. V 130, L 419, B 161 : « Fama est, inquit [Strabo], praeter eas pecunias, quae Babylone et eas, quae in castris erant, quae inde sumptae non fuerant, ipsa per se quae Susis et in Perside erant, quadraginta millia talentum numerata et recognita fuisse » : φασὶ δὲ χωρὶς τῶν ἐν Βαβυλῶνι, καὶ τῶν ἐν τῷ στρατοπέδῳ τῶν περὶ ταῦτα μὴ ληφθέντων, αὐτὰ τὰ ἐν Σούσοις καὶ ἐν Περσίδι δ´ μυριάδας ταλάντων ἐξετασθῆναι· τινὲς δὲ καὶ πέντε λέγουσι. Hoc non conuenit cum eo, quod Curtius scripsit, quia Susis et Persepoli centum et quinquaginta millia Curtius inuenta dixit. Plutarchus LX millia talentum argenti inuenta dixit in regia gaza Susis et quinquaginta millia talentum purpurae hermionicae. Sed uideamus quid ultra dicat : ἄλλοι δὲ πανταχόθεν συναχθῆναι παραδεδώκασιν εἰς Ἐκβάτανα ρη´***12** μυριάδας ταλάντων. « Alii autem uniuersas undique coactas pecunias centum et octoginta talentum millia dicunt Ecbatana comportata fuisse ».

grant opinion estoit qu'il fut trouvé quarante mille talens en Perse, sans ce qui estoit aultre part, et que aulcuns hystoriens ont estimé le tout neuf vingts mille talens. Se nous voulons calculer, il se trouvera que cent mille talens vallent soixante millions d'escus, ainsi que j'ay mis dessus.

[a]Parquoy la somme de Quinte Curce, qui est moindre que celle de Strabo, est la plus grande somme nombrée et assemblée pour une fois que j'aye memoyre d'avoir leu, excepté ce que on lit en Pline de l'or et argent estant au tresor de Romme, mais les nombres sont fort corrumpuz, par quoy on n'y peult asseoir certain jugement jusques à ce qu'il se trouve quelque vieil volume plus correct ; et excepté aussi le tresor de Cyrus premier roy de Perse, dont je parleray après.

---

a. Cf. V 128, L 413-14, B 159 [suite de l'extr. f. 62v] : Haec fere sunt ex quibus Romanorum opes coniicere magis quam cognoscere possemus. Reliqua enim monumenta per authores sparsa huiusmodi sunt, ut ex iis certum nullum argumentum ad constitutionem huius rei colligere possimus : ut quod Plinius libro uno et uicesimo [77, 4-5] de gente quadam Pontica dicit. « Gens, inquit, ea cum ceram in tributa Romanis praestet, mel quoniam exitiale est, non uendit. » His dictum unum Plinii addemus, ne id praeteriisse uitio mihi uertatur. Is enim author libro duodecimo [83,7 – 84,5] de felicitate Arabiae loquens ita inquit : « Verum Arabiae etiamnunc felicius mare est. Ex illo namque margaritas mittit ; minimaque computatione millies centena millia sestertium annis omnibus India et Seres paeninsulaque illa imperio nostro adimunt : tanto nobis delitiae et foeminae constant. Libro autem sexto [101, 6-9] de cursu annuo et nauigatione in India loquens, ita inquit : « Nec pigebit totum cursum ab Ægypto exponere, nunc primum certa notitia patescente : digna res, nullo anno minus hic quingentesimis imperii nostri exhauriente India et merces remittente quae apud nos centuplicato ueneant. » Ex horum locorum collatione dicere possemus millies sestertium Plinium quingentesimam imperii Romani taxauisse, non redditus publici, sed uniuersarum opum publicarum priuatarumque quasi in Indiam quotannis quingentesima pars pecuniae transportaretur ex iis prouinciis quae Romanae ditioni subsunt. Ego autem hunc locum corruptum esse puto : nam in uetustissimo exemplari, non quingentesimis sed DL legimus et alioqui particula *hic*, omnino hoc loco absurde sita est. Quare sic Plinium scripsisse puto, *nullo anno minus HS quingenties imperii nostri exhauriente India* ; licet libro duodecimo Plinius *millies sestertium* dixerit geminata summa. Alioquin quonam modo Plinius inire rationem potuisset quingentesimae imperii Romani non uideo, nisi breuiarium quidem censuale omnium prouinciarum uidisset. Hactenus de Romanis opibus.

Le tresor de Tybere. Caligula

[a]Suetone [*Cal.*, 37, 3, 5-7] recite que Tybere, successeur d'Auguste, entaché d'avarice violente et tyrannicque, assembla en XXIII ans qu'il fut en l'empire vingt et sept mille fois sester-
20v ces. | Laquelle somme fut dedans l'an dissipée par l'incomparable et, à vray dire, prodigieuse et execrable prodigalité de Caligula son successeur. Laquelle somme valloit autant que soixante et sept millions cinq cens mille d'escus couronne.

Prodigalité de Neron

[b]Cornelius Tacitus recite au dixseptiesme livre de ses *Hystoires* [*sic* ; I, 20, 2-9] que Nero, prince renommé en dampnable et importune dissolution de toutes meurs et tout regime, durant quatorze ans qu'il fut empereur, despendit en immenses et desraisonnables liberalitez et mal à point colloques vingt et deux mille fois sesterces. Lesquelles donations Galba l'empereur, après qu'ilz furent venuz à sa connaissance par les registres ou papiers des comptes, voulut repeter en laissant seullement la disme d'icelles aux donataires. Mais tant estoient ils mechans et semblables à leur maistre qu'à peine leur en restoit il la disme

---

a. V 123v, L 399-400, B 154 : Age iam percenseamus immensas pecuniarum summas et impendia inusitata quibus confirmari possit id quod ante diximus de redditibus opimis Romani imperii. Tranquillus in *Caligula* [37, 1 ; 2,6 – 3,7] : « Nepotinis sumptibus omnium prodigorum ingenia superauit, commentus nouum balnearum usum, portentosissima genera ciborum atque coenarum, ut calidis frigidisque unguentis lauaretur, pretiosissimas margaritas aceto liquefactas sorberet, conuiuis ex auro panes et obsonia apponeret : "aut frugi hominem" esse oportere dictitans, "aut Caesarem" ; quinetiam nummos non mediocris summae e fastigio basilicae Iuliae per aliquot dies sparsit in plebem. In extructionibus praetoriorum atque uillarum omni ratione posthabita nihil tam efficere concupiscebat, quam quod posse effici negaretur, et iactae itaque moles infesto ac profundo mari et excisae rupes durissimi silicis et campi montibus aggere aequati et complanata fossuris montium iuga, incredibili quidem celeritate, cum morae culpa capite lueretur. Ac ne singula enumerem, immensas opes totumque illud Tiberii Caesaris uicies ac septies millies sestertium non toto uertente anno absumpsit. »

b. V 126, L 407, B 157 : Tacitus libro XVII : « Bis et uicies millies sestertium donationibus Nero effuderat, appellari singulos iussit [Galba], decuma parte liberalitatis apud quenque eorum relicta. At illis uix decumae super portiones erant. Exactioni triginta equites Romani praepositi. » Igitur si Nero quatuordecim annis quibus in imperio fuit bis et uicies millies sestertium donationibus effudit, id est quingenties et quinquagies centena millia aureorum nostrorum, et auream domum extruxit, cum interim in omni parte uitae prodigos omnes superasset, quid existimabimus de opulentia imperii ?

que tout ne fust despendu. Cette somme monte, par l'estimation que j'ay tousjours tenue, cinquante cinq millions d'escus.

La chambre du roy Daire

[a]Charès, ès *Hystoires de Perse* par le tesmoignage d'Atheneus
[XII, 9, 15-27], a escript que, du temps du derrenier roy Daire
dont nous avons parlé cy dessus, les Perses par grande | pros- 21
perité s'estoyent laissez couler si avant en delices et luxurieuse
oppulence et jà intollerable à la destinée fatalle, que le dit roy
couchoit en une chambre estant entre deux grans conclaves ou
salles acoustrées très richement. Et estoit la maniere et le cas tel
que le lict du roy estant en sa chambre estoit tendu sumptueusement et couvert d'une veigne d'or en façon de treille enrichie de
raisins pendans en icelle, assemblées de pierres très precieuses.
Et estoit tourné le chevet du lict du roy vers la paroy de l'ung des
conclaves dessusdictz auquel il y avoit en tresor cinq mille talens
d'or, et s'appelloit ce conclave le chevet du roy ; à l'opposite
duquel estoit la paroy de l'autre conclave, à l'endroit des piedz

---

a. V 132, L 426-27, B 164 : Idem igitur Athenaeus circa principium libri duodecimi de luxu et delitiis loquens, ita inquit : Χάρης δὲ ὁ Μιτυληναῖος ἐν τῇ πέμπτῃ τῶν Περὶ Ἀλέξανδρον ἱστοριῶν εἰς τοσοῦτόν φησιν ἧκον τρυφῆς οἱ τῶν Περσῶν βασιλεῖς, ὥστε ἔχεσθαι τῆς βασιλικῆς κλίνης ὑπὲρ κεφαλῆς οἴκημά τι πεντάκλινον, ἐν ᾧ χρυσίου πεντακισχίλια διὰ παντὸς ἔκειτο τάλαντα. καὶ πρὸς ποδῶν ἕτερον οἴκημα τρίκλινον, οὗ τάλαντα τρισχίλια ἔκειτο ἀργυρίου, καὶ προσηγορεύετο βασιλικὸν ὑποπόδιον. ἦν δὲ ἐν τῷ κοιτῶνι καὶ λιθοκόλλητος ἄμπελος χρυσῆ ὑπὲρ τῆς κλίνης, τὴν δὲ ἄμπελον ταύτην Ἀμύντας φησὶν ἐν τοῖς Σταθμοῖς, καὶ βότρυας ἔχειν ἐκ τῶν πολυτελεστάτων ψήφων συντιθημένους. « Chares autem Mitylenaeus libro V *Historiarum Alexandri*, Darii regis tempore in eas iam delitias Persarum reges prolapsos esse scribit, ut ad caput cubilis regii conclaue unum esset pariete uno intermedio astructum, ea magnitudine, quae quinque lectos caperet, in quo semper essent condita talenta auri quinque millia : hocque conclaue ceruical regium appellabatur. E regione uero huius aliud esse conclaue triclinum ad parietem eum excitatum, ad quem cubilis pedes uergebant, in quo argenti talenta numero tria millia condebantur, nam etiam ipsum trium tantum lectorum capax erat, et scamnum suppedaneum regis esse dicebatur. Verum in ipso cubiculo regio uitis erat aurea gemmis insuper inclusis locupletata, eaque uelut pergula regio cubili obtendebatur. Hanc uitem Amynthas in libro *De mansionibus regiis* prodidit racemos etiam pensiles habuisse ex lapillis aestimatissimis aptos. Nec procul ab ea craterem aureum collocari solitum Theodori Samii opificio nobilem. » Quinque millia auri talentum non minus millibus quinquaginta argenti ualuerunt, quae nos trecenties centenis millibus coronatorum aestimanda esse contendimus***13**.

du lit, auquel il y avoit tousjours trois mille talens d'argent, et se nommoit la marche ou scabelle du lict du roy.

Talent d'or

Ung talent d'or pour le moins en valloit dix d'argent, car c'est la moindre proportion qui ayt jamais esté d'or fin à argent que le decuple ; par quoy j'estime que le chevet du roy estoit cinquante mille talens qui sont trente millions d'escus. Tant et si cherement
21v estimoit ledict roy Daire son plai- | sir de la nuyt qu'il voulloit sa teste recliner en si grande chevance.

La mere, la femme et les filles de Daire prisonnieres

[a]Et tantost après, en la fleur de sa fortune, luy estant enyvré de prosperité et affluence de richesses, fut defaict par Alexandre et spolié de ses richesses, qui avoient esté, comme dit Quinte Curce [V, 2, 12], « accumulées par le regne de plusieurs roys ».

[b]Et ce après qu'il eust veu sa mere, une venerable dame, sa femme, une des belles roynes du monde, et ses deux filles prisonnieres entre les mains d'ung jeune roy, son ennemy qui ne avoit pas vingt et cinq ans ; pour lesquelles ravoir il offroit à Alexandre « dix mille talens », ainsi comme dit Plutarche [*Alex.*, 29, 7], et une partie de son royaulme ; et si ne les sceut ravoir,

---

a. Cf. V 129, L 416-17, B 160 : Maximas autem opes sub Dario ultimo fuisse ex Quinto Curtio et Strabone [XV, 3,6, 2-6 *et al.*] docebimus [...]. Idem [*scil.* Curtius] libro V de Susis loquens Alexandro citra oppugnationem traditis, « [...] Vt uero urbem intrauit, incredibilem ex thesauris summam pecuniae egessit : quinquaginta millia talentum argenti, non signati forma, sed rudi pondere ; multi reges tantas opes longa aetate cumulauerant liberis posterisque, quas una hora in externi regis manus intulit. » In codicibus impressis *millia* uerbum deest, errore librariorum.

b. Cf. V 132v, L 428-29, B 165 [*suite de l'extr. suiv.*] : Idem Curtius author est libro IIII [11, 4,5 – 6,4] cum Alexander ad Arbela castramentatus esset [...], legatos Darii iterum ad Alexandrum ad pacem petendam uenisse et redimendam matrem Darii cum duabus uiginibus [...]. Verba legatorum haec apud Curtium leguntur : « Quid opus est armis inter quos odia sublata sunt ? Antea Darius imperio tuo finem destinabat Halym amnem, qui Lydiam terminat. Nunc quicquid inter Hellespontum et Euphratem est in dotem filiae offert, quam tibi tradit. Ochum filium, quem habes pacis et fidei obsidem retine ; matrem et duas uirgines filias redde. Pro tribus corporibus triginta millia talentum auri precatur accipias. » Sic enim in antiquo libro legimus, licet in impressis *trigesimum talentum auri* legatur. [...] Plutarchus *decem millia talentum* oblata fuisse dicit non adiecto auri, uel argenti ; puto igitur corruptum esse numerum etiam in antiquo codice : nullae enim opes eam summam aequare possunt ; aut certe *argenti* legendum esse, non *auri* [...].

combien que Alexandre les traicta honnorablement et sans aulcun reproche, dont il a esté grandement loué des historiens ; car il ne voulut jamais veoir la royne qu'une foys, laquelle depuis mourut en son ost.

La fin Daire

[a]Plus y a que Daire, après sa derniere defaicte, ainsi qu'il pensoit soy rallier, fut traistreusement pris par Bessus, gouverneur de Bactre, lequel avoit la plus grosse charge soubz lui, et fut par lui
mis en ung septz d'or et getté en ung chariot pour | estre mené 22
en Bactre ; et depuis, au moyen qu'Alexandre approuchoit on le voulut faire monter à cheval ; ce qu'il ne voulut faire, voulant estre pris d'Alexandre. Mais les traistres, à force de javelines qu'ilz portoient, le tuerent miserablement et puis se misrent en fuite. Et telle fut la fin du roy si puissant de gens, de terre et d'argent, et qui avoit regné six ans seullement en toutes mignotises et delices exorbitantes de la maniere commune des princes ; lequel, par irrision de fortune, après qu'il eut jeu en son lict si opulentement que dit a esté, jeut en ung chariot prisonnier, endoré, non enferré[15] sinon des ferrements dont il fut occis cruellement par ceulx en qui il avoit plus de fiance luy estant en prosperité. Et n'est de merveilles s'il eut telle fin ; car de son regne l'empire des Perses estoit monté jusques au sommet de prosperité mondaine, auquel est la neissance et sourse d'orgueil, d'arrogance et oultrecuidance, et du vice qui se nomme extreme insolence, et là est le pas lubricque où l'envie de fortune consiste, et où souveraine fortune et felicité confine sans moyen à grande calamité.

---

a. V 132, L 427-28, B 164-65 [*suite de l'extr. f. 20v*] : Tanti Persarum reges ceruicem suam inclinandam esse censuerunt, et praecipue Darius ille, quem tertio iam proelio atque etiam bello uictum, amicorum iuratissimi aureis conpedibus uinctum, cum aliquandiu traxissent, ad extremum equum conscendere negantes nefario scelere contrucidarunt. Hoc sibi fortuna ludibrium extremum ex tanta superbia comparante, ut qui tanti caput suum recumbere et pedes subniti uoluerat, tanti etiam manibus pedibusque uinciretur. Sic fert humana conditio, ut cum fastigium suum longe superegressa sit, continuo concidat. Quod utinam reges satis animaduerterent, animaduersumque meminissent ! Sed unde in mentem illis ueniat ? Darius enim ille Persarum regum ultimus literas etiam Graecas sciuit, ut author est Curtius [V, 11, 4], nec id meminisse potuit, tum maxime florente philosophia.

22v [a]Justin, abreviateur | de Trogue Pompée dit en la treiziesme [1, 9] *Epitome* que Alexandre après ses conquestes faictes avoit en tresor content cent mille talens et trente de revenu annuel, qui sont dixhuit millions d'escus par an.

Honneste liberalité d'Alexandre

[b]Ce que l'on peut facillement conjecturer par ce que dit Herodote [III, 95, 6-8] en parlant des tributz de Perse imposez par le premier Daire, lesquels se montent de neuf à dix millions d'or.

De ses grans tresors ainsi acquis Alexandre usa magnifiquement et sagement et par liberalité mervilleuse et bien ordonnée, ainsi que disent les hystoriens, car il avoit esgard aux merites et à la qualité des personnaiges et si collocquoit ses liberalitez ès lieux où il pensoit que la memoire ne se pouoit perdre.

[c]Quant il fut retourné de son expedition et conqueste d'Asie, il entendit que ses gens d'armes avoient tout despendu ou aultrement consumé le leur, et si estoient endebtez, nonobstant qu'ilz

a. V 132v-133, L 429, B 165 : Apud Iustinum *Epitome* XIII ubi legitur de opibus Alexandri : « Erant enim in thesauris C millia talentum ; et in annuo uectigali et tributo CCC millia » ; ego non CCC sed XXX legendum censeo [...].

b. V 115v-116 [cf. 113v *sq.*], L 375 [cf. 368 *sq.*], B 144-45 [cf. 142 *sq.*] : [...] τούτων ὧν πάντων συντιθέμενον τὸ πλῆθος εὐβοϊκὰ τάλαντα συνελέγετο ἐς τὸν ἐπέτειον φόρον Δαρείῳ μύρια καὶ τετρακισχίλια καὶ πεντακόσια καὶ ἑξήκοντα. « His igitur omnibus in unum coagmentatis Euboica talenta numero quatuordecim millia quingenta sexaginta annuo tributo colligebantur. » Quod si reges Persarum quaterna dena millia et quingena talenta uel Attica uel Euboica ex Asia tantum et paucis locis Libyae tributorum nomine percepisse dicuntur, quae nos ad octogies quinquies centena millia aureorum nostrorum ut minimum aestimamus, quantum Romani imperii dicemus esse redditum ?

c. V 130v, L 420-21, B 162 : Cum Alexander in Hyrcaniam uenisset, « Viginti, inquit Curtius [VI, 2,10, 1-5], et sex millia talentum proxime praeda redacta erant, e queis XII millia in congiarium militum absumpta sunt, par huic pecuniae summa in custodum fraude subtracta est ». Tantis opibus Alexandri magnifica eius facta respondere uidentur. Cum enim in Persidem ex India regressus intellexisset milites suos iam ueteranos consumptis per luxum orientis spoliis insuper etiam aere alieno obstrictos esse, « edixit ut omnes milites aes alienum profiterentur », quod cum illi facere cunctarentur tentari sese rati, quo facilius Alexander sumptuosos notaret, « rex satis gnarus professioni aeris alieni pudorem non contumaciam obstare, mensas totis castris poni iussit et decem millia talentum proferri. Tum demum fide facta professio est ; nec amplius ex tanta pecunia quam centum et XXX talenta superfuere, adeo ille exercitus tot ditissimarum gentium uictor, plus tamen uictoriae, quam praedae deportauit ex Asia ». Authores Curtius libro nono [*sic* ; X, 2, 9,1 – 11,6] et Plutarcho in *Alexandro* [70, 7-10].

eussent merveilleusement gaigné au pillage de tant de riches pays qu'il avoit subjuguez à luy. À ceste cause il fut cryé que chascun baillast par escript ce qu'il debvoit à aultruy, et pour ce qu'il
fut adverty que la pluspart avoit honte | de ce faire, pensant que 23
le roy le fist seullement pour sçavoir lesquelz estoyent mauvais mesnagiers et despenciers, il fist mettre en evidence au milieu de son camp dix mille talens et, en affermant par ung chascun ce qu'il debvoit, il acquicta tous venans en payant content à ceulx qui avoient presté, tellement que la somme dessusdicte, vallant six millions d'escus, y fut employée au reste de six vingt talens.

[a]Il se maria en Perse et prist à femme Statyra, fille du roi Daire mort, et fist au banquet des nopces une despence inestimable qui seroit longue à reciter, selon qu'elle est descripte en Atheneus [XII, 54] ; et ledict aucteur recite une chose digne de memoire touchant luy.

Epistre d'Alexandre à Aristote

[b]Aristote avoit esté son maistre et luy avoit monstré par doctrine la poesie d'Homere, laquelle il avoit tousjours de nuyt soubs son chevet avec son poingnart, ainsi que Plutarche [*Alex.*, 8, 2] recite ; et si luy avoit interpreté et exposé toutes les parties de philosophie, non seullement morale et politique, mais celle qu'il appelle acromaticque, c'est à dire qu'il n'avoit de coustume de communicquer sinon à ses disciples plus recommandez
et feables, et qui | voulloit estre occultée aux aultres et non di- 23v
vulguée à cette cause, pour ce que, luy estant en Asie, il vint à sa congnoissance que Aristote son precepteur avoit fait les livres de

---

a. Cf. V 131, L 422-23, B 162-63 : Et in nuptiis Statyrae Darii filiae, quam Susis matrimonio sibi iunxit, epulum nouem millibus conuiuarum fecisse, authore Plutarcho [*Alex.*, 70, 3]. Huic dicto fidem facere potest Chares historicus, qui Alexandri gesta scripsit, ut ex Athenaeo nouimus. Ait enim post Darii mortem Alexandrum nuptias sibi amicisque celebrasse splendidissimo apparatu [...].

b. Cf. V 26v-27 [cf. 61], L 90 [cf. 198], B 34 [cf. 76] : Equidem ut heroum olim gesta memorabilia non sine Theseo facta fuisse dicuntur, id etiam apud Graecos prouerbio attestante : ita sine sapientia et literarum peritia contendere et asserere non dubitauerim nullos unquam populos rerum potitos esse. Siquidem nec Assyrii Chaldaeis, nec Persae Magis, nec Macedones literis Graecis, nec Alexander Aristotele praeceptore caruisse memorantur. Qui etiam ipse Homero quasi puluino indormire gaudebat, cuius *Iliadem* gloriae armis assequendae instrumentum esse dictitabat et uiaticum.

Philosophie metaphisicque, qui traicte des substances superiores et celestielles, et les avoit mis en avant tellement que chascun les pouoit lire.

Il escripvit une epistre grecque à Aristote, laquelle est inserée dedans Plutarche en la *Vie d'Alexandre* [7, 5-9], et en Aulu Gelle [XX, 5, 7-9] ; et si la treuve l'on entre les *Epistres* des anciens, c'est assavoir Platon et aultres philosophes[16]. Ladicte epistre bien briefve contenant ce qui s'ensuit selon la mode d'escripre des Grecs : « Alexandre à Aristote, salut et felicité. Tu n'as pas bien et droictement faict d'avoir mis en avant tes livres acromaticques ; car que pourray je avoir d'ores en avant par dessus les aultres, si la science en laquelle j'ay esté par toy instruit et enseigné est jà communicquée à tous ? Quant à moy, je veul que tu saches que je faiz plus de cas et estime plus surmonter les autres et estre eminent sur tous en doctrine et erudition des bonnes et excellentes sciences que en puissance et force d'armes. »

Libéralité d'Alexandre à Aristote

24 [a]Ledict | roy, convoiteux comme il appert de toute congnoissance et sçavoir, ainsi que Pline recite au huitiesme livre [44, 2-10], donna charge audict Aristote de composer les livres qui s'intitulent *Des animaux*, contenant cinquante volumes, pour la grande convoitise qu'il avoit de congnoistre la nature des substances animées, et, pensant que son dict precepteur estoit souverain en toutes sciences, ordonna trois ou quatre mille hommes par toute la Grece et l'Asie qui se mesloyent la pluspart de chasse

a. V 61, L 199 ; B 76-77 : His Athenaei uerbis***14** elogium habemus summi regis Alexandri in doctrinam literarum indicaturam, qui unum tractatum Aristotelis praeceptoris sui quadringentis et octoginta millibus aureorum nostri temporis aestimauit ac redemit. De hoc loquens Plinius libro octauo ita inquit : « Aristotelem in his magna secuturus in parte, praefandum reor, Alexandro magno rege inflammato cupidine animalium naturas noscendi, delegataque commentatione Aristoteli summo in omni scientia uiro, aliquot millia hominum in totius Asiae Graeciaeque tractu parere iussa omnium, quos uenatus, aucupia piscatusque alebant, quibusque uiuaria, armenta, aluearia in cura erant, ne quid usquam genitum ignoraretur ab eo, quos percunctando quinquaginta ferme uolumina illa praeclara de animalibus condidit. » Si *quinquaginta uolumina* recte legitur apud Plinium, non omnia ad nos peruenerunt : nostrae tamen aetati gratulandum quod libri de anima eorum praestantissimi non interciderunt. Nam innumera propemodum uolumina eum scripsisse ex Laërtio [V, 21, 11] nouimus.

et de pescherie, et leur fit donner charge de viviers, estangs et troppeaulx de bestes, lesquelz avoyent à luy respondre de ce qu'il leur demandoyt pour avoir entiere congnoissance de la nature des bestes, tant domesticques que sauvaiges.

[a]Atheneus, aucteur dessus allegué, dit au neufviesme livre des *Dipnosophistes* [IX, 58, 34 et *sq.*] que Alexandre pour la composition desdicts livres donna audict Aristote huit cens talens ; cette somme, reduicte à nostre monnoye, monte quatre cens quatre vingt mille escus. Et ce doit on facilement croire du roy Alexandre qui estoit fort liberal envers les gens de sçavoir.

Plutarche, au livre qu'il a faict | des *Parolles des roys et chefz de* 24v
guerre dignes de memoire [179[F],8 – 180[A],2], recite que ledict roy manda quelque fois à ung general de ses finances qu'il eust à faire tenir content à ung philosophe nommé Anaxarche[17], fort renommé en Grece, tout ce qu'il luy demanderoit. Quant ledict general ou tresorier eut parlé à ce philosophe, il rescripvit au roy qu'il ne demandoit pas moins que cent talens, cuidant que le roy se deust esbayr de ce que le philosophe demandoit pour mectre son escolle en ordre, laquelle il vouloit mettre sus. Et le roy rescripvit à son tresorier : « Ne se fault esmerveiller, dist il, se Anaxarche demande si grosse somme, car je luy sçay bon gré de ce qu'il entend que celluy à qui il la demande a le vouloir bon et le pouoir de luy fournir » et voulut que la somme luy fust delivrée.

---

a. V 61, L 198, B 76 : Diu addubitaui an id, quod sequitur adderem. Veritus sum enim, ne temporum nostrorum iniquitas fidem historiae derogaret, in cachinnosque tandem res memorabiles abirent. Ad extremum tamen literarum amor, et ueri admiratio peruicit, ut subscriberem. Apud Athenaeum libro IX *Dipnosophistarum* Laurentius uir Romanus unus eorum ita inquit, de tetrace aue loquens : νομίζων δὲ καὶ παρὰ τῷ Ἀριστοτέλει μνήμης ἠξιῶσθαι τὸ ζῷον ἐν τῇ πολυταλάντῳ πραγματείᾳ (ὀκτακόσια γὰρ εἰληφέναι τάλαντα παρ' Ἀλεξάνδρου τὸν Σταγειρίτην λόγος ἔχει εἰς τὴν Περὶ τῶν ζῴων ἱστορίαν) οὐδὲν εὗρον περὶ αὐτοῦ λεγόμενον. « Ego autem existimans uirum doctissimum Aristotelem dignam hanc auem putasse, de qua mentionem faceret, cum tractatum illum eius tot talentis aestimatum adiissem (nam Stagiriten ipsum octingenta talenta ab Alexandro accepisse fama est ob *Historiam animalium*) nihil quicquam in eo de ea aue inueni***15**.

Encore est ce plus digne de louenge et de memoire perpetuelle qu'il envoya à Xenocrates, ung philosophe fort estimé en Grece, cinquante talens pour le bon bruyt qu'il oyoit de luy, et pource que l'aultre les refusa disant qu'il n'avoit que faire de si grand somme pour entretenir son petit cas, Alexandre, de ce courroucé, dit que Xeno- | crates estoit homme peu civil et plain de rusticité. « Car s'il n'a, dist il, que faire d'argent pour son estat, n'a il nulz amys ausquelz il voulsist bien faire ?[18] »

Impost mis sur l'Asie

[a]Pour retourner aux Rommains, Plutarche escript en la *Vie de Luculle* [4,1, 5], senateur de Romme, que Sylla, qui depuis fut dictateur, après qu'il eust remis l'Asie en l'obeyssance du peuple de Romme par appoinctement faict avec le roy Mitridates, il mist impost sur les peuples d'Asie, vingt mille talens par maniere de mulcte et amende, pour la desloyaulté qu'ilz avoient commise en portant faveur audict roy. Et pour asseoir et lever cette somme de talents commist Luculle qui estoit l'ung de ses lieutenans et luy donna charge d'en faire forger monnoye par les villes esquelles y avoit monnoyeurs. Laquelle somme monte, à la raison de six cents escus pour talent, douze millions d'escus.

[b]Iceluy mesme Plutarche, parlant du triumphe de Pompée [*Pomp.*, 45, 1-2], lequel luy fut decreté pour la victoire qu'il eut de deux roys, Tegranes et Mithridates, l'ung roy d'Armenie,

---

a. V 93^{v}, L 303, B 117 : Quanta autem peninsulae Asiae fuerit accessio, quae Asia proprio ac priuato nomine dicta est, ut author est Plinius [VI, 1 *sq.*], ex eo coniicere datur, quod Plutarchus in *Lucullo* scribit Syllam cum foedere icto cum Mithridate Asiam recepisset, uiginti millia talentum mulctae nomine Asiae imperasse eique pecuniae colligendae Lucullum, qui secum militauerat praefecisse, ut inde pecuniam signaret. Quanta autem sit pecunia nos supra docuimus.

b. V 91^{v} [cf. 116], L 296 [cf. 376-77], B 114 [cf. 145] : [...] uideamus quonam modo intelligi possit id quod apud Plutarchum legitur de tertio Pompeii triumpho loquentem, quem de Asia subacta egisse dicitur. « Ex praenotatis, inquit, literis clare cognoscebatur ex quo genere gentium triumpharet. Erant quippe regiones hae, Pontus, Armenia, Cappadocia, Paphlagonia, Media, Colchis, Iberia, Albania, Syria, Cilicia, Mesopotamia. Praeterea ii qui circa Phoeniciam et Palaestinen incolunt, Iudaei, Arabes, piratarum etiam quotquot genera terra marique debellata erant. Inter haec notabantur castella haud pauciora quam mille capta, ciuitates ferme noningentae, piraticae naues octingentae, urbes praesidiis Romanis firmatas esse undequadraginta***16**. »

l'autre de Pont, dit que, « par les grans chars et chariotz esquelz 25v
se portoient en triumphe le long | de la ville les richesses du pillaige et les semblances et pourtraictures des roys et pays subjuguez, il apparoissoit publicquement à tous de quelles nations subjuguez ce triumphe estoit ordonné et ottroyé, car en chascun chariot y avoit tiltres escriptz et cadelez de grosses lettres denotans et signifians les choses dessusdictes. Et estoient les nations dont il triumpha celles qui s'ensuyvent. Les royaulmes de Pont et d'Armenie, le pays de Paphlagonie, de Colchis, dont est venue la fable de la toison d'or ; d'Hiberie, d'Albanie, de Syrie, de Cilycie, de Mesopotamie ; les peuples habitans en Phenice et en Palestine, Juifz et Arabes, et les pyrates qu'il avoit mis en subgection et confinez loin de la mer. Et veoit on par les semblances dessusdictes qu'il avoit pris et mis en l'obeyssance de l'empire de Romme mille places fortes, et environ neuf cens villes, et pris huyt cens navires piraticques, et mis en XLIX villes d'importance, habitans, de cytoyens rommains. »

[a]Pline, au XXXVII livre [11-19] de l'*Hystoire naturelle*, recite l'ordre et le contenu de ce triumphe, et dit avoir pris ce qu'il en dit ès registres des triumphes contenans ce qui s'ensuyt. C'est
| assavoir que le jour de sa nativité fut son triumphe, auquel il 26
mena et charia par la ville jusques au tresor publicque ung eschicquier ou tablier à jouer et les dez dedans ; le dit tablier estant de deux pierres precieuses longues de quatre piedz et larges de trois, « et ne se trouve (dit il [13, 6-7]) aujourd'huy pierre de celle grandeur ». Plus y avoit en l'ordre du triumphe ung chariot portant une lune de gros poix. Plus y avoit trois lictz d'or, servans à faire bancquetz esquelz on se seoit ou on gisoit selon la façon ancienne. Item vaisselle d'or et de pierres precieuses pour neuf buffetz ; trois statues d'or : c'est assavoir de Mars, de Pallas et de Juno. Après venoit une montaigne d'or quarrée, en laquelle avoit cerfz, lions, et fruictz de toutes sortes, laquelle estoit cir-

---

a. Cf. V 93, L 301, B 116 : Plinius libro XXXVII hunc triumphum magnifice descripsit, sed adeo corruptus ad nos peruenit, ut satis habuerim loco notare, quem transcribere non poteram.

cundée d'une vigne d'or. Une chappelle dediée aux Muses faicte de perles, et au feste d'icelle une horloge. Et si se charrioit une ymage de Pompée assemblée de perles. Ce qui s'ensuyt après faict mencion de l'argent distribué aux gens d'armes, capitaines et lieutenans ; mais il est si corrumpu et incorrect qu'on n'y peult asseoir jugement qui soit certain. Plutarche [*Pomp.*, 45, 1, 1-2] dit
26v que « le triumphe fut party en deux jours, | et neantmoins ne peurent suffire à mettre en evidence ce que y estoit ».

« [a]Plus estoit denoté[19], dit Plutarche [*ibid.*, 45, 3], en lettres bien apparentes que Pompée portoit au tresor en or et argent, monnoye et vaisselle, vingt mille talens venuz du pillaige, sans ce qu'il avoit donné et distribué aux gens d'armes, dont le moindre avoit eu mille et cinq cens drachmes atticques », qui vallent cent cinquante escus.

[b]Et si estoit signifié comme dessus, ainsi qu'il est escript au Plutarche grec [*ibid.*], non pas en celluy qui est translaté en la- Revenu de l'empire de Romme

a. V 91v-92, L 296, B 114 [suite de l'extrait f. 25] : « His quoque addebatur uniuersa Romanae urbis tributa ante id bellum quinquagies decies centena millia fuisse : cum iis uero, quae populo Romano ipse quaesiuit octuagies quinquies decies centena millia. In aerarium praeterea uasa aurum argentumque signatum ad uiginti millia talentorum praeter ea, quae militibus diuisa sunt, quorum qui minimum accepit, mille et quingentos aeris tulit »***17**. Haec uerba significant tributa populi Romani ante Mithridatem uictum, quingenties sestertium fuisse, et ex tertia expeditione Pompeii trecenties quinquagies accessionis factum esse. Haec summa aere nostro uicies semel centena et uiginti quinque millia aureorum ualet. Intra quam summam si coarctare uelimus imperii Romani redditum, ridebimur ab iis qui nouerint regni nostri tributa.

b. V 92v-93v, L 299-301, B 115-116***18** : Quare apud Plutarchum legendum <antea> put<abam>, quinquagies decies centena millia *drachmarum*. Graeci enim numquam per sestertium millia numeros colligere solent, sed per myriadas chiliadasque drachmarum, ut <non semel> ante diximus. <Nunc autem quod antea coniiciebam, certo ac non dubie opinor, ut paulo post ostendam.> Hac <uero> ratione summa illa redditus Romani quadruplicato augetur, et fit ter millies et quadringenties sestertium, id est octuagies quinquies centena millia aureorum nostrorum. Summa autem pecuniae in aerarium relata ab eodem Pompeio, <fit> centies et uicies centena millia aureorum [...]. <Ex Plutarcho autem ipso Graeco, qui post alteram etiam libri huius editionem ad nos peruenit, error interpretis ipsius Plutarchi manifestus est. Sic enim in eo loco historiae legitur, πρὸς δὲ τούτοις ἔφραζε διὰ τῶν γραμμάτων, ὅτι πεντακισχίλιαι μὲν μυριάδες ἐκ τῶν τελῶν ὑπῆρχον, ἐκ δὲ ὧν αὐτὸς προσεκτήσατο τῇ πόλει, μυριάδας ὀκτακισχιλίας πεντακοσί-

tin[20], que les impostz de l'empire de Romme soulloient estre
cinq mille myriades ; mais que, par le moyen de la conqueste de
Pompée, lesdictz tributz estoient montez à huyt mille cinq cens
myriades. Lesquelles parolles bien entendues signifient que les
tributz soulloient valloir cinquante millions de drachmes atticques auparavant que Pompée vint à avoir administration en la
chose publicque, et que pour lors, au moyen de ceste victoire, ilz
valloient quatre vingts cinq millions. Laquelle somme derreniere
vault à la monnoye de France huyt millions cinq cens mille escus.
Car cent drachmes vallent une | livre, qui vault dix escus. Et mille 27
drachmes vallent cent escus. Dix mille drachmes, qui est une myriade, vallent mille escus. Car chascune myriade vault dix mille.
Or est il que cent myriades de drachmes vallent ung million de
drachmes, et mille myriades dix millions, qui sont, en reduysant
à escus comme devant, mille fois mille escus, qui est ung million.
C'est assavoir mille fois dix mille drachmes. Puis doncques qu'il
y a au nombre de Plutarque huyt mille cinq cens myriades, ce
sera, en somme toute, huyt millions cinq cens mille escus, en
comptant pour chascun millier de myriades de drachmes ung
million d'escus ; car ung escu vault dix drachmes et le nombre
des drachmes est decuple de celuy des escus. Et ainsi le fault
entendre necessairement ; pour ce que la façon des hystoriens et
aucteurs grecs est de faire leurs comptes par drachmes, que les
Rommains font par sesterces, dont les quatre vallent une drach-

---

ας λαμβάνουσιν. Et paulo post [*ibid.*, 9], τῶν δὲ στρατιωτῶν ὁ τοὐλάχιστον αἴρων κατὰ λόγον, δραχμὰς εἴληφε χιλίας πεντακοσίας. Ex quibus apparet interpretem « nummos sestertios » uel « asses » pro drachmis intellexisse, errore luculento, qui etiam tributa pro uectigalibus transtulit. Plutarchus enim iis summis *uectigalia*, id est τέλη, non *tributa*, id est φόρους significauisse mihi uidetur. Quod autem Plutarchus « quinque millia myriadum » scripsit, « quingenties centena millia » Latine uerti debuit, uel « quingenties sestertium », si quidem sestertios nummos intelligi uolebat. Et secundo loco octingenties quinquagies. Verum quoniam Plutarchus more Graecorum scripsit, summa quadruplicato excrescit, et fit ter millies et quadringenties centena millia nummum, uel ter millies quadringenties sestertium. Plutarchi autem uerba sic uerti ad uerbum possunt : « Ex iis uero quae ipse ciuitati Romanae iam quaesitis addidit, Romanos capere quotannis octo millia et quingentas myriadas drachmarum. » Sic superior summa quaternario multiplicata, efficit ter millies et quadringenties centena millia.>

me. Mais ceste difference n'ont peu comprendre ne concepvoir les translateurs des livres, et ne s'en sont point advisez. Au moyen de quoy il y a de lourdes erreurs en aulcuns passaiges des hy- |
27v storiens translatez.

Façon de compter entre les Grecs

[a]Il est aussi à noter que les Grecs en faisant leurs comptes procedent par hecatontades, chiliades et myriades. C'est à dire par centaines, par milliers et par dix milliers ; que les Latins appellent centenaires, millenaires et dix millenaires. Cent myriades vallent ung million. Car c'est tout ung mille fois mille ou cent fois dix mille. Mille myriades vallent dix millions. Dix mille myriades, que les Grecs appellent une myriade de myriades, c'est-à-dire dix mille fois dix mill<e>, vallent cent millions et est le plus grand nombre qu'ils puissent dire sans multiplier. Car s'ilz veullent dire deux cens millions, il fault qu'ilz disent deux myriades de myriades. Et dix myriades de myriades pour mille millions.

La maniere de compter entre les Latins, et la raison d'icelle

Pareillement les Rommains n'avoient aulcun nombre latin au dessus de cent mille. Et dit Pline[21] au trentetroisiesme livre que les anciens Rommains, qui estoient pauvres, ne cuydoient point qu'il fust besoing de trouver terme qui passast cent mille d'erain ou de sesterces. Par quoy ceulx qui sont venuz après n'ont peu nombrer leurs grans richesses, sinon par multiplication du nom-
28 bre inventé par leurs ancestres : en disant dix fois cent | mille, et XX fois, et trente fois cent mille. Ce que nostre langaige exprime en ung terme propre, en disant ung million ou plusieurs. Et pour ce, se je vueil dire en latin et rommain ancien dix millions, que les Grecs disent mille myriades, il fault que je disse *centies centena millia*, qui est cent fois cent mille, et pour cent millions *millies centena millia*, c'est à dire mille fois cent mille, ou cent mille fois

---

a. V 124v [cf. 65v], L 402 [cf. 212], B 155 [cf. 82] : *Millies* enim *centena millia* myriadum myriada significant : ultra quem numerum Graeci uocabulum non habent. Nostrates « centum milliones » appellant, cum « millionem » dicamus millenarium numerum in sese multiplicatum. Ergo bis millies centena millia duas myriadas myriadum significant et ter millies tres myriadas, et deinceps usque ad decies millies centena millia, hoc est decem myriadum myriadas, quod uno uerbo nostrates abaci studiosi « milliartum » appellant, quasi millionum millionem.

mille. Car ung millenaire multiplié une fois par luy mesme vault ung million que les Grecs disent aussi *chilias chiliadum.* Comme se nous disions ung millier de milliers.

Et pour ce, se le millenaire est multiplié cent fois par luy mesmes, ce seront autant de millions[22]. Se je vueil dire en latin deux cents millions et parler selon la forme ancienne qui n'est pas congneue à tous ceulx qui pensent bien parler latin, je diray *bis millies centena millia,* qui est à dire deux mille fois cent mille ; pour mille millions je diray dix mille fois cent mille. Et de ce est la naissance venue de parler par multiplication de fois : en disant pour ung million de sesterces *decies sestercium,* qui est à dire dix
fois cent mille sesterces, et pour dix millions cent foys | sesterces, 28v
qui sont deux cens cinquante mille escus. Et pour quarante millions quatre cens fois sesterces, que j'ay tousjours estimez ung million d'escus, à trente cinq solz pour escu.

Demonstration aisée pour sçavoir reduyre sesterces à escus, et entendre proprement tous gros nombres, et les estimer à nostre monnoye

Car ung escu vault autant que faisoient quarante nummes ou sesterces. Et ainsi les quarante millions de sesterces vallent ung million d'escus. Et se nous voulons parler par drachmes comme font les Grecs, il fault racourcir le nombre, tellement que les quatre ne vallent qu'ung, en disant que dix millions de drachmes vallent ung million d'escus. Et par ce moyen nous sçaurons promptement estimer combien valloient les subsides[23] rommains après le triumphe de Pompée, dont a esté faicte mencion cy dessus [f. 26*v*], car s'ilz valloient quatre vingts millions de drachmes, il est aisé à entendre que ce sera huyt millions cinq cent mille escus, pour ce que la dixiesme partie de quatre vingts et cinq est huyt et demy. Et pour dix drachmes fault tousjours prendre ung escu, qui vault quarante sesterces, puisqu'il y a quatre sesterces en une drachme, ou ung denier.

Maniere de compter ancienne

Et ne se fault esbahir de ceste maniere de compter des an-
ciens, qui estoit si briefve[24], car ceste coustume ont eu | de parler 29
les plus grans aucteurs et plus elegans, comme ce que j'ay allegué cy dessus [f. 5] de Cicero en une des *Verrines,* recitant le texte d'ung compte : « J'ay receu, dist-il, vingt fois deux cens trente cinq mille quatre cens et seize sesterces », voulant signiffier que la recepte montoit deux millions deux cens trente cinq mille et

tant sesterces. Ceste maniere tient Pline en tous comptes, soit de monnoye ou d'aultre chose, en plusieurs lieulx comme au trentetroisiesme livre, en parlant de Pythius qui invita Xerxès à loger chez luy et tout son ost. « Il receut, dit Pline, en ung convy, et festoya l'ost de Xerxès, c'est à dire sept fois quatre vingts huit milles hommes. » Par ces parolles j'entends et fault entendre sept cens quatre vingts huit mille. De ce passaige nous parlerons cy après [f. 76] en recitant ce que fist le dict Pythius.

Ledict Pline au second livre [242, 1-5], en parlant de la longueur et largeur de la terre dit ces parolles : « La terre que nous habitons environnée de la mer Ocean, en la plus grande longueur qu'elle aye depuis Orient jusques au coulombes de Herculles, n'excede point octante et cinq fois cent septante et huit
29v mille[25], | selon l'oppinion d'Artemidorus ; mais selon l'oppinion d'Isidorus elle s'estend octante et huit fois et dix-huit mille. » Le premier de ces nombres se doibt dire en nostre langue huit millions cinq cens septente et huit mille. Le second huit millions huit cens dix-huit mille. En ung passaige [*ibid.*, 243, 1-4], « depuis le fleuve de Ganges, dit-il, jusques au gouffre Issicque qui est en Syrie on compte cinquante et deux fois quinze mille dixneuf » ; et puis derechief en ung aultre[26], « vingt quatre fois cinquante mille ». Esquelz lieux il fault entendre, c'est assavoir au premier cinq millions deux cens quinze mille dixneuf, et au second trois millions quatre cens cinquante mille, car Pline entend vingt quatre fois cent mille. Et ceulx qui n'entendent ceste maniere de faire sont esbaiz quant ilz tumbent sur les passaiges.

[a]Appian, au second [15,102, 1-5] des *Guerres civilles*, dit qu'ès triumphes de Cesar, qu'il voulut faire et celebrer après toutes

Triumphes de Cesar

---

a. V 94, L 305-6, B 118 : Appianus de triumphis eius [*scil.* Caesaris] loquens quos diebus quatuor instaurauit post omnia bella confecta, « Pecuniarum, inquit, in triumphis illatarum summam ad sexaginta quinque talentum millia fuisse ferunt et coronas ex auro fuisse addit duo millia et octingenta, quae pondo amplius uiginti millia penderent ; ex quibus exercitui promissa praemia cum foenore propemodum exoluit. » Summa talentorum aestimatione nostra undequadragies millies mille aureos nostros ualet. Viginti millia pondo auri, ut minimum, uicies centena millia superiori addidit summae, ut sint semel et quadragies millies mille aureorum coronatorum, hoc est quadringenties semel***19** centena millia***20**.

ses grandes victoires par l'espace de quatre jours, il fut porté au tresor publicque soixante et cinq mille talens d'argent, et oultre ce, le nombre de huit cens couronnes d'or qui pesoient vingt mille livres d'or. Par ce qui a esté dit dessus | on peut estimer 30
que la somme d'argent ne valloit pas moins de trente et neuf millions d'escus de France, sans les couronnes d'or qui valloient du moins deux millions.

Liberalité de Cesar

« [a][*ibid.*, 102, 5-11] De cest argent Cesar paya entierement et davantaige ce qu'il avoit promis à ses gens d'armes veterans et au populaire de Romme, c'est assavoir à chascun homme legionnaire cinq mille drachmes qui valloient autant que cinq cens escus couronne. Aux centurions, c'est à dire aux capitaines de cent pietons, double somme ; aux gens de cheval, le double des centurions. » Suetonne [*Caes.*, 38, 1] dit qu'oultre deux mille sesterces, qu'il avoit donné au commancement de la guerre civille pour homme, encorre donna il grande distribution, tellement que pour homme de cheval il donna XXIIII mille sesterces, qui sont six cens escus ; mais ce passaige est inutile, par quoy on n'en peut tirer sentence entiere[27]. Oultre ce, il donna, comme il dit, à chasque homme du peuple de Romme III cens sesterces qu'il avoit promis au commencement du tumulte civil ; et pour ce qu'il n'avoit si tost payé comme il eust voulu, il en donna cent davantaige quasi pour l'interest de l'attente qui est pour homme dix escus, et davantaige dix | muys de blé, qui sont dix boesseaulx 30v
de Paris, et dix livres d'huille ; et fist trois festins au peuple et aultres liberalitez. Appian [*ibid.*] dit qu'il donna pour homme une

a. V 93v-94, L 303-304, B 117 : Appianus in secundo *De bellis ciuilibus*, de Caesare dictatore loquens : « Statim post triumphum quaecunque exercitui pollicitus fuerat ampliore adhuc pecunia exoluit ; militi drachmas Atticas quinque millia ; turmae ductori bis totidem ; tribunis militum equitibusque duplo maius. Ad haec singulis ex populo minam unam Atticam. » Apud Tranquillum locus mutilatus est. « Veteranis, inquit, legionibus praedae nomine in pedites singulos super bina sestertia, quae initio ciuilis tumultus numerauerat, in equites uicena quaterna millia nummum dedit ; populo praeter frumenti denos modios ac totidem olei libras, trecenos quoque nummos, quos pollicitus olim erat, uiritim diuisit, et hoc amplius centenos pro mora ; annuam etiam habitationem Romae usque ad bina millia nummum, in Italia non ultra quingenos sestertios. »

mine atticque, lesquelles deux sommes reviennent a une par ce que j'ay dit, car cent drachmes vallent quatre cens sesterces.

[a]Eusebe dit en ses *Chronicques* [151[c] Helm] que, du temps que Sylla se fist dictateur, au cens qui se fist à Romme il se trouva quatre cens soixante troys mille cytoyens romains. Appian [*Bell. civ.*, II, 15, 102, 25-27] dit que, après les batailles civilles, quant le cens se fist soubz Cesar le dictateur, il s'en trouva la moitié moins de cytoiens qu'il n'avoit faict au precedent. Par quoy nous pouons conjecturer qu'il y avoit du temps de la distribution de Cesar dessusdicte deux cens vingt mille hommes cytoiens à Rome pour le moins prenant distribution, et que pour le moins il cousta en argent content sans le reste deux millions deux cens mille escus. Or de gens d'armes veterans y pouoit il grandement avoir XX mille à qui il avoit promis de donner congié de soy retirer pour leur viellesse, ainsi que l'on peut ymaginer par le *Commentaire*
31 *Affricque* [66, 1] d'Hircius ; par quoy s'il don- | na cinq mille drachmes pour homme, c'est à dire cinq cens escus, ceste donation, qui s'appelle donatif, c'est à dire largesse faicte aux gens d'armes, montoyt dix millions d'escus.

[b]Et de tout ce grant argent que Cesar avoit, la pluspart estoit venue de Gaule, ainsi que l'on voyt par les hystoriens, et mesmement par Suetone [*Caes.*, 22, 1].

---

a. V 94, L 305, B 118 : Eusebius auctor est eo tempore, quo Sylla dictaturam inuasit, censu Romae acto inuenta esse hominum quadringenta sexaginta tria millia. Appianus autem tradit censu post triumphum Caesaris acto inuentum esse dimidio paene minorem numerum ciuium quam quantus ante bellum ciuile fuisset. Esto igitur, ut Romae ducenta et uiginti millia hominum fuerint eo tempore, quo Caesar centenas drachmas in populum diuisit : id congiarium bis et uicies centenis millibus aureorum nostrorum aestimabitur. Age esto ut uiginti millia ueteranorum fuerint (tot enim minimum esse oportuit, ut ex Hircio nouimus in *Commentario de bello Aphrico*) si quina millia drachamrum, id est, quinquaginta argenti pondo in singulos diuisit, decies millies mille aureis nostris id donatiuum constitit, id est centies centenis millibus.

b. V 94, L 306, B 118 [*suite de l'extr. f. 29*[v]] : Cuius summae [*scil.* quadringenties decies centena millia] bonam partem Caesar ex Gallorum spoliis coëgit. Praeter ea, quae impendit in emerendo fauore plebis et potentium Romae, ut Pauli et Curionis, ut supra dictum est***21**.

Cinq triumphes de César

Aussi, de cinq triumphes qu'il mena pompeusement par la ville de Romme, le premier et plus excellent de tous fut le triumphe gallicque. Le second fut d'Alexandrie. Le tiers fut de Pont. Les deux aultres furent d'Africque et d'Espaigne. Au premier entre aultres choses de magnificence il y avoit quarante elephans à dextre et à senestre de son char triumphal qui portoyent torches et lanternes[28].

[a]Plutarche [*Pomp.*, 51, 1-5] dit que les guerres gallicques firent Cesar si grant comme il fut, car du pillaige et des richesses qu'il en emporta il gaingna la faveur des gros personnaiges de Romme et des magistratz et principaulx du senat, et mesmement par les dames de Romme auxquelles il donnoit acoustremens nouveaulx et precieulx et richesses non usitées.

Curio

Entre aultres largesses de corruption [*ibid.*, 58, 1-2] qu'il faisoit sans me- | sure, il donna à Paule qui estoit consul quinze cens 31v
talens, dont il fit grans et sumptueulx ediffices, et renommez entre ceulx de Romme ; et donna à Curio, ung tribun de peuple qui avoit l'auctorité entre le colleige des tribuns et le peuple,

---

a. V 67v-68 [cf. 109 et *sq.*], L 220-21 [cf. 356 et *sq.*], B 85 [cf. 137 et *sq.*] : Plutarchus de eodem [*scil.* Caesare***22**] loquens, « Inter haec, inquit, res Gallica maxime Caesarem extulit, qui in remotissimis locis cum esset, bellaque aduersus Belgas Britannosque confereret, aurum argentumque spolia caeterasque diuitias ex hostibus partas (tanta horum aderat copia) magno numero Romam misit, horum deinde largitionibus animos ciuium tentans, aedilibusque ad spectacula tribuens, praetoribusque atque consulibus eorumque uxoribus donans, multos sibi allexit. Quare in reditu superatis Alpibus cum ad ciuitatem Lucanam hybernaret, uirorum et matronarum magnum numerum eo accessisse memorant, cum plausu laetitiaque ingenti sese offerentium. Consulares uiri eo profecti sunt ducenti, inter quos Pompeius et Crassus fuere, proconsulum quoque ac praetorum centum et uiginti fasces ante Caesaris fores inspecti, alios autem omnes spe donisque repletos Caesar dimisit, cum Crasso autem et Pompeio foedus iniit. » Idem in *Pompeio*, de initiis ciuilis belli loquens : « Caesar, inquit, ualidius tum rebus imminebat : qui cum nondum longe Italiam attigisset, sedulo ad urbem destinabat milites ut comitiis adessent, multos illic tum ciues pecuniis alliciens, multos etiam primorum muneribus demulcens ; inter quos Paulus consul ob mille et quingenta talenta mutatus est et Curio tribunus plebis ingenti aere alieno liberatus est ». Hactenus ille. Ecquis est igitur qui animo concipere possit tantam corruptoris munificentiam, qui alterius tantum consulis fauorem nongentis millibus aureorum redimere non dubitarit ? quanquam maior illa fuit Curionis merces, qui sexcenties sestertium aeris alieni habuit ut auctor est Valerius libro nono.

six cens fois sesterces, qui sont quinze cens mille escus ; car tant debvoit Curio, ainsi que dit Valere le Grant [IX, 1, 6].

Debtes de Milo

[a]Que ce fut grant argent, on le peut ymaginer tant par ce que j'ay dict devant, comme par ce que dict Pline au trentesixiesme livre [104, 2-4], en ceste maniere : « Je estime, dist il, chose prodigieuse que Milo, citoyen de Romme a deu pour une fois à creanciers sept cens fois sesterces », laquelle somme vault dix sept cent cinquante mille escus.

Luculle

[b]J'ay parlé cy devant [f. 25] de Luculle, qui fut commis par Silla à lever la taille de vingt mille talens. Ce Luculle fut depuis envoyé chef de guerre contre Tigranes et Mithridates, deux roys très puissans, sur lesquelz il eut de merveilleuses victoires, tellement qu'il prist une grosse et riche ville en Armenie nommée Tigranocerta avec grant pillaige ; mais on ne luy donna pas le loysir de parachever sa conqueste, car par les factions et brigues
32 du Senat tant fut | faict que Pompée fut envoyé pour reprandre ceste guerre dont depuis il eust l'honneur, et fut Lucullus re-

---

a. V 110ᵛ, L 357, B 137 : [Plinius] « Itaque et ipsum Milonem sestertium septingenties aeris alieni debuisse inter prodigia humani animi duco. »

b. V 106ᵛ, L 346-47, B 133-34 : Hoc tamen uerum est, quod ea, quae ab his imperatoribus statuebantur, necesse erat senatusconsulto confirmari : id, quod eodem in loco Strabo [XII, 3, 33, 23-28] docet his uerbis : διαπολεμήσας δὲ καὶ ἐπανελθὼν οἴκαδε, ἐξενίκησεν ὥστε τὰς τιμὰς ἃς ὑπέσχετο ὁ Λεύκολλος τῶν Ποντικῶν τισί, μὴ κυρῶσαι τὴν Σύγκλητον. « Confecto autem bello Romam reuersus Pompeius, peruicit ne ea praemia, quae Lucullus quibusdam Ponticis primoribus pollicitus fuerat, a Senatu confirmarentur. » ἄδικον γὰρ εἶναι κατορθώσαντος ἄλλου τὸν πόλεμον, τὰ βραβεῖα ἐπ' ἄλλῳ γενέσθαι καὶ τὴν τῶν ἀριστείων διανομήν. « Iniquum enim esse bello eo ab alio confecto, in alterius arbitrio belli praemia et decorum militarium collationem manere. » Nemo autem ignorat Ponticum bellum Lucullum bona ex parte gessisse ; sed cum ei Pompeius ante diem successisset, conficere non potuisse : et Pompeium ex rebus gestis Luculli triumphasse fortunae iniquitate, quae Lucullum summo fauore euectum repente destituit, ut uidere est Plutarchum in *Lucullo* [33-36] legentibus. Causam tamen praebuit Cicero, qui orationem pro Pompeio habuit ad populum cum praeturam ipse gereret, quae *Oratio pro lege Manilia* inscribitur. Ob hoc Lucullus rei publicae infensus in ocium se contulit et singulari lautitia et splendore sumptuum uitam per omnem uiuendi amoenitatem traduxit, ex ea ipse prouincia summis opibus auctus ; tamen triumphi sui die aureum simulachrum Mithridatis sex pedum longitudinis clypeumque gemmis consertum, cum immani summa auri et argenti facti signatique in aerarium intulisset.

vocqué. À cause de quoy, luy indigné et courroucé se delibera de soy retirer du faict de la chose publicque en laquelle il veoit les matieres estre consultées et decretées plus par auctorité et puissance des bandes du Senat que par raison et equité, qui n'a pas lieu souvent ès grands empires et grosses cours. Toutesfoys il triumpha devant, et en son triumphe, entre aultres choses, il mena au tresor une statue d'or, faicte à la semblance de Mytridates, qui estoit de six piedz de long, et son escu orné et enrichy de mont de pierres precieuses, et davantaige vingt casses ou capses pleines de vesselle d'argent, qui se portoyent sur espaulles d'hommes, ainsi que se portent les chasses en procession, et trente deux aultres pleines de vesselle et armeures d'or, et or monnoyé. Puis suivoient huit muletz portans couches d'or, et cinquante et six qui portoient argent blanc ; après lesquelz venoient cent sept muletz chargez d'argent, qui montoient à peu
près de deux cens soixante | et dix myriades d'argent monnoyé, 32v
ainsi que porte le texte grec de Plutarche [*Luc.*, 37, 6] : qui sont deux millions sept cens mille, mais il ne dit point quelles especes. « Sans ce, dit il, qu'il avoit donné aux gens d'armes, lesquelz avoient eu pour homme neuf cens cinquante drachmes, et sans ce qu'il avoit fourny à Pompée pour la guerre piraticque. » Puis fit ung festin au peuple de Romme, très magnifique, et à tous les villaiges d'alentour de la ville ; et puis se retira pour vivre le demeurant de sa vie à l'estude et à son plaisir, ce que nul des capitaines et gros magistrats n'avoit faict par avant luy.

[a]Si se prist à batir gros ediffices et lieux de plaisance alentour de Romme et sur la marine pour vivre en delices, et sans cure et

---

a. V 68, L 222, B 85 : Age quid de Luculli diuitiis existimare possumus, qui cum rei publicae infensus priuatae uitae se dedisset, aedibus et praetoriis extruendis, hortis et coenationibus amoenissimis incredibili sumptu paratis, et bibliotheca insigni utriusque linguae libris referta, atque omnibus obuia et patenti, opes bello quaesitas conterere non potuit, cum interim quotidiano epularum apparatu in prouerbium prope uenerit ? Vnum de eo dictum Plutarchi referemus, quod est in hanc ferme sententiam, « Quodam die, inquit, cum Cicero et Pompeius Lucullum in foro sedentem ociosumque offendissent, eo salutato dixerunt sese apud eum eo die coenaturos, ea demum conditione, ut nihil ad solitam coenam eorum causa adderet. Quo primum recusante, coenamque in diem posterum

sollicitude. Et si fist une chose digne de loz, car il assembla une
librairie très copieuse et plaisante en lieu accessible à tous gens
de lettres, tant grecque que latine, et utille à tous venans comme
à luy. Plutarche [*Luc.*, 41, 4-7], en parlant de ceste matiere recite
ung cas par lequel on peut congnoistre et entendre la façon et
estat de son gouvernement copieux et redundant en toutes cho-
33 ses. « Ung jour, dist il, Pompée et Cicero estans | ensemble trou-
verent Luculle assis au lieu publicque de Romme où il devisoit,
vindrent à luy, et après l'avoir salué luy dirent qu'ilz avoient deliberé ce jour de soupper chez luy s'il vouloit. Mais pour ce qu'ilz
sçavoient comme il estoit abandonné en despense, protesterent
qu'ilz n'yroient point sinon qu'il leur promist de n'envoyer personne à l'hostel pour riens faire mettre ou appareiller oultre
l'ordinaire. Alors Luculle, voyant leur intention, se print à dire
ces motz ou semblables : « Et vrayment je le vueil, puis qu'ainsi
vous semble bon. Mais aussi me promettrez vous seulement de
mander en quelle salle je vueil que nous souppions, sans aultre
chose », ce qui lui fut accordé. Et commanda à ung sien suyvant
à haulte voix que on mist la nappe en la salle d'Appollo. Or avoit
il l'estat de sa maison ainsi ordonné que, selon la despence qu'il
vouloit faire, il avoit ses salles distinguées à recepvoir et festier
gens. Et pour ce faire avoit il maison assez spacieuse ; et avoient
les dictes salles noms imposez, comme d'Appollo et aultres dieux
et deesses. Si tost que le messaige eut faict son rapport, tantost
33v le mai- | stre d'hostel entendit qu'il avoit à faire ; si fist le soup-
per appareiller soingneusement et grossement, et tellement que
Pompée et Cicero s'esmerveillerent quant ilz veirent l'appareil,

---

reiiciente, illi sese dicere neque diem alium constituturos ac ne potestatem quidem illi facturos, ut seruis aliquid in aurem imperaret. Hic Lucullus deprehensum se uidens, id tandem orare eos instituit, ut uel eorum uenia sibi liceret palam uni ex seruis dicere ad Apollinis eo die se coenaturum, erat autem Apollo triclinii aut coenationis nomen, et ordinatas ille ita coenationes habebat, ut taxata coenarum summa unicuique loco esset. Eo igitur audito famuli quid agi ille uellet gnari, coenam continuo appararunt impendio quinquaginta millium, tanta celeritate et lautitia epularum, ut Pompeius et Cicero obstupescerent. Quinquaginta millia, mille ac ducentos quinquaginta aureos ualent. Huiusmodi multa a Plutarcho referuntur, fidem omnino excedentia si ex praesenti seculo aestimentur.

tant pour la singularité des viandes et metz du soupper que de la diligence d'avoir appareillé le soupper en si peu de temps. Ce soupper cousta à Luculle cinquante mille sesterces, qui vallent douze cent mille escus.

Richesse de Luculle

[a]De luy recite Atheneus [XII, 61], aucteur grec, en parlant de ceulx qui ont vescu en delices sumptueuses et delicieuses oultre la maniere acoustumée : « Après (dit il) que Luculle eut triumphé pour les victoires qu'il avoit eues de deux roys desquelz il avoit rompu la force, et qu'il eut rendu compte de son administration et pillaige, soubdain il laissa toute cure et sollicitude de renommée acquerir et soy faire grant. Si se getta en vie sumptueuse et delicieuse, en tenant grosse maison et ouverte. »

Et fut le premier qui admena la coustume de soy enrichir des deniers communs et d'acroistre son cens et ses facultez par avoir administration publicque ; car il tourna à son prouffit grant partie des tresors et pillaige qu'il avoit conquis sur deux puissans
roys, | et de la victoire commune fist le prouffit particulier. De- 34
puis luy ceste coustume vint en avant.

a. V 68[v], L 223, B 86 [*suite de l'extrait préc.*] : Athenaeus libro XII de iis loquens qui luxu et delitiis olim celebres fuerunt : Νικόλαος δὲ ὁ Περιπατετικὸς ἐν τῇ δεκάτῃ καὶ εἰκοστῇ τῶν Ἱστοριῶν, Λεύκουλόν φησιν ἀφικόμενον εἰς Ῥώμην καὶ θριαμβεύσαντα, λόγον τε ἀποδόντα τοῦ πρὸς Μιθριδάτην πολέμου, ἐξοκεῖλαι ἐς πολυτελῆ δίαιταν ἐκ τῆς παλαιᾶς σωφροσύνης. τρυφῆς τε πρῶτον εἰς ἅπαν Ῥωμαίοις ἡγεμόνα γενέσθαι, καρπωσάμενον δυοῖν βασιλέοιν πλοῦτον Μιθριδάτου καὶ Τιγράνου. « Nicolaus, inquit, Peripateticus in decimo et uicesimo *Historiarum* tradit, Lucullum cum Romam post expeditionem Ponticam rediisset et ex eo bello triumphasset, rationes ad aerarium retulisse ob eius pecuniae administrationem : quo facto se abrupta licentia ad uitam sumptuosam et elegantem ex ciuili et prisca frugalitate Romanorum contulisse ; idque exemplum Romanis prodidisse, utpote qui duorum regum opulentiam in censum suum uertisset, publica uictoria ex Mithridate ac Tigrane parta ad priuata commoda usus. » Ex quibus uerbis intelligimus ut et ex locis pluribus Ciceronis orationum, imperatores Romanos rationes quidem speciosas ad aerarium referre solitos, sed ita tamen, ut reliquorum luculenta fragmenta apud se retinerent. Ne nimium igitur Gallicarum rerum dispensatoribus tanquam uiris ingeniosis et solertibus, publica fama plaudat, semper enim huiuscemodi fuerunt qui ex publicis actibus immodice crescerent ; ut Athenis Pericles et Phalereus.

[a]Tellement que Cesar par ce moyen usurpa l'empire ; duquel Suetonne [*Caes.*, 54, 3] dit qu'il donnoit les royaulmes et tollissoit selon ce qu'il sentoit son advantaige ; tellement que pour une fois il extorqua et exigea de Ptolemée, roy d'Egypte, six mille talens. Cesar

Que Luculle se peut faire riche, il appert par ce que dit a esté du pillaige des deux roys. Plutarche [*Luc.*, 29, 3] recite que à la prise de Tigranocerta, oultre le pillaige de la ville qui fut abandonnée, il trouva ès tresors du roy huyt mille talens d'argent. Il recite [*ibid.*, 41, 3], entre aultres choses par lesquelles on peult entendre sa maniere de vivre redundante et luxurieuse, que quelquefoys il estoit seul à disner ou soupper en sa maison, par quoy son maistre d'hostel ne luy fist appareil que raisonnable, il se courroussa à luy pource qu'il ne veoit riens de superflus, ce qu'il n'avoit acoustumé, car il tenoit maison ouverte. Le maistre d'hostel respondit pour excuse qu'il pensoit avoir assez apresté, attendu qu'il sçavoit que nul ne viendroit pour ce jour. « Comment, dist Luculle, ne sçavois tu pas que Luculle devoit
34v disner | chez Luculle? »

Et combien qu'il tint maison opulente en vaisselle et en tout acoustrement de salle, et copieuse et exquise en viandes, en esbatemens et en toutes choses dont on peult faire une maison plus honnorable, neantmoins, comme dit Plutarche [*ibid.*, 42, 1-2], riens ne luy fist tant d'honneur que sa librairie, laquelle estoit magnifiquement bastie. Et à l'entour avoit grandes galleries à promener, et escolles accommodées à disputations et collocutions de gens sçavans. Et si avoit à toute diligence et sans riens espargner accumulé livres de toutes sciences, tellement que sa maison estoit le lieu commun où tous philosophes et gens de lettres s'arrivoient, ausquelz il faisoit tous plaisirs et gratieusetez Librairie de Luculle

---

a. V 67v, L 220, B 85 : De quo [*scil.* Caesare] Tranquillus ita scribit, ut ad rem redeamus : « In primo consulatu tria millia pondo auri furatus e Capitolio tantumdem inaurati aeris reposuit, societates ac regna pretio dedit, ut qui uni Ptolemaeo prope sex millia talentorum suo Pompeiique nomine abstulerit. » Haec Tranquilli authoritas fidem facere potest iis, quae a nobis paulo ante dicta sunt***23**.

et ayde de l'auctorité qu'il avoit ; et vouluntiers s'adonnoit à leur doctrine comme sçavant.

Cestuy fut le premier des Rommains qui passa le mont de Taur et le fleuve de Tigre, ayant armée et par forme de hostilité[29].

Une chose merveilleuse est de considerer l'estat de Romme estant en sa grandeur et en l'empire fleurissant.

Asinius Celer

[a]Macrobe [*Sat.*, III, 16, 9], Pline [IX, 67] et Juvenal [IV, 15-17] recitent que Asinius Celer, du temps de l'empereur Claude, achapta | ung poysson qui s'appeloit en latin *mulus*, soit mulet ou aultre poysson, et l'achapta sept mille sesterces, combien que Pline dit huyt.

Apitius

[b]Il est escript en aucteurs autentiques que Apitius, ung Rommain subgect à sa bouche et fort riche qui fut environ le temps

---

a. V 74v-75 [cf. 28v], L 242-43 [cf. 95], B 93-94 [cf. 36] : Non omittendum uidetur id, quod a Plinio eodem loco dicitur ; sed quia locus ille uulgo corrupte legitur, ideo cum ex animi mei sententia obseruatis ueteribus libris referam. « Asinius, inquit, Celer e consularibus hoc pisce prodigus Claudio principe, unum mercatus sestertiorum octo millibus : quae reputatio aufert transuersum animum ad contemplationem eorum, qui in conquestione luxus coquos emi singulos pluris quam equos quiritabant. At nunc coci triumphorum pretiis parantur et cocorum pisces : nullusque prope iam mortalis aestimatur pluris, quam qui peritissime censum domini mergit. » [...] Octo millia nummum ducentos aureos aestimare solemus, uerum apud Macrobium non octo millia legitur, sed septem : « Asinius, inquit, Celer uir consularis, ut Samonicus refert, mullum unum septem millibus nummum mercatus est. In qua re luxuriam illius seculi licet aestimare, quod Plinius Secundus temporibus suis negat facile mullum repertum, qui duas pondo libras excederet, at nunc et maioris ponderis passim uidemus, et pretia haec insana nescimus. » Hactenus Macrobius. Iuuenalis de hoc dubitans *Satyra* IIII ita inquit, | « Mullum sex millibus emit | Æquantem sane paribus sestertia libris, | Vt perhibent qui de magnis maiora loquuntur. » | Ita in controuersia apud authores duo millia manent.

b. V 74, L 240-42, B 92-93 : Hanc tamen Æsopi prodigentiam***24** Apicius nepotinis helluationibus exuperasse dicitur, ob quod in prouerbium Apicianae coenae uenerunt : de quo Martialis in quinto [*sic* ; III, 22, 1-4] *Epigrammatum* : | « Dederas Apici bis trecenties uentri, | Sed adhuc supererat centies tibi laxum. | Hoc tu grauatus, ne famem et sitim ferres, | Summa uenenum potione duxisti. » Quod perinde est ac si diceret, « Apici sexcenties sestertium » id est quindecies centena aureorum millia (de nostris semper loquor, iisque coronatis) « inexplebili illa ingluuie helluatus, cum posses adhuc ducentis quinquaginta millibus », quod *centies laxum* appellat, « uitam lauto et eleganti uictu producere, tamen uenenum

de Tybere l'empereur, despendit en friandise et gulosité neuf cens fois[30] sesterces.

La fin d'Apitius

Et quant vint par laps de temps qu'il entendit que sa grant richesse s'estoit ainsi passée et coullée par son ventre, tellement qu'il ne luy restoit plus que cent fois sesterces, de crainte qu'il eut que viande ne luy faillist plutost que la vie, luy mesmes s'empoisonna, quasi comme soy voulant pugnir pour les frians et chers morceaulx qu'il avoit mengez. Cent fois sesterces n'estoit

---

miser hausisti, ne patrimonio tanto superesses, quod iamiam te deserturum uidebatur. » Longe autem falsus est in hoc Calderinus***25**, qui *bis trecenties* pro sex millibus uel sexcentis millibus intellexit, cum septingenties centena millia Martialis significauerit : quo modo et alibi in secundo [65, 4-5] *Epigrammatum*, | « Illa illa diues mortua est Secundilla | Centena decies quae tibi dedit dotis. » *Millia* enim subaudiendum ; ut apud Iuuenalem [X, 335-36] : | « – Et ritu decies centena dabuntur | Antiquo – ». | Quo modo idem alibi [VI, 136-37], | « Optima sed quare Caesonia teste marito ? | Bis quingenta dedit, tanti uocat ille pudicam. » | Id est *decies centena millia*, quod decies sestertium dicitur. Plinius propterea Apicium « nepotum omnium altissimum gurgitem » appellat libro X : « Phoenicopteri linguam praecipui saporis esse Apicius docuit, nepotum omnium altissimus gurges ». Et in IX [66, 4-5] : « M. Apicius ad omne luxus ingenium mirus ». Suidas [α 3213, 1-2], Ἀπίκιος Μάρκος, οὗ διαρκεῖ μυρίον ὄνομα ἐπί τε ἀσωτίᾳ καὶ πολυτελείᾳ, ἱκανὰς μυριάδας ἀργυρίου καταναλώσας εἰς τὴν γαστέρα. « Apicius Marcus, cuius adhuc nomen perdurat in luxum et inusitatos sumptus insigne, multas argenti myriadas in uentrem absumpsit. » Martialis ex Seneca sumpsisse id uidetur, qui libro *De consolatione ad matrem Albinam* ita inquit : « Apicius nostra memoria uixit ; qui in ea urbe, ex qua aliquando philosophi uelut corruptores iuuentutis abire iussi sunt, scientiam popinae professus, disciplina sua seculum infecit, cuius exitum nosse operaepretium est, cum sestertium millies in culinam congessisset, cum tot congiaria principum et ingens Capitolii uectigal singulis comissationibus hausisset, aere alieno oppressus, rationes suas tunc primum coactus inspexit, superfuturum sibi sestertium centies computauit et uelut in ultima fame uicturus in sestertio centies si uixisset, ueneno uitam finiuit. Quanta luxuria erat, cui sestertiorum centies egestas fuit, immo cum putat pecuniae modum ad rem pertinere ? (Sic enim lego) Sestertium centies aliquis extimuit et quod alii uoto petunt, ueneno fugit. » Hactenus Seneca, quem si secutus est Martialis, ut mihi uidetur, apud Martialem non *bis trecenties* sed *ter trecenties* legi debet. Is Apicius Tiberii tempore fuit, ut ex nonagesima [*sic* ; 95, 42] epistola eiusdem Senecae *Ad Lucillium* patet his uerbis : « Mullum ingentis formae Tiberius Caesar missum sibi, cum in macellum deferri, et uenire iussisset, "Amici, inquit, omnia me fallunt, nisi istum mullum aut Apicius emerit, aut Publius Octauius". Vltra spem illi coniectura processit, licitati sunt, uicit Octauius et ingentem consecutus est inter suos gloriam, cum quinque sestertiis emisset piscem, quem Caesar uendiderat, ne Apicius quidem emerat. »

pas moins que deux cens cinquante mille escus ; et neantmoins
Apitius, homme de nulle estime et sans renommée, excepté
qu'il estoit de tous congneu et nommé pour sa gourmandise et
prodigalité, estimoit pauvreté ceste somme, comme celuy qui jà
avoit despendu neuf fois autant. Pline, au dixiesme livre [133,
2], l'appelle le prince de tous les gourmans. Senecque, au livre
de *Consolation* [*Ad Heluiam*, 10, 8-10], dit que | Apitius après ce 35v
qu'il eut despendu tant de revenu et les grosses liberalitez des
princes, il se print à regarder son cas, et trouva qu'il ne luy restoit plus que cent fois sesterces, et que ceste somme que tous
aultres demandoient par soubhait fist à Apitius si grant paour
qu'il se delibera de mourir. Et autant en dit Marcial [III, 22, 1-4]
en substance, qui dit que cent fois sesterces est une somme de
grant estandue.

Le plat d'Esope tragicque

[a]Esope histrion tragicque fut en grande reputation à Romme, au moyen qu'il estoit excellent en son art, qui estoit pour lors

---

a. Cf. V 73v-74, L 238-39, B 92 : Athenaeus libro XIIII [17, 59-63] de quodam Amoebeo citharedo loquens, ita inquit : « Mihi uero nihilo inferior esse uidetur antiquo illo Amoebeo, quem Aristeas in libro *De citharoedis* scribit Athenis habitasse domumque prope theatrum habuisse ; cumque in theatrum cantaturus prodiret, talentum unum Atticum in dies singulos merere solitum esse », ὅν φησιν Ἀριστέας ἐν τῷ Περὶ κιθαρῳδῶν, ἐν Ἀθήναις κατοικοῦντα, καὶ πλησίον τοῦ θεάτρου οἰκοῦντα, ὅτε ἐξέλθοι ᾀσόμενος τάλαντον ἀττικὸν τῆς ἡμέρας λαμβάνειν. Qui hoc de citharoedo Athenis merente credere sibi persuaserit, quid de Æsopo et Roscio***26** Romae credere haesitabit cum talentum Atticum sexcentis aureis nostris ualuerit ? Restat igitur, ut credamus Roscium non minus sex et triginta millibus aureorum nostrorum meruisse annua mercede, duntaxat publica, ut in ludis Romanis et Megalenisbus, Compitalitiis, Secularibus et aliis, qui publico sumptu fiebant. Nam et priuatis ludis ut funebribus et aliis, qui a magistratibus priuato apparatu fiebant, multas etiam pecunias meruisse eos intelligimus. De publicis meminit Iuuenalis *Satyra* VI [379-80]. | « Si gaudet cantu nullius fibula durat | Vocem uendentis praetoribus – ». | Exemplum priuatorum est apud Tranquillum in *Caesare* [39, 1,1-3 + 2,1-3] : « Edidit spectacula uarii generis, munus gladiatorium et ludos etiam regionatim urbe tota et quidem per omnes linguarum histriones ; ludis Deci<m>us Laberius eques Romanus mimum suum egit donatusque est quingentis sestertiis et annulo aureo. » Inde illud Iuuenalis VIII *Satyra* [185-86], | « Consumptis opibus uocem Damasippe locasti | Sippario, clamosum ageres ut *Phasma* Catulli. » Idem Tranquillus in *Augusto* [43,1, 2-6] : « Fecisse ludos se ait suo nomine quater, pro aliis magistratibus qui aut abessent aut non sufficerent, ter et uicies, fecitque nonnunquam uicatim ac pluribus scenis

de grant requeste, au moyen des spectacles et jeux scenicques où le peuple se delectoit fort. Et pour ce les gros personnaiges qui vouloient avoir la grace du peuple n'espargnoient riens pour luy faire passetemps, car il appartenoit au peuple de donner les consulats et pretures et aultres magistratz et charges de provinces, dont les senateurs se faisoient grans et opulens comme Sylla, Luculle, Marius, Pompée, Crassus, Cesar, et aultres firent. Icelluy Esope estoit si riche des gaiges et bienfaictz qu'il avoit, tant de la chose publicque comme des particuliers, que par excessive pro- |
36 digalité dont il usa longuement encores ne peut il despendre son avoir.

[a]Pline recite au dixiesme [141,4 – 142,3] de ses livres que, entre les prodigalitez renommées, le plat d'Esope estoit en grande

---

per omnium linguarum histriones. » Et post paulum [*ibid.*, 43, 3,1-2 + 45, 1,10-2,2] : « Ad scenicas quoque et gladiatorias operas et equitibus Romanis aliquando usus est. Spectandi uoluptate teneri se neque dissimulauit unquam et saepe ingenue professus est. Itaque corollaria et praemia alienis quoque muneribus ac ludis et crebra et grandia de suo offerebat. » Idem in *Vespasiano* [19,1, 1-6] : « Ludis per quos scena Marcelliani theatri restituta dedicabatur, uetera quoque acroamata reuocauerat, Apollinari tragoedo quadringenta, Tarpeio Diodoroque citharoedis ducenta, nonnullis centena, quibus minimum quadragena sestertia super plurimas coronas aureas dedit. » Ex praedictis liquido apparet unde Æsopus tantae luxuriae sufficere potuerit, quanquam ante haec tempora fuerit : sed quibus erat non minus studium artis histrionicae et maius fortasse, quo magis primores urbis Romae populum huiusmodi spectaculis conciliare sibi conabantur, eo tempore, quo omnia in populi erant potestate. Quantam enim esse eam munificentiam putamus, quae unico histrioni una donatione decem millia aureorum dederit ? Quanquam Caesar Laberio quarta parte plus dedit***27**.

a. Cf. V 72[<bis>], L 238, B 91-92 : [...] de quo [*scil.* Æsopo] elogium illud extat Plinii libro decimo his uerbis, « Maxime tamen insignis est in hac memoria Clodii Æsopi tragici histrionis patina sexcentis sestertiis taxata, in qua posuit aues cantu aliquo aut humano sermone uocales nummum sex millibus singulas coëmptas, dignus prorsus filio, a quo diximus deuoratas margaritas. » De filio autem libro nono [122] locutus est his uerbis, cum Antonii et Cleopatrae***28** mentionem faceret : « Non ferent tamen, inquit, hanc palmam spoliabunturque etiam luxuriae gloria ; prior id fecerat Romae in unionibus magnae taxationis Clodius Æsopi tragoedi filius, relictus ab eo in amplis opibus haeres (ne triumphatu suo nimis superbiat Antonius paene histrioni comparatus) et quidem nulla sponsione ad hoc productus, quo id magis regium erat ; sed ut experiretur in gloria palati, quid saperent margaritae. Atque ut mire placuere, ne solus hoc sciret, singulos uniones conuiuis ad sorbendum dedit. » Quo in loco non *triumphatu* sed *triunuiratu*

admiration. Ce plat estoit une invention qu'il fist pour servir en ung bancquet, et estoit de cent petis oyseaulx, comme linotes, cocheviz, estourneaulx, merles, calendres, et aultres oyseaulx qui peuent imiter la voix humaine et parler quant ilz sont apris, qui pour lors se vendoient à Romme cherement, ainsi qu'il peult apparoir par les parolles de Pline, qui dit qu'ilz coustoient six mille sesterces la piece qui estoient, en somme, six cent mille sesterces, que j'estime quinze mille escus. À ceste cause luy mesmes, au trentecinquiesme [163, 1-4] : « Je ne faiz nulle doubte, dit il, que ceulx qui lyront ce que j'ay cy dessus escript, que le plat d'Esope estoit estimé six cens sesterces, ne soient indignez contre moy, comme de chose par moy dicte non creable ne vraysemblable. » Et encores laissa il à son filz tant de biens que le filz exceda le pere en prodigalité et despence dissollue, tellement qu'il donnoit des perles de grant pris à menger à ceulx qu'il festoyoit en
ses | bancquetz. 36

Gaigeure entre Anthoine et Cleopatra

[a]Cleopatra, du temps qu'Anthoine le triunvir estoit en Egypte, faisoit bancquetz tous les jours pour festoyer ledict Anthoine son

---

lego ex uetusto libro. Docuimus supra hanc patinam Æsopi patris quindecim millibus coronatorum nostrorum stetisse. Plinius dicit uniones *magnae taxationis* filium conuiuis singulis sorbendos dedisse. Quod si ducenties sestertium ad id sufficere potuit, coniectura assequi possumus immanem esse summam ducenties sestertium, praesertim cum Cicero [*Pro Roscio C.*, 23,9 ; 24,4] sexagies sestertium infinitam pecuniam appellauerit***29**.

a. V 29 [cf. 51 et 95 : le deuxième développement est donné ci-après, au f. 42], L 97-8 [cf. 168-69 et 309-10], B 37 [cf. 64-65 et 119-20] : Plinius libro nono [119-21] : « Duo fuere maximi uniones per omne aeuum ; utrunque possedit Cleopatra Ægypti reginarum nouissima, per manus orientis regum sibi traditos. Haec, cum exquisitis quotidie Antonius saginaretur epulis, superbo simul ac procaci fastu, ut regina meretrix, lautitiam eius omnem apparatumque obtrectans, quaerente eo quid astrui magnificentiae posset, respondit una se coena centies sestertium absumpturam. Cupiebat discere Antonius, sed fieri non posse arbitrabatur. » Et paulo inferius : « At illa absumpturam se ea in coena taxationem confirmans solamque se centies sestertium coenaturam, inferri mensam secundam iussit. Ex praecepto ministri unum tantum uas posuere ante eam, aceti, cuius asperitas uisque in tabem margaritas resoluit. Gerebat auribus tum maxime singulare illud et uere unicum naturae opus. Itaque spectante Antonio quidnam esset actura, detractum alterum mersit ac liquefactum absorbuit. » Sic in omnibus exemplaribus legitur. Iamprimum Plinius his uerbis significat centies sestertium immensam esse

mary. Et luy pareillement à elle. Et pour ce que ce se faisoit à l'envie, et à qui feroit le plus sumptueusement, quelque fois que parolles se meurent de ceste matiere, elle fist gageure qu'elle feroit ung festin qui cousteroit cent fois sesterces, que j'estime deux cent cinquante mille escus. Anthoine ne pouoit concepvoir que ce peust estre vray, et neantmoins, comme celuy qui estoit vray prodigue, il desiroit fort à en veoir l'experience. Et à ceste cause y eut gaigeure faicte, et juges esleuz pour en juger. Vint le jour du soupper qui fut sumptueulx en appareil, et force viande ainsi que la coustume estoit[31]. Sur la fin du soupper Anthoine pensoit avoir gaigné, car il ne veoit apparence de si grant coust. Alors Cleopatra, qui avoit deux perles d'eslite pendantes en ses deux oreilles, mist la main à une et la tyra, et puis la plongea dedans une assiette ou escuelle de vinaigre qui avoit telle force, et estoit tellement preparé et mixtionné qu'il faisoit fondre les perles subitement. Ce fait, elle heuma ledit vinaigre avec la
37 perle, | puis voulut mettre la main à l'aultre pour en faire autant ; mais les juges qui là estoient presents commencerent à luy dire qu'elle se gardast de ce faire, et qu'elle en avoit assez faict, et davantaige, pour employer cent foys sesterces, seullement en ce qu'elle avoit consumé ladicte perle, sans le demeurant de l'appareil. Elle pesoit, ainsi que dit Pline[32], demy once qui sont quatre vingts quaratz, et aujourd'huy à peine en treuve l'on qui en poisent ung quart, ainsi que disent les lapidaires et joyauliers ; et au demeurant estoit excellente ; et, affin que je use des termes de Pline [IX, 121, 2], « c'estoit le singulier et unicque ouvraige et chef d'œuvre de nature en son espece ». Depuis, quant Auguste prist Cleopatra, il eut la pareille perle, et pour ce que ne s'en pouoit trouver une aultre à paragonner à elle en toute l'empire de Romme, il la fist fendre en deux moitiés pour mettre ès deux oreilles de la deesse Venus, où il avoit grant affection pour l'honneur d'Enée qui fut filz de Venus, ainsi que disent les poetes,

---

summam, ut quam imperator prodigentissimus Antonius una coena absumi posse non crederet et quanti unio aestimatus sit toto orbe nobilissimus.

duquel il se disoit estre descendu ; et estoit l'imaige dessusdicte au temple de Pentheon à Romme.

Roscius hystrion

[a]Il est escript | en Macrobe [III, 14, 11-14] que Roscius, auc- 37
teur scenique, c'est à dire hystrion comme estoit Esope, avoit par jour mille deniers de gaige de la chose publicque pour l'excellence de son art, qui sont cent escus par jour.

[b]Cicero, parlant de luy en une oraison qu'il fit pour luy [*Pro Q. Rosc. Com.*, 23, 8-9], dit que, à la fin, quant il se veit riche, il fut si honneste qu'il voulut servir pour neant, « tellement, dit-il,

---

a. V 72, L 234-35, B 90 : Audiamus igitur Macrobium libro III *Saturnalium* de saltatione histrionica et histrionibus ita loquentem : « Caeterum histriones non inter turpes habitos Cicero testimonio est : quem nullus ignorat Roscio et Æsopo histrionibus tam familiariter usum, ut res rationesque eorum sua solertia tueretur ; et certe satis constat contendere eum cum ipso histrione solitum, utrum ille saepius eandem sententiam uariis gestibus efficeret, an ipse per eloquentiae copiam sermone diverso pronunciaret. Is est Roscius, qui etiam Lucio Syllae carissimus fuit et annulo aureo ab eodem dictatore donatus est. Tanta autem fuit gratia et gloria, ut mercedem diurnam de publico mille denarios sine gregalibus solus acceperit. Æsopum uero ex pari arte ducenties sestertium reliquisse filio constat. » Hactenus ille. Mille denarii quatuor millia nummum ualent, id est centum aureos nostros ; quam mercedem si per singulos dies anni accepisse Roscium intelligeremus, fieret summa annuae mercedis triginta sex millia et quingenti : quae computatione Romana sestertium quaterdecies et sexaginta millia dicitur. At ea summa tribus partibus maior est ea, quam Plinius posuit, id est trecentis et quinquagenis millibus. Quare milla denarios diurnos suspicari possumus Macrobium intellexisse ludorum tantum diebus accepisse Roscium.

b. V 72*v*-72*<bis>*, L 236-37, B 91 : [...] magnam tamen fuisse mercedem Roscii ex eo intelligimus, quod eodem in loco orationis sequitur, « Decem his annis proximis, inquit, sestertium sexagies honestissime consequi potuit : noluit, laborem quaestus recepit, quaestum laboris reiecit, populo Romano adhuc seruire non destitit, sibi seruire iampridem destitit. » [...] Quod si quis apud Macrobium non mille denarios, sed mille nummos legat, erit summa annuae mercedis paulo, id est quindecim tantum millibus maior quam apud Plinium. Vt autem denarios mille etiam quotidianos per annum totum meruisse Roscium credam et nihil in Macrobio mutandum censeam, facit id, quod sequitur, Æsopum ex pari arte ducenties sestertium reliquisse filio. Vt enim triginta tantum annua aureorum nostrorum millia mereret, oportuit eum duodeuiginti annis ut minimum artem exercuisse, ut ducenties sestertium haeredi relinqueret. Plus autem quotannis meruisse ex eo coniecturam facio, quod uix annis duodeuiginti uox perdurare potuit ad actus fabularum, deinde, quod maius est argumentum, inusitato luxu uitam transegisse dicitur, quare ut tantum luxuriae restaret, oportuit eum maiora multo stipendia ac magis opima fecisse***30**.

qu'en dix ans il reffusa à gaingner soixante fois sesterces » qui vallent cent cinquante mille escus, et par avanture en Macrobe y a faulte et est escript deniers pour sesterces, et ainsi seroient vingt et cinq escus par jour.

[a]On peut veoir par l'oraison de Cicero [*ibid.*, 28,2-5 ; 7-10] qu'il avoit des serfz scenicques dont il faisoit ung grant gaing.

[b]C'est bien plus grant chose et plus forte à croire ce que Pline [VIII, 53] dit de Pompée : qu'ès jeux qu'il fit au peuple après son Spectacles venaticques

---

a. V 72[v]-72[<bis>], L 236-37, B 91 [*cet extrait se situe entre les deux morceaux de l'extr. préc.*] : Re autem acrius pensitata, Plinii [VII, 129, 1] dictum de annuis trecentis et quinquaginta sestertiis uel de quingentis potius, intelligo de Roscii mercede in seruitute existente, siquidem in eadem oratione Ciceronis legimus Panurgum seruum comoedum tanti operas suas locasse, qui Panurgus Roscii fuerat seruus. Sunt haec uerba ex oratione transcripta : « Panurgum tu Saturi proprium Fannii dicis fuisse, at ego totum Roscii fuisse contendo. Quod erat enim Fannii, corpus est : quod erat Roscii, disciplina. Facies non erat, ars erat pretiosa. Nemo enim illum ex trunco spectabat, sed ex artificio comico aestimabat. Illa membra merere per se non amplius poterant XII aeris, disciplina quae erat ab hoc tradita, locabat se non minus HS CCCLIII. »

b. Cf. V 51[v]-52, L 170-71, B 65-66 : Ingentia autem commoda Romanorum magistratuum etiam urbana fuisse, ex hoc coniicere licet, quod moris fuit ut finito magistratu ludos ederet magnificos et uenationes ac munera daret, id est gladiatorum multa paria ad uulgi oculos oblectandos depugnatura, quam ueluti mercedem populus et pretium accipiebat collatorum suffragio suo magistratuum. Quem morem commemorans Cicero in secundo [57, 4-8] *Officiorum* ita inquit, « Quanquam intelligo in nostra ciuitate inueterasse iam bonis temporibus, ut splendor aedilitatum ab optimis uiris postuletur. Itaque et Publius Crassus tum cognomine Diues tum copiis, functus est aedilitio maximo munere ». Et paulum infra [57,13 – 58,12], « Hunc est Scaurus imitatus. Magnificentissima uero nostri Pompeii munera secundo consulatu ; in quibus omnibus quid mihi placeat uides, uitanda tamen est suspicio auaritiae ; nam Mamerco homini ditissimo praetermissio aedilitatis, consulatus repulsam attulit. Quare etsi postulatur a populo, bonis uiris si non desiderantibus, attamen approbantibus, faciendum est, modo pro facultatibus ut nos ipsi fecimus. Etsi aliquando res aliqua maior atque utilior populari largitione acquiritur, ut Horesti nuper prandia in semitis nomine decimae magno decori fuerunt. Ne M. quidem Seio id uitio datum est, quod in caritate annonae asse modium populo dedit. Magna enim se et inueterata inuidia, nec turpi iactura, quando erat aedilis, nec maxima liberauit ». Plinius libro VIII de hoc loquens, « Leonum simul plurium pugnam Romae princeps dedit Q. Scaeuola P. filius in curuli aedilitate ; centum autem iubatorum primus omnium L. Sylla, qui postea dictator fuit, in praetura. Post eum Pompeius Magnus in circo DC ac in iis iubatorum CCCXV ; Caesar dictator quadringentorum. » Quanquam in antiquis libris uerbum *DC* non legitur : ex quorum obseruatione locus ille mendosus esse

second consulat, entre aultres choses il exiba et mist dedans la
place du circque, qui estoit de spectacle à Romme, six cens lions,
dont il y en avoit trois cens et quinze à tout la jube[33]. Cicero,
parlant de ceste matiere au second livre des *Offices* [57, 13-15] ne
dit point le nombre, mais il dit que ceulx furent les plus magni-
ficques jeux qui eussent esté devant luy. | Or, quand ilz mettoyent 38
ces bestes en monstre, c'estoit pour les faire entretuer ou pour
les occire par hommes qui s'appelloient venateurs, et avoient
<esté> pris pour ce faire ; ainsi que l'on veoit par Pline [*ibid.*] qui
dit que Sylla le premier en monstra le combat au peuple de cent
ensemble. Ledict Pompée monstra aussi, oultre les lyons, ou à
celle fois ou à une aultre, quatre cens et dix pentheres pour ung
coup. Auguste, pour ung coup, quatre cens et vingt. Cesar, quatre cens lions. Depuis, par les empereurs princes ceste maniere
de faire fut fort usitée, et s'appelloit venation, c'est à dire chasses
de bestes feroces pour le plaisir du peuple.

Le theatre de Scaurus

[a]Mais encore sur toutes choses est à merveiller le theatre de Scaurus, qui est une chose si excedant toutes aultres en despence et magnificence, que Pline, au trentesixiesme livre [111, 1-2 ; 113, 1-3] : « Nous avons veu, dit-il, la ville de Romme estre circundée et quasi cincte des maisons de deux empereurs, Caligula et Nero ; mais combien que leurs maisons fussent choses pleines de fureur pour autant que la despence et les bastimens estoyent

---

uidetur. Idem [VIII, 64] de uariis id est pantheris loquens, « Senatusconsultum fuit uetus, ne liceret Africanas in Italiam aduehere ; contra hoc tulit ad populum Cn. Aufidius tribunus plebis permisitque circensium gratia importare. Primus autem Scaurus aedilitate sua uarias CL uniuersas misit ; deinde Pompeius Magnus quadringentas decem ; diuus Augustus quadringentas uiginti. »

a. Cf. V 52^{v}, L 172, B 66 : Idem [*scil.* Plinius] libro XXXIIII [36, 1-3] : « In M. Scauri aedilitate tria millia signorum in scena tantum fuere temporario theatro. » Et rursus libro XXXVI [5, 2-4] : « CCCLX columnas M. Scauri aedilitate ad scenam temporarii theatri, et uix uno mense futuri in usu, uiderunt portari silentio legum. » Et rursus alibi [114, 1-4] : « Scaurus fecit in aedilitate sua opus maximum omnium, quae unquam fuere humana manu facta, non temporaria mora, uerum etiam aeternitatis destinatione. » Quibus uerbis significat Scaurum in aedilitate sua ad populi oblectationem scenam temporariam et statim ludis factis diruendam, fecisse, sed quae uinceret magnificentia clarissimum opus omnium, quae unquam facta sunt etiam eo animo, ut perpetua essent.

38v faiz sans avoir regard | à raison et sans compte ne mesure, toutesfois encores a surmonté leur furieuse prodigalité le theatre de Scaurus qui n'estoit que citoyen rommain. » Celluy Scaurus fut filz de la femme de Sylla qui fit la proscription cruelle sur toutes aultres ; au moyen duquel Scaurus eut si grant puissance que, luy estant edile, fit ung theatre qui n'estoit faict que pour ung moys, comme il dit, ou peu de jours tant que les jeux debvoient durer, et pour estre incontinent après demoly.

Magnificence merveilleuse

« Et neantmoins, ce dit Pline [114-15], cest ouvraige efface la magnificence et la memoire, non seullement des maisons dessusdictes, mais se treuve avoir esté plus sumptueulx, et de plus gros et magnificque ouvraige et appareil que edifice dont il soit memoire, non seullement pour estre demoly après et abbatu, mais aussi bien de ceulx qui ont esté faiz pour durer à perpetuité. La scene de ce theatre estoit de trois estaiges, et y avoit trois cens soixante columbes de marbre d'Aphricque, dont celles d'ambas estoient toutes d'une piece de trente et huyt piedz de hault. Ladicte scene estoit en partie de marbre, et l'estaige du meillieu
39 de verre, qui estoit | chose dont on n'avoit jamais ouy parler. En la place du theatre où les gens seoient y avoit lieu pour quatre vingts mille personnes. Il y avoit pour la decoration des jeux trois mille ymaiges de cuivre. » Et au demourant tant y avoit de richesses en appareil, tant de tapisserie d'or, de tableaux d'anticques paintures et renommées que c'est chose increable de celle qu'on lit en Pline. Mais ce n'estoit pas la richesse d'ung homme, car la puissance de Sylla donna tant de pouoir à Scaurus qu'il assembla de toutes pars de l'empire de Romme les choses excellentes et de grosse estime, et les prit par auctorité pour l'ornement et decoration de ses jeux.

La maison de Neron

[a]De la maison dorée de Neron, qu'on appeloit Maison d'or, dont j'ay touché ung mot cy dessus [f. 38] en recitant les parolles

---

a. Cf. V 126, L 406-7, B 156-57 : De Domo autem aurea si quis locum apud Tranquillum legerit, quicquid nostro aeuo exaedificatum est, despicabile existimabit, adeo ut Gallionense praetorium cardinalis Ambasiani***31** quod iam in prouerbium uenit ob sumptum superuacaneum, gurgustium prae illa domuo Neronis uideri possit. Quam tamen ipsam Plinius [*l. l.*] a Marci Scauri theatro

de Pline, Suetonne [*Néron*, 31,1, 6-9] parle assez au long, « de laquelle, comme il dit, on peut ymaginer la grande spaciosité parce qu'il y avoit dedans galleries à trois rengées qui estoient de mille pas de long, et ung estang si grant qu'il sembloit estre une mer circundé d'ediffices à l'entour, qui sembloient et equipolloient à une ville ».

Donatif d'Anthoine le triumvir

[a]Anthoine le triumvir mena guerre en la com- | paignie d'Oc- 39
tovian, qui depuis fut appellé Auguste, contre Cassius et Brutus

---

operis magnificentia uictam fuisse contendit [...]. Quanti autem domus aurea constiterit, ex eo coniiciendum relinquitur, quod idem Tranquillus de *Othone* [7,1, 7-13] scripsit : « Diplomatibus primisque epistolis suis Neronis cognomen adiecit. Certe et imagines statuasque eius reponi passus est ; nec quicquam prius pro potestate subscripsit quam quingenties sestertium ad peragendam auream domum. » Si igitur Otho quingenties sestertium, id est duodecies centena et quinquaginta millia aureorum nostrorum attribuit ad peragendam domum auream, quanti opus ipsum antea factum aestimamus ? Nam nihil defuisse operi ex eo apparet quod idem in *Nerone* [31,2, 7-9] inquit : « Eiusmodi domum cum absolutam dedicaret, hactenus comprobauit ut diceret quasi hominem tandem habitare coepisse. » Quingenties igitur sestertium subscripsisse Othonem intelligimus ad appendicem quandam domus faciendam uel operis expolitione.

a. Cf. V 94^{v}-95, L 306-8, B 118-19 : Antonius autem triumuir post mortem Caesaris bellum Philippense pariter cum Caesare, qui postea Augustus dictus est gessit cum Caesaris interfectoribus, quo confecto morte Cassii et Bruti, cum Caesar Octauius Romam rediisset, ipse Antonius in Graeciam se contulit, ut illic de donatiuo statueret, quod militi antea polliciti fuerant : quodque, ut Plutarchus inquit, quinum millium drachmarum in singula capita fuerat, id est uicenum millium nummum. Quantus autem fuerit exercitus eius ex eodem authore alio loco nouimus, qui de altero dissidio Caesaris et Antonii loquens et de bello Mutinensi, quo tempore Antonius Lepidi castra ingressus esse dicitur, Munatiumque sibi adiunxisse : « His rebus, inquit ille, elatus Antonius, castra Lepidi ingressus quodam ex compotoribus suis cum sex legionibus in praesidio Galliae relicto, ipse in Italiam rediit, decem millia equitum et decem et septem legiones peditum secum agens, quo tempore Cicero a Caesare destitutus est cum Antonio iterum in gratiam rediit. » Vt autem omnia extenuare potius quam augere uideamur, ponamus equitum peditumque octuaginta millia capitum fuisse, plenae enim raro legiones erant, equites etiam et centuriones in ordinem redigamus, ut in singulas militum capita simplex donatiuum procedat, id est quingenti aurei, ad eam largitionem quadringenties centena millia aureorum nostrorum taxanda sunt aestimatione praedicta, ut promptum est colligere. Quod an credibile sit ex iis, quae infra dicentur, apparebit. Eodem tempore Antonius cum Ephesum in Asiam ex Graecia uenisset, et eo reges reginaeque orientis ad eum salutandum confluerent, sese suaque ultro illi offerentes, ut auctor est Plutarchus, diu illic per luxum inusitatum debacchatus, cum de primoribus uiris pro arbitrio suo statuisset,

en Macedone, et demeurerent victeurs. Après ce, Octovian s'en retourna en Italie et Anthoine se retira en Ephese pour recouvrer argent de toutes parts de l'Asie et contrées estans de son empire et partaige ; car il veoit le temps venir que le payement escheoit de la somme qu'il avoit promise par largesse, qui s'appelloit donatif, à ses gens d'armes ; qui estoit, comme dit Plutarche [*Ant.*, 23,1, 5-6], cinq mille drachmes pour teste qui sont vingt mille sesterces, estimez cinq cens escus. Celluy mesmes aucteur, en parlant du siege de Modene que tenoit ledict Anthoine contre les deux consulz de Romme [18,8, 1-4], dit qu'après que Anthoine fut entré en l'ost de Lepidus, et que les gens d'armes laisserent Lepidus pour le prendre à chef de guerre, il laissa six legions en Gaule pour fournir ses garnisons et se retira plus avant en Italie avec dixsept legions et dix mille hommes de cheval.

L'ost d'Octavian et Anthoine

Appian au V des *Guerres civilles* [1,5, 1-21][34] dit qu'après la victoire obtenue par luy et Octovian de Cassius et Brutus, Anthoine passa en Ephese, auquel lieu il fist venir gens deputez par les villes de Grece et Asie
40 | ausquelz, après avoir par luy remonstré l'offence à luy et Octovian faicte pour la faveur et ayde qu'ilz avoient porté à leurs ennemys, tant d'argent que de toutes munitions : « Maintenant, dit il, nous avons fa<i>ct de terre et argent pour recompenser noz gens, lesquelz sont en nombre XXVIII mille

---

praedictarum rerum impendiis exhaustus, altera tandem uectigalia Asiaticis populis imperare instituit. Ibi Hybreas quidam orator nobilis, qui causam gentium Asiaticarum agendam receperat, huiusmodi oratione usus esse dicitur, memorabili certe ac nostris quibusdam hominibus etiam atque etiam animaduertenda si ipsis ab aulicis apparituris feriari paulisper uacaret, et animum aduertere huiuscemodi acroamatis. Sed quando id fieri non potest, proximum est, ut optemus per ora id hominum ferri tandiu quoadusque ad principes permanarit. Verum ille orator, « Si potes, inquit, o Antoni alterum uectigal eodem anno exigere, illud etiam posse te aequum est binas ut eodem anno aestates, binosque etiam autumnos habeamus. Ducenta tibi talentum millia Asia iam pependit : haec tanta pecunia si ad te omnis peruenit, et consumpta est, corradenda nobis nimirum et altera, quando spes omnis alia praecisa est ; sin ad te omnis non peruenit, quia eam ab iis repetis, qui a nobis exigendam cogendamque curarunt ? » Hac oratione permotus Antonius inquirere in eos instituit, qui pecunias suas interuertisse dictitabantur. Erat enim ingenio simplici ac minime solicito et maleficia suorum non facile intelligens, ubi tamen intellexerat excandescens et seuere uindicans, celsi alioquin et munifici admodum animi et ad praemia profusi.

legions, sans les aultres suites, qui ne sont legionnaires, lesquelz font ensemble huit vingts dix mille hommes sans les gens de cheval. Octovian leur distribura de la terre d'Italie ; mais quant est de vous, Asiaticques et Grecs, soyez asseurez de voz terres et manoirs, car vous n'y perdrez riens, tant y a qu'il vous convient trouver argent pour satisfaire à ce qui leur est deu ». « Velà, dit l'aucteur [V, 1,6, 1-15], que nous trouvons avoir esté dit par Anthoine, touchant la recompence de XXVIII legions, lesquelles restoient de quarante et troys estans à Modene alors que Octovian et Anthoine s'allierent ensemble et qu'ilz firent promesse à leurs gens du donatif dessusdict. » Après ces parolles dictes par Anthoine, les deputez des pays luy firent grandes remonstrances, mais la conclusion fut telle qu'ilz seroient quictez de l'amende
en payant en deux ans pour eulx autant | que le tribut montoit 40
en neuf ans. Par quoy roys et aultres princes et dinastes d'Asie et de Grece, exemps et non exemps, furent imposez à ceste taille.

Esbat d'Anthoine estant à Ephese

Plutarche [*Ant.*, 24, 1-9] dit que les roys et roynes d'Orient vindrent de tous quartiers pour luy faire la reverence, et offrir service ; et là tant fit le dict Anthoine de despense desordonnée en festins et esbatemens esquelz il se delectoit sans raison et sans mesure que derechef fut contraint mettre sus nouvelle taille ou une creue sur la precedente.

Hybreas orateur

Et alors Hybreas, orateur illustre et renommé en Asie, à qui les deputez par les pays avoient donné charge par commun accord de parler pour eulx, dist telles parolles à Anthoine entre aultres remonstrances qu'il luy fit : « Monsieur, dit il, s'il est ainsi que vous, qui avez la force et la contraincte à main pour vostre vouloir et plaisir executer promptement, puissiez asseoir et exiger deux impostz pour une année, il est aussi de raison que vous faciez que nous ayons deux estez et deux autunnes en ung an, et que nous puissions recueillir deux fois l'an les fruitz et revenu de la terre. L'Asie vous a jà payé deux cent mille talens pour
l'im- | post premier. Si ceste somme de deniers est venue en voz 41
finances, et a esté toute employée en voz affaires, nous entendons bien qu'il n'y a remede, et force nous sera d'en trouver d'aultre. Et pour ce faire nous conviendra racler ce qui nous est

demouré. Mais se vous trouvez que tout ayt esté bien payé par nous, et neantmoins ne soit venu jusques à vous, il nous semble que vous debvez prealablement demander le compte *et reliqua* ; et vous addresser premierement à ceulx qui en ont eu le maniment, qu'à nous qui en avons jà payé une fois ». Alors Anthoine, pesant les parolles de l'orateur Hybreas, et comme averty par luy des malles façons desquelles on usoit en ses finances, entendit plus soingneusement à ses affaires et y trouva de grosses et lourdes faultes dont il fist pugnition, en retenant, depuis ce, la principalle congnoissance à luy, et ostant en partie faculté et matiere d'y commettre si grans abus.

Estimation du donatif d'Anthoine

Se nous voulons icy calculer en gros, il est aisé à entendre que s'il paya selon sa promesse cinq mille drachmes pour teste, c'est à dire cinq cens escus, il falloit pour cent mille hommes |
41v l'estimation de cinquante millions d'escus, qui vallent cent mille fois cinq cens ou cinq cens fois cent mille. Et pour septente mille qui restent du nombre dessusdict, falloit trente et cinq millions, qui sont en somme quatre vingts cinq millions sans compter le surplus pour les centurions qui avoient double soulde, et les gens de cheval qui l'avoient triple, et les tribuns grandes sommes, ainsi que l'on voyt par les hystoires faisant mencion de telles largissions. Aussi deux cens mille talens vallent six vingtz millions d'escus.

[a]Anthoine, avec ce, avoit pris l'argent de Cesar le dictateur après sa mort, montant à grosse somme de deniers. Cicero, ès *Philippicques* [II, 92-93] qu'il escripvit contre ledit Anthoine, fait mencion de plusieurs manieres d'amasser argent, dont Anthoi-

---

a. V 96v, L 313-14, B 121 : Neque uero ex Asiaticis tantum tributis Antonius infinitam uim auri argentique collegit et prodegit, sed etiam ex haereditate Caesaris pecuniam auertisse traditur. Plutarchus [*Ant.*, 15, 1] enim author est, interfecto statim Caesare Calfurniam Caesaris uxorem quatuor millia talentum ad Antonium transportanda curasse. Maximam tamen pecuniam Caesarem reliquisse ex secunda *Antoniana* intelligimus, quo in loco Cicero ita inquit : « Vbi est septies millies sestertium, quod in tabulis, quae sunt ad Opis petebatur, funestae quidem illius pecuniae, sed tamen si iis quorum erat non redderetur, quae nos a tributis posset uindicare ; tu autem sestertium quadringenties quod Idibus Martiis debuisti, quonammodo ante Calendas Aprilis debere desiisti ? »

ne s'ayda au moyen qu'il avoit saisy tout le fait de Cesar et ses registres. Et ung passaige [II, 93, 1-4] faict mencion de sept mille fois sesterces, qui disoit avoir esté enlevé du temple d'Opis où Cesar l'avoit mis en seureté, laquelle somme monte dixsept millions cinq cens mille escus. Et pour monstrer que c'estoit grosse somme, Cicero dit que si ceste somme eust esté mise au tresor publicque, et | employée ès affaires du peuple, c'estoit assez pour 42
abbatre les tributz. « Et n'eust plus esté (dist il) mestier que nous en eussions payé ». Par ce moyen, et aussi que Calfurnia, veufve de Cesar, luy bailla en garde quatre mille talens, Anthoine gaingna la faveur des gens d'armes veterans, et à la fin usurpa la seigneurie, avec le jeune Cesar qui s'appeloit Octavian.

Les tributz de l'Asie

Sur ce passaige, nous pouvons noter que les tributz de l'Asie valloient vingt mille talens pour le moins, qui estoit la somme imposée par avant par Sylla, comme j'ay dit. Et pour ceste cause ilz payerent pour neuf ans deux cens mille talens, combien que, par le recit de Plutarque dessusdict [*Ant.*, 24, 8, 2-3], il semble qu'ilz payerent en ung an deux cens mille talens. Et neantmoins l'impost de neuf ans estoit assés pour deux ans.

Prodigue magnificence de Cleopatra

[a]Ce que Atheneus [IV, 29, 13-22], aucteur grec, recite de la richesse de Cleopatra, et de la prodigue liberalité dont elle

---

a. Cf. V 95, L 309-10, B 119-20 : Hic est ille M. Antonius, qui Cleopatrae ultimae Ægypti reginae Phoeniciam, Syriam, Cyprum et Ciliciae bonam partem, Iudaeam balsamiferam et Nabathaeorum Arabiam in stupri mercedem dedit ; qui Antigonum regem securi percussit ; qui expeditionem in Parthos cum centum millibus peditum equitumque suscepit ; cui denique nobilis illa coena***32** portentosi luxus condicta est a Cleopatra, in qua centies sestertium, id est ducenta et quinquaginta millia aureorum uno ferculo secundae mensae consumpta sunt. De hac re Athenaeus in quarto *Deipnosophistarum* ita propemodum inquit, uerbis ex Rhodio Socrate transcriptis, qui bellum ciuile Caesaris et Antonii scripsit : « Cum autem Cleopatra obuiam processisset Antonio in Ciliciam, ibi conuiuium regium opiparumque instruxit, in quo aulicum omne instrumentum aureum erat, gemmis etiam consertum singulari uasaculariorum opificio. Erant etiam parietes purpureis aureisque peripetasmatis obtenti. Duodecim igitur ad hunc modum tricliniis constratis et instructis, Antonium ad conuiuium illud Cleopatra, quosdamque primorum uocauit, quos ei uisum fuit. Ibi Antonio apparatus magnificentiam cum stupore admirante, renidens Cleopatra omnia se illi dono dare respondit : et subinde in diem posterum coenam ei condixit ; ad quam ille postridie cum uenisset, comitatus amicis et proceribus, eo splendore Cleopatra

usa en la reception d'Anthoine quant elle alla premierement au devant de luy et tellement gaingna sa grace qu'il la prist à femme, nonobstant qu'il fut marié à Romme, l'appareil et la
42v despence des conviz et | festins qu'elle faisoit à luy et à sa suyte, et les dons qu'elle donnoit ainsi qu'ilz sont recitez, passent les lymites et bornes de creance et verisimilitude ; par quoy je ne les ay voulu reciter et, aussi, pour eviter prolixité de l'œuvre. Il ayma tant ladicte Cleopatra que pour elle il abandonna Octavia, seur d'Octavius, avec lequel il avoit party l'empire de Romme. Et neantmoins ladicte dame fut si honneste que plusieurs fois mist concorde entre son frere et son mary, nonobstant qu'il se tint avec Cleopatra ; et à la fin eut grant douleur de la guerre qui se faisoit en partie pour l'amour d'elle.

Venue de Cleopatra vers Antoine

Plutarche [*Ant.*, 25,2 – 28,3] n'en dit pas tant que Atheneus, mais il dit que Anthoine, en allant contre les Parthes, envoya adjourner Cleopatra à comparoir en personne devant luy quant il seroit en Cilicie, pour respondre aux crimes et charges dont elle estoit accusée, c'est assavoir d'avoir donné confort et ayde à ses ennemys contre luy. Et y vint acoustrée, non point en personne accusée et piteuse, mais vint à luy par le fleuve de Cydnus[35], estant en ung gallion dont la pouppe estoit d'or, et les advirons
43 d'argent, et le voille de pourpre ; el- | le estant dessoubs tente do-

---

atque ea opulentia conuiuium instruxit, ut hesternus apparatus despicabilis prae eo uideretur ; ac nihilo secius peracto conuiuio omnia identidem donauit, uisenda sane munificentia, cum unicuique conuiuarum permitteretur toralia et lectum, in quo accubuisset, et uasa aurea praeterea auferre, ita ut cuique lectisternio cesserant. His peractis sub ingressum Antonii comites prout dignitate aliqua praecellebant, ita partim lecticas gestatorias cum seruis lecticariis, partim equos instratos argenteis ephippis referebant. Queis omnibus regina eo amplius face praelucentes asseclas digredientibus repraesentauit » : καὶ εἰς αὔριον παρεκάλει συνδειπνῆσαι, πάλιν ἥκοντα μετὰ τῶν φίλων καὶ τῶν ἡγεμόνων ὅτε καὶ πολλῷ κρεῖττον διακοσμήσασα τὸ συμπόσιον, ἐποίησε φανῆναι τὰ πρῶτα μικρά, καὶ πάλιν καὶ ταῦτα ἐδωρήσατο. τῶν δ' ἡγεμόνων ἐφ' ᾗ ἕκαστος κατέκειτο κλίνῃ καὶ τὰ κυλίκια καθὼς ταῖς στρώμναις ἐμεμέριστο, ἑκάστῳ φέρειν ἐπέτρεψε, καὶ κατὰ τὴν ἄφοδον, τοῖς μὲν ἐν ἀξιώμασι φορεῖα σὺν τοῖς κομίζουσι, τοῖς πλείοσι δὲ καταργύροις σκευαῖς κεκοσμημένους ἵππους. πᾶσι δὲ λαμπτηροφόρους παῖδας αἰθίοπας παρέστησε. Mirabitur forsan quispiam quonam modo ducenta millia talentum uno anno Antonius ex Asia auferre potuerit ?

rée, ayant chantres et chappelles de musicque de toutes sortes,
et au demourant si richement acoustrée en son train que c'estoit
chose incomparable. Tellement que, quant Anthoine l'eut en-
voyée inviter pour venir vers luy à soupper, elle luy manda qu'elle l'invitoit de venir vers elle, tant se fioit elle en sa beaulté et
maintien et facunde de parler, en laquelle tant elle abundoit, et
avoit la pronunciation si doulce et si artificieuse, comme dit Plutarque, que sa langue estoit comme ung instrument de plusieurs
chordes. Car elle tournoit sa langue en tel languaige que bon
luy sembloit et qui luy estoit utille. Tellement qu'elle parloit à
gens de diverses langues sans truchement. Et combien que communement les roys d'Egypte à peine eussent bonne et entiere
congnoissance de leur propre langue, Cleopatra respondit aux
Arabes, à ceulx de Syrie, aux Hebrieux, aux Medes, aux Parthes,
aux Ethiopes et Troglodytes sans interprete. Et pour ce que Anthoine estoit homme de plaisir en toutes choses et mesmement
en faceties et parolles de railleries, elle ne mist guieres à enten-
dre <son> jeu, | tellement qu'Anthoine fut tantost pris d'elle par 43v
la grâce qu'elle avoit en devis et en urbanité, tant de parolles que
de gestes et maintien courtois qui excedoit la beaulté. Et quant
Anthoine eut apperceu la façon et magnificence de ses festins,
et l'elegance et aptitude qu'elle sçavoit très bien garder et accommoder en toutes choses, il fut si estonné et esmerveillé qu'il
disoit et confessoit que tout l'estat de sa maison et sa maniere
de faire en festimens n'estoit que rusticité en comparaison de la
mode de Cleopatra. Depuis ce temps ilz vesquirent ensemble en
toutes delices et opulence que on ne pourroit exprimer.

Bande d'Anthoine et de Cleopatra

Aussi mirent ilz sus une bende dont ilz estoient les chefz qu'ilz appelloient *ton Amimetobion synodon*[36] qui est à dire en grec la compaignie des gens qui menent vie inimitable et non usitée.

[a]À ceste cause Pline [XXXIII, 50], en parlant de l'abundance d'or et argent qui estoit de ce temps là, dit, en detestant la prodigalité dessusdicte, que Anthoine le triunvir avoit faict des-

a. V 96, L 312, B 120 : Plinius libro XXXIII : « Messala orator prodidit Antonium triumuirum aureis usum uasis in omnibus obscoenis desideriis, pudendo etiam

honneur à nature, car l'or que nature a faict plus precieulx que tout aultre chose, Anthoine l'avoit destiné en services deshon- |
44 nestes, pour ce qu'en ses affaires secretz de sa chambre ou garde robe il se servoit de vesseaulx d'or.

De la guerre actiatique

[a]On peult ymaginer la puissance et grande opulence de l'empire de Romme par ce que Plutarche [*Ant.*, 61] recite en parlant de la guerre actiatique, où le jeune Cesar estoit d'une part, venant du costé d'Ytalie, accompaigné de quatre vingts mille hommes de pied telz qu'estoient les legions rommaines. Et vingt et deux mille de cheval. Et par mer ayant deux cens cinquante navires de guerre. D'aultre part estoit Anthoine son beau frere, avec la puissance d'Asie et d'Egypte, en compaignie de cent mille hommes de pied. Et vingt deux mille aussi de cheval. Et par mer de cinq cens navires de guerre ; accompaigné de six roys. Et alors tenoit il de l'empire depuis le fleuve d'Euphrate et Armenie jusques à la mer Ionie et l'Illyricque. Et depuis ces limites le jeune Cesar, c'est à dire Octavian, jouyssoit du demourant jusques aux coulumnes de Hercules, et pareillement des ysles adjacentes à l'Ytalie, Gaule, et Espaigne. Et avoit autant de l'Affricque que

---

crimine Cleopatrae. » Et paulo inferius : « Antonius in contumeliam naturae utilitatem auro fecit, opus proscriptione prodigum***33**. »

a. Cf. V 95^{v}, L 310-11, B 120 : Asiam hic***34** intelligere oportet orientale populi Romani imperium, quod quantum fuerit ex partitione illa triumuirali intelligere licet, quae mihi instar fuisse uidetur Homericae regnorum diuisionis inter Iouem Neptunum et Plutonem, quae ad physiologiam ipsam refertur trium elementum. In ea partitione omnis ad orientem tractus Antonio, ad Hesperiam Caesari hoc est Octauio concessus ; utriusque autem imperii confinium, Ionium mare factum. Lepido Aphrica cessit. Ita ditio nostra omnium citra mare longe hodie clarissima, portiuncula prope dixerim fuit non dico Romani imperii, sed tertiae partis eius. Postea autem sublato Lepido cum triumuiratus ad duumuiratum rediisset, quantae fuerint Romani imperii uires aestimare datur ex utriusque copiis : siquidem in Actiaco bello Antonius peditum centum millia, equitum duo et uiginti, et naues bellicas non pauciores quingentis habuit ; et sex reges in comitatu suo. Caesar autem naues bello aptas ducentas et quinquaginta, peditum octoginta millia et equitum parem Antonio numerum. Quo tempore, ut diximus, Lepido de medio sublato Antonius ab Euphrate et Armenia ad Ionium mare et Illyricum, Caesar ab Illyrico ad Hesperium oceanum et ab oceano ad Tyrrhenum Siculumque mare : Libyae uero quantum Italiae Galliaeque et Hispaniae obiectum est ad Herculeas columnas obtinebat, Antonius uero a Cyrene ad Æthiopiam.

la route de mer contenoit, costoyant les ysles et regions dessusdictes ; | et Anthoine tenoit le demourant de l'Affricque jusques 44v en Ethiope. Car le triunvirat, après la deffaicte et destitution de Lepidus estoit revenu en duunvirat.

Dont estoit venue la richesse des Rommains

[a]Et estoit ceste grosse puissance de l'empire venue et assemblée par plusieurs insignes victoires des predecesseurs. Et par les triumphes principallement des Scipions Affricquans premier et second et de Scipion l'Asiaticque et victoires d'Anthiocus[37], de Luculle, de Pompée et de Cesar, et victoires de France[38], de la succession d'Attalus[39], roy d'Asie, de la victoire d'Achaye et destruction de Corinthe[40], de la prinse du roy Persès de Macedone[41], après laquelle le peuple de Romme fut relevé de payer

---

a. Cf. V 96, L 312-13, B 120-21 : Idem [*scil.* Plinius] author est luxum tum primum Romanum populum inuasisse, cum Asia deuicta est. « Asia, inquit, primum deuicta luxuriam misit in Italiam. Siquidem L. Scipio transtulit in triumpho argenti pondo millia quadringenta quinquaginta et uasorum aureorum pondo centum millia. Anno urbis conditae quingentesimo sexagesimo quinto, eadem Asia domita multo etiam grauius afflixit mores inutiliorque uictoria illa, haereditas Attalo rege mortuo fuit. Tum enim haec emendi Romae in auctionibus regiis uerecundia exempta est, urbis anno DCXXVI, mediis LVII annis erudita ciuitate amare etiam et non solum admirari opulentiam externam. Immenso et Achaicae uictoriae momento ad impellendos mores, quae et ipsa hoc interuallo anno urbis DCVIII Parthica signa et tabulas pictas inuexit, nequid deesset ; pariterque luxuria nata est et Carthago sublata, ita congruentibus fatis ut liberet amplecti uicia et liceret peccare ex dignatione. » In quibusdam impressis libris legitur *et uasorum aureorum pondo ducenta millia* duplicato auri numero ; in antiquis omnibus *pondo mille quingenta* : adeo fluxa fides est exemplarium in numeris tradendis. Apud Liuium non *millia,* sed *mille* utrobique legitur, quod luculentam facit discrepantiam. In quibusdam antiquis *mille* legitur, in aliis per notas scriptum est, ut ad *mille* et *millia* ambiguum sit. Sic autem, inquit Liuius libro septimo de bello Macedonico [XXXVII, 59,3, 1 ; 5, 1-3] : « Tulit in triumpho uasorum argenteorum, omnia caelata erant, mille pondo et CCCCXXIIII, aureorum mille pondo et XXIIII. » Praeter haec etiam duo uerba in supradicto loco corrupta esse intelligo ex obseruatione uetustae lectionis : neque enim *Asia domita* lego, sed *donata.* Scimus enim Attalum regem Asiae populum Romanum haeredem instituisse, authore Trogo libro XXXVI [5 et *sq.*] ; *deuictam* igitur Asiam Plinius prius dixit *luxuriam misisse in Italiam,* quod fuit Antiochi tempore, postea etiam *donatam,* quod fuit Attalo rege haereditatem populo Romano relinquente. *Parthica* autem *signa* corruptum esse satis scio, sed quomodo restituendum sit affirmare non ausim. Dicerem *Corinthiaca,* nisi in uetusto *partha* legissem, ut *uictoriam* partam intelligamus : id est, ut *parta uictoria statuas et tabulas* inuexerit Romam ex Achaia.

tribut pour l'abundance de richesse qui en vint, comme dit Pline au trentetroisiesme livre [148-50].

Lesquelles victoires et grosses proyes et pillaiges furent la corruption des bonnes meurs anciens et discipline des Rommains et occasion et naissance des guerres civilles, ainsi que disent les escripvains, tellement que la puissance de l'empire, qui ne pouoit estre subjuguée ne domptée par force d'armes, fut vaincue par
45 luxure et superfluité en forme | de regime qui vint à Romme, ainsi comme dit Juvenal [VI, 292-93], « pour venger le monde oppressé et spolié par les Rommains ». Toutefois il semble que le comble de la grant richesse vint de Egypte ; car Suetonne [*Aug.*, 41, 1] recite que, au triumphe alexandrin, la gaze de Egypte fut translatée à Romme par Auguste, c'est à dire le cabinet et tresor de Cleopatra, au moyen de quoi tant y eut d'or et d'argent à Romme que les heritaiges monterent soubdainement à hault prix, car on ne faisoit grand cas d'argent content ; et alors il augmenta le cens des senateurs de la tierce partie, comme dit a esté cy dessus [f. 5v].

L'estat de l'empire soubz Auguste

[a]Je ne treuve point de temps où l'empire ayt esté si opulent ni si bien ordonné, estably en paix et grande obeyssance avec prosperité, comme il fut du temps d'Auguste, ainsi que j'ay assez amplement monstré au livre *De Asse.* Et de ce temps estoit une partie des provinces regie soubz le nom d'Auguste, et l'aultre soubz le nom du peuple, car ainsi l'avoit il ordonné pour tousjours conserver la majesté de l'empire ayant forme de liberté.

Les ordonnances de Auguste

[b]Orose dit, au sixiesme [18, 33] de son livre, que du temps
45v dont je parle il y avoit quarante et quatre legions or- | données

---

a. V 96v-100v, L 315-27, B 122-26 [*début du développement*] : Verum opulentissimum illud seculum Augusti principatus excepit, sub quo principe latissime patuisse Romanum imperium demonstrabimus, et priuatim publiceque locupletissimum fuisse ; licet postea Germaniae populi multi aliique ad Arcton uergentes accesserint, a quibus principes Romani cognomina sumpserunt […].

b. V 99 [cf. 30], L 322-23 [cf. 100], B 124 [cf. 38] : Orosius libro VI Augustum post legiones in Sicilia a Pompeio receptas XXX millia seruorum dominis restituisse tradit et quatuor et quadraginta legiones ad tutelam imperii per prouincias instituisse. Tranquillus de hoc ita scribit : « Ex militaribus copiis legiones et auxilia prouinciatim distribuit ; classem Miseni, et alteram Rauennae ad tutelam

par Auguste pour entretenir l'empire en estat et seureté. Suetone [*Aug.*, 49, 1-2] dit qu'il distribua les legions rommainnes et compaignies auxiliaires par les provinces pour la tuition d'icelles, et ordonna prouffitz stippendiaires selon les degrez militaires et, en fin du temps, bienfaiz et loyers aux veterans, à ce que ceulx qui estoient jà vieulx ou debilitez eussent de quoy se retirer et n'eussent occasion de mal verser ou faire sinistres entreprises par necessité et indigence. Pour l'entretenement de cest estat, il ordonna aydes et subsides et finances à part pour le faict de la guerre, à ce que les soubdars fussent tousjours bien stipendiez. Fit aussi equipper sur mer gros nombre de navires et gallées pour la seureté de l'Ytalie, et tenir la mer en paix. Et fut

---

Superi et Inferi maris collocauit. » Et post aliquot uersus : « Quicquid autem, inquit, ubique militum esset, ad certam stipendiorum praemiorumque formulam astrinxit, definitis pro gradu cuiusque et temporibus militiae et commodis missionum, ne aut aetate aut inopia post missionem sollicitari ad res nouas possent : utque perpetuo ac sine difficultate sumptus ad tuendos eos prosequendosque suppeteret, aerarium militare cum uectigalibus nouis constituit. » Strabo libro XVI [2,19, 3-5] de Beryto loquens, quae est in Syria : αὕτη κατεσπάσθη μὲν ὑπὸ Τρύφωνος, ἀνελήφθη δὲ νῦν ὑπὸ Ῥωμαίων, δεξαμένη δύο τάγματα, ἃ ἵδρυσεν Ἀγρίππας ἐνταῦθα. « Haec euersa a Tryphone, nunc a Romanis restituta est, duas legiones admittens, quas in ea Agrippa collocauit. » Illa est Berytus colonia cuius meminit Vlpianus in *Pandectis*, titulo De censibus, in principio [L, 15,1, 1]. Apud Strabonem latinum***35** *Barutus* ubique legitur : credo quia sic hodie uocitatur. Idem libro XVII de Ægypto loquens in prouinciam redacta : ἐστὶ δὲ καὶ στρατιωτικοῦ γ´ τάγματα. ὧν τὸ ἓν κατὰ τὴν πόλιν ἵδρυται, τὰ δ' ἄλλα ἐν τῇ χώρᾳ. χωρὶς δὲ τούτων ἐννέα μὲν εἰσὶ σπεῖραι Ῥωμαίων, τρεῖς ἐν τῇ πόλει, τρεῖς ἐπὶ τῶν ὅρων τῆς Αἰθιοπίας ἐν Συήνῃ, φρουρὰ τοῖς τόποις, τρεῖς δὲ κατὰ τὴν ἄλλην χώραν· εἰσὶ δὲ καὶ ἱππαρχίαι τρεῖς. « Copiarum autem militarium tres sunt legiones, quarum una in urbe collocata, reliquae duae per regionem dispositae ; et praeter has nouem cohortes Romanae : ternae in urbe ; ternae in finibus Æthiopiae ad Syenem pro locorum praesidio ; et tres per regionem sparsae ; et insuper tres equitum turmae » opportunis locis dispositae. Libro autem quarto in mentione Britanniae pacatam illam prouinciam una tantum legione contineri in officio dicit, et paruo equitatu : τοὐλάχιστον μὲν γὰρ ἑνὸς τάγματος χρῄζοι ἂν καὶ ἱππικοῦ τινός. Libro III [4,20, 4-5] de Hispania loquens, « Baetica, inquit, plebi attributa est ; ad quam praetor mittitur, qui legatum habet et quaestorem », ἔχων πρεσβευτήν τε καὶ ταμίαν. Et post aliquanto, ἡ λοιπὴ δέ, αὕτη δ' ἐστὶν ἡ πλείστη τῆς Ἰβηρίας ὑπὸ τῷ ὑπατικῷ ἡγεμόνι, στρατιὰν ἔχοντι ἀξιόλογον τριῶν που ταγμάτων. « Reliqua autem Iberiae pars, haec autem est plurima, a consulari uiro regitur, memorabilem exercitum habente, ad tres circiter legiones.

le navigaige party en deux havres, dont l'ung estoit à Ravenne pour la mer Adriaticque qu'ilz appeloient Superiore, et l'aultre à Misenne pour la mer Inferiore et Tuscane. Strabo [IV, 5,3, 20-21 ; XVII, 1,12, 9-15 ; III, 4,20, 13-15], parlant de ce temps là, et du commencement de Tybere soubz lesquelz il vesquit, recite assez au long comment les provinces estoyent gouvernées, et dit
46 que pour les garnisons d'Angle- | terre y avoit une legion et petit nombre de gens de cheval, trois legions en Egypte, et trois en Hespaigne.

Du pays de France soubz le temps de Neron et Vaspasian

[a]Josephe, qui fut du temps de Vaspasian, recite au second livre [345 *sq.*] de la *Guerre judaicque* qu'Agrippa, voulant tenir les Juifz en l'obeyssance des Rommains, leur fist une oraison pleine de remonstrance, les cuidant garder de faire la rebellion qui fut cause de leur destruction[42].

[b]En laquelle oraison [371-73] entre aultres choses leur dist telles parolles ou semblables : « Considerez que la Gaule est située en lieu opportun à toutes commoditez, et sont les Gaules riches et abundans en toute opulence et fertilité, tellement que, des ruisseaulx de biens qui partent et emanent de là, le demeurant de l'empire de Romme est enrosé et participant en toute opulence et planté de biens. Et neantmoins les Rommains n'ont aujourd'huy audit pays que XII cens hommes pour la garde d'icelluy et pour conserver leur domination ; qui n'est à peine qu'ung homme pour chascune ville estant située audict pays ; non pas pour ce que les Celtes et Gauloys soient gens de petit cueur et lasche couraige, car ilz ont soustenu la guerre contre les

---

a. V 119^{v}, L 388, B 149 : Iosephus autem in secundo *De bello Iudaico*, Agrippam ad Hierosolymitanos orationem luculentam habuisse commemorat, et de potentia et opibus Romani imperii magnifice disseruisse, ad deterrendos Iudaeos ne ad rebellionem spectarent [...].

b. V 122^{v}, L 396, B 152-53 : Apud Iosephum libro supradicto Agrippa magnifice de Galliarum situ et felicitate Gallorum domestica disserit, quos omne genus bonis apud se scatentibus totum paene orbem irrigare, mirifico praeconio uociferatur ; et nihilo secius sub mille et ducentis militibus Romano imperio parere, quibus plures propemodum ciuitates habeant, non animi mollitia, ut qui octoginta annis pro libertate dimicassent, sed animi destinatione in obsequium eius gentis fixa cuius et uirtutem experti fuissent et fortunam admirarentur.

Rommains IIII vings ans | pour deffendre leur liberté ; mais pour 46v
ce qu'ilz se sont constamment deliberez d'obeyr et soy rendre subgectz et obtemperans aux Rommains, desquelz ilz ont veu et congneu la force et vaillance par experience, et aussi esmerveillé la fortune. » Plus dit [II, 376-77] que les Rommains avoient huit legions en Germanie où les nations feroces et rebelles requeroient grans garnisons.

[a]Suetonne [*Aug.*, 23, 1-2] recite qu'en la defaicte de Varius[43], Auguste perdit pour ung coup trois legions en Germanie, dont il fut si dolent et honteux qu'il en cuida mourir de tristesse.

Soulde de gens de guerre

[b]Nous lisons en Cornelius Tacitus [*Ann.*, I, 17, 13-14] que, du temps dudict Auguste, les gaiges d'ung pieton legionnaire

a. Cf. V 99*v* [suite de l'extr. f. 45], L 323-24, B 125 : In Germania non mediocres fuisse copias oportuit, cum Tranquillus dicat Varium cum tribus legionibus et auxiliis in Germania caesum unde Variana clades dicta.

b. V 222-224*v*, L 693-98, B 268-69 : Hic obiter nonnihil dicendum de militari stipendio : cuius modus cum parum antehac statui potuisset, *Historia* Cornelii Taciti *Romae* nuper edita restitutis aliquot libris, nobis occasionem dedit et ansam aliquid de eo explicandi [...]. Tacitus uero libro I [17, 4-23] *ab excessu Augusti*, de seditione Pannonica loquens quae circa initium principatus Tiberii contigit, ita inquit, uerba seditionem agitantium referens : « Quando ausuros exposcere remedia, nisi nouum ac nutantem adhuc principem precibus uel armis adirent ? Satis per tot annos ignauia peccatum, quod tricena aut quadragena stipendia senes et plerique truncato ex uulneribus corpore tolerent. Ne dimissis quidem finem esse militiae, sed apud uexillum retentos, alio uocabulo eosdem labores perferre. Ac si quis tot casus uita superauerit, trahi adhuc diuersas in terras, ubi per nomen agrorum uligines paludum uel inculta montium accipiant. Enimuero militiam ipsam grauem, infructuosam, *denis in diem assibus* animam et corpus aestimari. Hinc uestem, arma, tentoria, hinc saeuitiam centurionum et uacationes munerum redimi. At Hercule uerbera et uulnera, duram hyemem, exercitas aestates, bellum atrox aut sterilem pacem sempiterna : nec aliud leuamentum quam si certis sub legibus militia iniretur, ut singulos denarios mererent, sextusdecimus stipendii annus finem afferret ne ultra sub uexillis tenerentur, sed iisdem in castris praemium pecunia solueretur. An praetorias cohortes quae binos denarios acciperent, quae post sedecim annos penatibus suis reddantur, plus periculorum suscipere ? » [...]. Verum ut supradictis Taciti uerbis intelligimus denos asses diurnum stipendium militare fuisse, ita eadem uerba hoc significare uidentur denarium maius stipendium assibus denis fuisse : ut fortasse hoc adiuuare id possit quod superius hoc eodem libro***36** diximus de denario quam Vitruuius sedecim assibus ualuisse tradidit Augusti tempore ; quanquam olim signato statim argento denarius decem assibus ualuisset. Quam rursus opinionem euertere uidetur Plinii dictum libro XXXIII [45, 4-7] his uerbis : « Postea Annibale urgente Q. Fabio

estoient ung denier par jour, qui sont trois sols et six ; et sur ce se vestoient, armoient, et fournissoient de pavillons, ainsi qu'il dit.

[a]Et en Thucydides [III, 17,4, 1-3] nous trouvons qu'ung souldart pour luy <et pour son> deuxiesme[44] avoit deux drachmes par jour, qui sont huit sesterces rommains, ou deux deniers, qui

---

Maximo dictatore asses unciales facti ; placuitque denarium sedecim assibus permutari ; quinarium octonis, sestertium quaternis. Ita res publica dimidium lucrata est. In militari stipendio semper denarius pro decem assibus datus. » Hoc igitur lectores uiderint ac statuerint pro suo quisque captu, aut arbitratu, quando id summam rei a nobis compertae et explicatae labefactare non potest, ut alibi diximus. Milites autem Romanos diurno stipendio denarium meruisse congruit cum eo quod ex Thucydide scripsimus***37**, de classiario milite qui suo ministrique nomine binas drachmas merebat apud Athenienses. Tricenae drachmae, id est stipendium menstruum tribus aureis coronatis ualebant. Centuriones uero duplex stipendium et equites triplex merebant. Quare Liuius libro septimo *ab Urbe condita*, « Æque, inquit, impotens postulatum fuit ut de stipendio equitum (merebant autem triplex ea tempestate) aera demerentur, quod aduersati coniurationi fuissent. » Hac ratione Liuii equites nouenos nostros coronatos merebant in mensem : nunc nostri octonos et semissem merent. Praetoriani autem milites duplex stipendium merebant, qui castra circa urbem habebant quasi stipantes principem [...]. Haec ut libro nostro tumultuarie adderem, me compulit Franciscus Deloinus***38**, iudicum unus centenariae famigerataeque curiae : qui ut est inter iuris peritissimos antiquarum rerum studiosissimus, huius loci Taciti Cornelii tempestiue me admonuit, quum altera forte editione liber noster ad hunc locum impressus esset : ut si postridie admonitus essem, locum nullum haec additiuncula inuentura capacem sui fuerit. Librum apud nos attulerat uir literarum sacrarum professor facundissimus, omniumque bonorum auctorum conquisitor et indagator sagacissimus Gulielmus Paruus***39**, agens in comitatu principis, sacerque, ut ita loquar, oricularius eius. Eum librum Deloinus cum ab eo utendum rogasset, aut iure potius amicitiae praecupide sumpsisset (unus enim tantum apud nos erat) me quoque ipsi ambo legere eum uoluerunt, ut in aliqua libri hiulca parte id quod de stipendio militari Tacitus scripserat, adsu<m>erem.

a. Cf. V 204[v], L 641-42, B 247-48 : Non omittendum uidetur in hac adnotandarum rerum sylua (quae ut in memoriam ipsae subeunt, sic in ordinem rediguntur) id quod a Thucydide libro III *Belli Peloponnesiaci* dicitur, milites singulos pedestres et classiarios binas drachmas in dies accipere solitos. De classe enim Atheniensium loquens, quam et instructissimam et numero et pulchritudine nauium fuisse affirmat, ita inquit : « Itaque aestate una uniuersae naues ducentae et quinquaginta fuerunt, quae res maxime pecunias eorum exhausit, cum sumptu Potidaeae. Nam qui Potidaeae erant milites praesidiarii binas drachmas merebant, ita ut miles alteram drachmam ministri nomine acciperet », ὥστε αἱ πᾶσαι ἅμα ἐγίγνοντο ἐν ἑνὶ θέρει διακόσιαι καὶ πεντήκοντα νῆες. καὶ τὰ χρήματα τοῦτο μάλιστα ὑπανάλωσε μετὰ Ποτιδαίας, τὴν δὲ γὰρ Ποτίδαιαν δίδραχμοι ὁπλῖται ἐφρούρουν. αὐτῷ γὰρ καὶ ὑπηρέτῃ δραχμὴν ἐλάμβανε τῆς ἡμέρας. Et paulo post, νῆες αἱ πᾶσαι τὸν

est tout ung, vaillans sept solz tournois. Ainsi ung pieton avoit
à Romme de ce temps là cent cinq solz tournoys, qui sont trois
escus à trente et cinq solz tournoys pour escu. Et pour ce que |
ung centurion prenoit double paye, et ung chevalier, c'est à dire 47
homme servant à cheval, prenoit triple, ainsi que disent Polybe
[VI, 39, 12-14] et Tite Live [VII, 41, 8], c'estoit par moys pour
chevalier quinze livres XV solz tournoys, qui sont neuf escus couronne, et pour centurion dix livres dix solz, qui sont six escus. Et pour pieton trois escus.

Legion rommaine

[a]Par ce on peut faire compte et estimer combien une legion
coustoit à entretenir, combien que ce ne peult estre du tout certain, pour ce que le nombre des hommes n'estoit pas tousjours tout ung. Vegece [II, 6] dit qu'en une legion complette y avoit du moins six mille hommes de pié et sept cens trente et deux hommes de cheval. Mais pour faire le compte nous le prandrons plus bas. Il y avoit dix cohortes en la legion, dont la premiere contenoit unze cens cinq hommes de pied, les plus gens de bien, et cent trente et deux de cheval. Les aultres avoient cinq cens cinquante et cinq hommes de pied et soixante six de cheval. Mais pour ce que tousjours n'estoient pas les legions fournies, nous
prandrons pour legion six mille hommes de pied, et cinq cens
de cheval ; à trois escus pour homme de pied, | ce sera par moys 47v
dix huit mille escus, et pour cinq cens de cheval à neuf escus
pour homme, quatre mille cinq cens escus ; puis fault adjouster pour soixante centurions autant de payes, car ilz prenoient double, et ce montera neuf vingts escus, qui sont en somme toute

---

αὐτὸν μισθὸν ἔφερον. « Nauesque omnes idem stipendium accipiebant. » Si miles Atheniensis binas drachmas suo famulique nomine accipiebat, id stipendium erat in mensem sexagenae drachmae, quae aere nostro senos aureos coronatos ualent, id est denos franciscos et semissem. Apud nos autem qui minimo merent pedites in mensem centenos solidos accipere solent, id est quinos francicos, qui plurimo, septenos francicos, quam mercedem menstruam Germani apud nos acceperunt. Ex quo apparet drachmae aestimationem a nobis factam, a ueritate non abhorrere. Hoc argumentum adiuuat id quod supra in fine libri quarti diximus de mercede philosophorum molas trusatiles circumagentium, et quod hoc eodem libro de denario diurno adnotauimus***40**.

a. Cf. *infra*, extraits donnés aux f. 48 et 50.

vingt et deux mille six cens quatre vingts escus, et par an deux cens soixante et douze mille cent soixante escus.

[a]Par ce on peut juger que Crassus avoit du moins autant de revenu : car luy qui avoit le surnom de riche disoit qu'ung homme rommain ne se debvoit dire riche s'il ne pouoit entretenir à ses despens une legion ; lequel, comme dit Pline [XXXIII, 133-35], avoit en terres et heritaiges vaillant deux mille fois sesterces ; et estoit le plus riche de son temps après Sylla. Laquelle somme j'estime à cinq millions d'escus ; par quoy, à prandre son revenu ung denier pour vingt, il pouoit avoir de revenu deux cens cinquante mille escus en terre. Crassus

[b]Mais il avoit aultre grant revenu, ainsi que Plutarche [*Cra.*, 2, 1-7] dit, car il avoit grant nombre de serfz expers et sçavans en Revenu de Crassus

a. V 54[v], L 175-76, B 67 : Plinius libro XXXIII : « Non erat apud Antiquos numerus ultra centum milia, itaque et hodie multiplicantur, ut decies centena millia aut saepius dicantur. Foenus hoc fecit nummusque percussus et sic quoque aes alienum etiamnum appellatur, postea Diuites cognominati, dummodo notum sit eum, qui primus acceperit hoc nomen, decoxisse creditoribus suis. Ex eadem gente M. Crassus negabat diuitem esse nisi qui redditu annuo legionem tueri posset. In agris suis sestertium uiginti millia possedit, Quiritium post Syllam ditissimus, nec fuit satis, nisi totum Parthorum esurisset aurum [...]. » Haec uerba Plinii non modo sic in impressis exemplaribus, sed etiam in antiquis quibusdam leguntur, quae si uere leguntur, nugatoria sunt quae diximus tametsi testatissima. In antiquissimo exemplari legimus, *in agris HS MM possedit* : ita ut duae MM similitudinem haberent literae postremae in Graecorum alphabeto, sed inuersae***41**, cuiusmodi et alibi in antiquis libris legimus. Lego igitur *in agris sestertium bis millies possedit.* Hoc est aere nostro quinquagies centena millia aureorum coronatorum. Huius si uicesimam partem pro redditu annuo statuamus (siue in agris eum redditum, siue in mancipiis artificibus, siue in foenore fuisse intelligamus) fient ducenta quinquaginta millia, quae si ita dispensemus, ut gregarius miles quaternos in mensem aureos accipiat, duodequinquagenos in annum, decem cohortium quingentariarum legio ali potuit. Restabunt decem millia, quorum quinque millia in quinquaginta centuriones statuimus pro duplicando stipendio, et quinque altera pro iis, qui a Graecis *ectacti* [*scil.* ἔκτακτοι], id est superordinati, dicuntur, ut cornicines, signiferi, caduceatores et fabri qui machinas faciunt.

b. V 65[v]-66, L 212-13, B 82***42** : Plutarchus in *Crasso* : « Apud Romanos omnes constat uirtutes, quas plurimas Crassus habuit, unius auaritiae sordibus obscuratas fuisse. Cuius uitii clarissimum testimonium praebet magnitudo diuitiarum, quas breui admodum tempore sibi comparauit. Nam cum trecenta solum talenta ex paterna haereditate accepisset, priusquam aduersus Parthos exercitum duceret, septem millium et centum talentorum summam coegisse traditur ; cum etiam

tous mestiers, comme paintres, maçons, architectes, escripvains,
lecteurs, facteurs et entremetteurs de toutes cho- | ses dont il 48
faisoit grant prouffit, tellement que on n'estimoit riens son revenu en heritaige en comparaison du revenu de l'ouvraige de
ses serfz, dont le nombre estoit grant ; car d'euvre de maçonne-
rie, et charpenterie, et architecture, il en avoit bien cinq cens,

---

decimam facultatum suarum partem Herculi consecrasset et publicum epulum dedisset populo ac tres *minas* in singula ciuium capita contulisset, harum diuitiarum maximam partem, si uerum proferre licet, ex ciuilibus bellis atque incendiis comparauit, calamitatibus publicis ad priuatas utilitates abutens. » Et paulo post enumeratis praediis quae et in Vrbe et ruri sectionibus quaesiuerat : « Seruos praeterea, inquit, circiter quingentos emit fabrilis artis et architecturae peritos nec iis tantum ad propriae domus extructionem usus est, sed ciuibus aedificare uolentibus eorum operas mercede locabat ac simul areae spatium cuicunque pro arbitrio suo ad aedificandum uendebat. Cumque signati argenti maximam copiam et agros mirifice cultos, in iisque cultorum ingentem numerum possideret, minimi tamen haec omnia facienda uidebantur prae maxima turba seruorum, quos uariis artibus instructos habebat, lectores, scribas, pictores, argentarios, procuratores, mensarios, quos ipsemet summa diligentia curare, discentibus assistere, plerosque etiam docere consueuerat. Aiebat enim praecipuam domini curam circa seruos esse oportere, cum sint rei familiaris tanquam animata instrumenta. » Septem millia et centum talenta bis et quadragies centena millia aureorum nostrorum ualent, et sexaginta praeterea. Quam summam si Crassus post decimatas facultates suas et largitionem popularem habuit, quid existimamus eum integris facultatibus habuisse ? Quod si uerum est eum in singula capita ciuium Romanorum ternas *minas* dedisse, ut centum millia ciuium fuerint ad donatiuum nomina sua dantium, minoris trecentis myriadibus, id est tricies centenis millibus defungi largitione non potuit. Quare hunc locum suspectum habe<bam> quod ad minas pertinet, <antequam Graecum exemplar uidissem,> praesertim cum circa haec tempora censu Romae acto inuenta sint quadringenta sexaginta millia paulo ante proscriptionem Syllanam. <Postea uero quam Graecum librum legi, interpretis errorem intellexi. Plutarchus autem ita Graece scribit : τριακοσίων γὰρ οὐ πλείω κεκτημένος ἐν ἀρχῇ ταλάντων, εἶτα παρὰ τὴν πολιτείαν ἀποθύσας μὲν τῷ Ἡρακλεῖ τὴν δεκάτην, καὶ τὸν δῆμον ἑστιάσας, τρεῖς δὲ μῆνας ἑκάστῳ Ῥωμαίων σιτηρέσιον ἐκ τῶν αὐτοῦ παρασχών, ὅμως πρὸ τῆς ἐπὶ Πάρθους στρατείας, αὐτὸς αὑτῷ θέμενος ἐκλογισμὸν τῆς Ἀσίας, εὗρεν ἑκατὸν ταλάντων τίμημα πρὸς ἑπτάκις χιλίοις. « Cum enim ab initio non plus trecenta talenta possedisset, postea cum ad rem publicam administrandam se contulisset, interim decimam facultatum suarum Herculi polluxit. Epulum priuatim fecit singulis ciuibus Romanis tesseram annonariam trium *mensium* dedit. Quibus peractis, tamen antequam in Parthos expeditionem suscepit, cum rationem census sui inisset, septem millium centumque talentorum aestimationem comperit. » Interpres exemplari deceptus, *minas* pro *mensibus* transtulit.>

lesquelz estoient fort requis, et mettoit toute diligence à les instruire et rendre expers en tous artiffices estans de requeste. Par ce moyen, combien que de son pere n'eust amandé que de trois cens talens, à la fin il amassa jusques à sept mille et cent talents, après ce qu'il eust donné la disme de ses biens, ainsi que fasoient aulcuns de ce temps, en l'honneur de Hercules, en festins qui se faisoient au peuple, et donné à tout homme du peuple fourment pour vivre trois moys[45]. Toutesvoyes les grans biens de Crassus, comme dit ledict aucteur [*ibid.*, 6, 2-8], estoyent venuz de la proscription de Sylla ; car il achaptoyt les confiscations des gros puissans et riches personnaiges proscriptz par Sylla.

Stipendes des légions

[a]Or, puisque nous avons trouvé combien une legion avoit de stipende en ung an, nous pouons facillement et evidamment es-
48v timer combien il falloit | d'argent pour stipendier quarante et quatre, qui furent entretenuz par Auguste, et trouverons que le payement de quarante et quatre legions, au pris et nombre dessusdict monte à unze millions neuf cens soixante et quinze mille quarante escus couronne. Toutesvoies quant est du payement et stipendes des gens de guerre, il est difficile d'en parler au vray et au juste, car les gaiges furent aussez souvent, comme l'on peut conjecturer par Suetonne, qui en la *Vie de Domitian* [7,3, 5-6] dit que ledict empereur adjousta le quatriesme stipende militaire « qui sont, dit il, trois pieces d'or », et ne dit point par moys ou par an. Les pieces dont il parle pesoient cinq estelins, c'est à dire

---

a. V 224, L 697, B 269***43** : Licet igitur hinc aestimare opulentiam imperii Romani sub Augusto, qui centum***44** et quadraginta legiones sub signis prouinciatim dispositas habuit : cum unaquaeque legio minima aestimatione in annuo stipendio ducena millia aureorum coronatorum ferret, etiam sine equitum stipendio. Denae enim cohortes quingentariae in legionibus erant et centuriones duplex stipendium habebant. Auctum autem postea militum stipendium fuisse ex eo apparet, quod Tranquillus ait in *Domitiano,* « Addidit et quartum stipendium militi aureos ternos. » Haec uerba significare uidentur sub Domitiano quartum incrementum milites accepisse. Sed Tranquillus dubium id nobis reliquit utrum *menstruos* aureos an potius *annuos* intelligamus. Ego tamen menstruos intelligo. Milites etiam praeter pecuniam annonas et sagula et frumentum interdum accepisse legimus apud historicos et praesertim apud Lampridium in *Alexandro* [47] ; non me praeterit Flauium Blondum libro sexto *Romae triumphantis****45** haec aliter tradidisse. Sed ei non assensus sum.

ung quart d'once, ainsi que nous pouons veoir à l'œil et au pois, et vallent pour piece plus de quatre livres X solz tournoys.

Polybe [VI, 39, 12-14], parlant de la police des Rommains et de l'estat militaire qui estoit du temps de Scipion l'African, dit qu'« ung pieton prenoit par jour pour sa pitance deux obelles, et ung centurion quatre obelles, ung homme de cheval une drachme. Oultre ce, ung pieton prenoit par moys les deux pars
d'une my- | ne atticque de fourment. Et ung homme de cheval 49
deux mines, et oultre, sept mines d'orge pour sa monture ; et ce pour les gens d'armes rommains. Au regard des auxiliaires et compaignies socialles, ung pieton prenoit tout ung comme ung legionnaire ; mais ung homme de cheval avoit de bled une myne, et ung tiers de myne, et cinq mynes d'orge. »

Mesures anciennes de Romme

[a]Or, comme j'ay monstré au cinquiesme livre *De Asse*, la ville de Paris a aujourd'huy les mesures telles et pareilles qu'avoit la ville d'Athenes, et si retiennent le nom ancien de myne. Et les Rommains aussi usoient de ces mesmes mesures. Ce que nous appellons une myne, les Grecs appellent ung medimne ; lequel mot corrompu et sincoppé par langaige maternel est venu de medimne à myne, comme il est evidant à congnoistre. La myne contient six boesseaux, et le medimne contient six muys. Et ce

---

a. V 162 [cf. 195], L 514-16 [cf. 612], B 198 [cf. 236] : Amphorae autem capacitatem cum ego nosse cuperem, quadrantal, id est uas cubicum ex tabellis quatuor faciendum locaui, ita ut intus pedale quoquo uersus esset factumque ad rudiculam exegi, quae intus quidem erecta, aequilibris esset ad summa uasis labra : iacens uero et porrecta in imo atque summo, latera bina stringeret. [...] Hoc uas autem tritico cum impleuissem, cum mensuris nostris composui implendo deplendoque subinde. Hoc faciens deprehendi uas illud tesserarium id est amphoram meam cumulatam, huius urbis quadrantem radio aequatum capere : nec aliam esse inter utranque mensuram differentiam, quam quae esse soleat inter mensuram rasam et fastigiatam, ut amphora cum eo auctario quod liberaliores uenditores condonare solent, quadrantem hostimento admensum omnino aequare possit. Quadrantem appello eius mensurae quartam partem quam sextarium triticarium diximus. Secundum hoc medimnus erit quam « minam » dicimus. Lingua enim uernacula primum « mimnum » per syncopen, postea « minam » pro medimno dixit. Ita sextarius ille noster triticarius in bina medimna uel quaternas amphoras diuiditur et inde in duodenos modios, quos « bossellos » appellamus.

que les Grecs et Rommains disent muy, on l'appelle à Paris boesseau.

Cecy se peult prouver en ceste maniere entre aultres. On trouve par aucteurs anciens qu'ung pied cubicque d'eaue ou de
49v vin est la mesure d'une amphore. Et il est tout | certain qu'une amphore contient quarante et huyt sestiers rommains, qui est la moytié d'ung medimne atticque, c'est à dire trois muys rommains. Et s'appelle une amphore, qui est nom grec, en latin *quadrantal*, pour ce que c'est ung pied carré en tous sens. J'ay fait faire une mesure contenant par le dedans ung pied en quarré et ay trouvé que elle tient de bled autant qu'ung mynot de Paris, qui sont trois boesseaulx, et les deux font le medimne attique.

Façon pour reduyre les mesures anciennes à celles de present

[a]Et dit Cicero [*Verr.*, II, 3,112, 14-15] qu'il fault ung medimne à semer ung jugere de terre en terres fortes et grasses ; et

---

a. V 163*v*-64*v*, L 519-22, B 200-1 : Idem Cicero in eadem oratione [112,11 – 113,4], « Iugera professi sunt aratores imperio atque instituto tuo : non opinor quenquam esse minus professum quam quantum arasset, cum tot cruces, tot iudicia, tot ex cohorte recuperatores praeponerentur. In iugero Leontini agri medimnum fere tritici seritur perpetua atque aequabili satione. Ager efficit cum octauo bene ut agatur ; uerum ut omnes dii adiuuent, cum decimo. Quod si quando accidit, tum fit ut tantum decumae sit, quantum seueris. Hoc est ut quot iugera sunt sata, totidem medimna decumae debeantur. Hoc cum ita esset, primum illud dico, pluribus medimnum millibus uenisse decumas agri Leontini quam quot millia iugerum sata erant in agro Leontino. » [...] Primum igitur statuamus quanta sit iugeri mensura. Columella libro VI [*sic*: V, 1,6, 4-7] « Duo (inquit) actus iugerum efficiunt longitudine pedum ducentorum quadraginta, latitudine pedum centum uiginti. Quae utraeque summae in sese ductae, quadratorum pedum faciunt millia uiginti octo et octingentos. » Iam authore Columella et calculo confirmatore nouimus ducentos et quadraginta pedes, quae longitudo est iugeri, centies et uicies multiplicatos, qui numerus est latitudinis, octo et uiginti millia quadratorum pedum et octingentos efficere. Hic numerus octingentas hexapedas efficit, qua mensura nostri mensores et fabri sic utuntur, ut antiqui Romani decempeda. Est enim « hexapus » siue « hexapeda », mensura sex pedum : quae quadrata sex et triginta pedes habet. Porro centum hexapedae quadratae tria millia et sexcentos pedes efficiunt. Quadringentae hac ratione quatuordecim millia et quandringentos explent, quae mensura est semiiugeri Romani ex Columella. Ita iugerum octingentas hexapodas nostras habebat. [...] In agro Parisino non una est mensura, propterea iustissimam eligam et quae latius in eodem agro patet. Perticam nostram uicenum quinum pedum esse aiunt longitudinis. Haec quadrata sexcenos uicenos quinos pedes continet, qui numerus centies multiplicatus sexaginta duo millia et quingentos pedes quadratos efficit, tot enim tantisque

contient ung jugere plus de demy arpent, car il contient environ vingt et neuf mille piedz. Et l'arpent royal à Paris contient quarante et huyt mille[46]. Et par cela on veoit que la semence d'ung jugere telle que j'ay dit revient à celle d'ung arpent de Paris ; et que les proportions des mesures anciennes et du jourd'huy servent à prouver mon faict.

[a]Et il est prouvé par Herodote [VII, 187, 9-10] parlant de l'ost de Xersès, qu'une chanicque estoit la mesure de fourment qu'on bailloit par jour pour teste. Et il y a huyt chanicques en ung muy ancien.

[b]Et ung boesseau | nourrist ung homme huyt jours, ainsi qu'il est demonstré par le menu au livre dessusdict par le rapport du

---

perticis iugerum nostrum quod « arpennum » appellamus, constare dicitur. Huiusmodi autem iugero licet aliqui utantur, alii tamen affirmant grandissimam illam esse mensuram, sed iustam agri nostri perticam uicenum binum pedum esse longitudinis, quae quadrata quadringenos octuagenos quaternos pedes habet. Et haec iam apud plerosque plena existimatur. Qua ratione centenarium iugerum quadraginta octo millia quadringentos pedes habet quadratos.

a. V 184, L 580, B 223-24 : Herodotus in *Polymnia*, id est libro septimo de copiis Xerxis loquens Graeciam inuadentis, οὕτω πεντηκοσίας τε μυριάδας καὶ εἴκοσι καὶ ὀκτὼ καὶ χιλιάδας τρεῖς καὶ ἑκατοντάδας δύο καὶ δεκάδας δύο ἀνδρῶν ἤγαγε Ξήρξης ὁ Δαρείου μέχρι Σηπιάδος καὶ Θερμοπυλέων. « Ita bis (inquit) et quinquagies centena et octoginta tria millia et ducentos uiginti homines Xerxes ad Thermopylas usque duxit. » Et paulo post : ὥστε οὐδέν μοι θωῦμα παρίσταται προδοῦναι τὰ ῥέεθρα τῶν ποταμῶν ἐνίων, ἀλλὰ μᾶλλον ὅκως τὰ σιτία ἀντέχρησε, θωῦμά μοι, μυριάσι τοσαύτῃσι, εὑρίσκω γὰρ συμβαλλόμενος εἰ χοίνικα πυρῶν ἕκαστος τῆς ἡμέρης ἐλάμβανε καὶ μηδὲν πλέων, ἕνδεκα μυριάδας μεδίμνων τελεομένας ἐφ' ἡμέρῃ ἑκάστῃ· καὶ πρός, τριηκοσίους τε ἄλλους μεδίμνους καὶ τεσσαράκοντα, id est, « Itaque mirum mihi non uidetur quorundam amnium fluenta defecisse tot hominum millia, sed quonammodo frumentum suppetierit tot hominum millibus, id uero mirum uideri potest. Siquidem ut choenicem frumenti quisque in singulos dies acciperet, ac nihil amplius, subducta ratione inuenio centena dena millia medimnum quotidie absumi potuisse et trecenta praeterea quadraginta medimna. »

b. V 188, L 592-93, B 228-29 : Haec ego cum scriberem, pistorem accersiri iussi, ideo mihi notum, quod pane ab eo utebar, et ipse emercandi frumenti causa interdum ad me uentitabat. Cum haec igitur ab eo sciscitarer, uix tandem extudi ut fateretur, uerebatur enim, ut sensi, ne quid in panificium nationem imprudens effaretur. Sed cum fidem fecissem nihil me huiuscemodi cogitare, quod ille suspicari posset, eo aegre hominem perduxi, ut diceret ex sextariis singulis nostris, id est binis medimnis tritici probi, panes primariae notae sedecies duodenos minimum factitari. Primario autem pani iam cocto et tepido duodenas

pain qui se faict d'ung boesseau de bled. Par ces raisons et plusieurs aultres, il est tenu pour certain que ung homme de pied à Romme avoit par moys quatre boesseaulx de fourment pour se nourrir, qui est ung boesseau en une sepmaine. Et ung homme de cheval sept mynes d'orge, ou cinq s'il estoit des compaignies socialles, qui sont quarante et deux boesseaulx pour ung rommain, et trente pour l'aultre. Et fault noter que Polybe dit en ce lieu [VI, 39, 15] que, « quant ung gendarme legionnaire avoit faulte de bled, ou estoit mal vestu ou mal armé, le questeur » c'est à dire le recepveur general ou tresorier de la guerre qui tousjours suyvoit le consul ou le preteur rommain « luy fournissoit en deduysant sur l'argent qu'il prenoit par jour pour pitence ».

Testament d'Auguste

[a]Suetone [*Aug.*, 101, 2,6 – 4,8], parlant du testament de l'empereur Auguste, dit en ceste maniere : « Il laissa par lay testa-

---

uncias lege municipali taxatas esse, id est librae nostrae dodrantem. Petenti autem quantum in furfures abiret, respondit hemimedimnum, id est quadrantem sextarii nostri. Porro secundarios panes pondo quaternum librarum fieri solere, quantum quini panes primarii penderent, quanquam singuli secundarii pro quaternis tantum primae notae cederent uenirentque. Id ideo institutum, quoniam nihil furfurum in eo pane esset, qui e massa conficeretur, cribro succreta pollinario, ideoque huius candorem in secundario pane compensari pondere. Cum pondera tunc et panes expediri iussissem, ad libram parem propemodum responderunt. Tametsi uncia saepe decedit in singulas libras indulgentia eorum qui legis custodes constituuntur. Est autem primarii nostri panis ea omnino magnitudo, ut qui plurimum panis esitet, non ultra binos etiam recentes in singulos dies absumat, id est singulos in singula conuiuia, etiam destrictis (ut fit) summis crustis. Qui autem mediocris in panis esu sit, etiam dodrante Romano in singulos conuictus satietur. Hac ratione fit ut e singulis modiis senideni panes redigantur, qui octonis diebus uiritim sufficiunt, et quarta pars supersit in furfures secreta. Celsus libro quarto [26,3, 4-8] de iis loquens, qui fluore alui laborant, « Alia uia est ubi uelis supprimere, coenare, deinde uomere, postero die in lecto conquiescere, uespere ungi ; deinde panis circa selibram ex uino Amineo mero sumere, tum assum aliquid, maximeque auem, postea uinum idem bibere ; idque usque diem quintum facere ». Selibram panis tantum esse dico, quantus est dimidiatus noster primarius. Hac igitur ratione comperimus quaternorum modium excretam farinam affatim in mensem suppetere, ita ut furfures supersint, quartam partem implentes.

a. V 99v-100 [cf. 30 ; 108], L 324 [cf. 99-100 ; 351-52], B 125 [cf. 38 ; 135] : Ad extremum [Augustus] moriens « legauit populo Romano quadringenties, tribubus tricies quinquies », id est unicuique tribui centena sestertia (quinque enim et triginta tribus erant Romanae, ut ex Cicerone nouimus *De lege agraria contra Rullum* [II, 17 ; 21 ; 31]) « Praetorianis militibus singula millia nummum ;

mentaire au peuple de Romme quatre cent fois sesterces. Et
aux tributz trente et cinq fois. Aux gens d'armes de pretoire à
chascun mille sesterces. Aux | gens d'armes faisant residence à 50v
Romme, à chascun cinq cens sesterces. À ceulx qui estoient ès
legions par les provinces, pour teste trois cens sesterces, lesquel-

---

cohortibus urbanis quingenos, legionariis trecenos nummos : quam summam repraesentari iussit. Nam et confiscatam semper repositamque habuerat. Reliqua legata uarie dedit, produxitque quaedam ad uicies sestertium ; quibus soluendis annuum diem finiit ; nec plus peruenturum ad haeredes suos quam millies et quingenties professus, quamuis XX proximis annis quaterdecies millies ex testamentis amicorum percepisset, quod paene omne cum duobus paternis patrimoniis, caeterisque haereditatibus in rem publicam absumpsisse » author est Tranquillus. Diximus supra***46** auctoritate Orosii quatuor et quadraginta legionibus Augustum rem Romanam tueri instituisse, idque argumentis haud leuibus credendum esse collegimus. Si plenae igitur legiones fuerunt, id est, denis cohortibus constantes, quarum prima millenaria, reliquae quingenariae esse solebant, praeter equitum alas, quantum numerum hominum in tot legionibus fuisse dicemus ? Nam eas non plenas fuisse sub mortem Augusti Christo domino nostro recens e uirgine nato credibile non est, cum omnia paene pacata essent et in locum demortuorum succenturiari facile posset, praesertim sub eo principe, qui rem militarem seuerissime rexit et copiarum militarium breuiarium, quod et pyctacium dicitur apud sese habuisse dicitur. Sed fuerunt sane legiones quatuor et quadraginta, non iustae plenaeque, sed quaternum tantum millium singulae, ut legionariorum peditum centum et septuaginta sex millia fuerint, ut trecentos nummos singuli acceperint, haeredibus hoc legatum centum et triginta duobus millibus pondo argenti stetit : hoc est tredecies centenis ac uiginti millibus aureorum. Quibus si nunc addamus praetorianas et urbanas cohortes et equitatum, nescio quam magna summa accessura sit. Legatum autem populo et tribubus factum paulo minus undecies centenis millibus ualet. Quod ad haeredes peruenit, tricies septies centenis millibus aestimari debet. In uaria legata non dubito ingentem summam absumptam ; praeter congiaria autem quae supra***47** retulimus in uita saepe dedisse (nam frumentationes ternas in anno quaternorum mensium, ne plebs frumentandi causa ab urbe et negociis auocaretur, ex aerario publico institutas esse existimo) praeter largitiones, inquam, praedictas etiam opera publica plurima et magnifica extruxit, in quibus priuatas propriasque opes absumpsisse se elogio ultimo testatus est. Ex his praecipua sunt forum cum aede Martis Vltoris in honorem confecti Pharsalici belli, ob ultionem caedis Caesarianae suscepti, quo nomine etiam nummus percussus uisitur ; aedes Tonantis Iouis in Capitolio ; templum Apollinis ea parte Palatinae domus excitatum, quam fulmine ictam desiderari a deo aruspices pronuntiarant. Addita porticus cum bibliotheca Latina Graecaque, quo loco iam senior saepe etiam Senatum habuit, decuriasque iudicum recognouit. Quaedam etiam opera sub nomine alieno nepotum scilicet et uxoris sororisque fecit, ut porticum basilicamque Lucii et Caii. Item porticus Liuiae et Octauiae theatrumque Marcelli***48**.

les il voulut estre payez content et promptement, car longtemps
par avant avoit il mis largement en espargne et enfermé en son
tresor. Au demourant il donna plusieurs lays par ledit testament,
dont les aulcuns monterent jusques à vingt fois sesterces, lesquelz il voulut estre payez dedans l'an revolu. Puis protesta à
la fin de son testament que ses heritiers n'amanderoient de luy
oultre la somme de quinze cens fois sesterces, combien qu'en
vingt ans prouchains devant sa mort, il eut amandé, par les testa-
mens et dernieres voluntez de ses amys qui estoient mors durant
ce temps, quatorze mille fois sesterces. Toute laquelle finance,
oultre son patrimoine privé et toutes successions legitimes, il
avoit consumée pour l'utilité de la chose publicque, oultre le
revenu de l'empire, au reste des sommes contenues en sondict
testament. Puis adjousta ung article faisant mencion de son faict,
51 et comment on trouveroit en ses coffres et es- | crains registres
et bordereaulx contenant en brief les estatz de l'empire, quel
nombre de gens à soulde il y avoit en chascune province, et en
quelles bendes, quel revenu et tribut il y avoit ; combien alors il
estoit deu ; quel fons il y avoit ès finances, et qui en debvoit estre
comptable. » Et par ce moyen son testament et ordonnance de
derniere volunté estoit de prompte execution.

Se nous voulons faire le compte de ce, nous le ferons facillement en ceste façon. Il donna à distribuer au menu peuple
quatre cens fois sesterces, qui est ung million d'or. Et à chascun tribut autant comme deux mille cinq cens escus ; et estoit
en nombre trente et cinq, ayant chascun son curio, ainsi qu'on
pourroit dire maintenant « trente cinq parroisses ». Et s'assem-
bloit le peuple par tributz aux comices où se faisoient les consulz
et preteurs et aultres magistratz. Plus donna a chascun homme
du pretoire, qui estoitent la garde du prince, autant que vingt et
cinq escus. Aux gens d'armes ayant leurs garnysons à Romme, la
moitié d'autant, c'est à dire cinq cens sesterces. Et aux legion-
51v naires pour teste | autant que sept escus et demy de France, qui
sont trois cens petiz sesterces. Nous avons veu cy devant quantes
legions il y avoit, et combien de testes en chascune ; par quoy le
compte s'en peut faire facillement, car pour cent mille hommes

ce montoit soixante et quinze mille livres d'argent ; car chascun avoit trois quars de livre, qui sont à argent sept cens mille escus de France. Ce qu'il laissa à ses heritiers vault trois millions sept cens cinquante mille escus.

Il n'est a doubter que les lays testamentaires, oultre les sommes dessusdictes, ne montassent grant somme, attendu qu'il avoit tant amendé de ses amys jà trespassez, car quatorze mille fois sesterces dont j'ay parlé cy dessus [f. 50*v*] est estimé trente cinq millions d'escus ; laquelle somme et davantage Auguste employa en la decoration de la ville et empire et utilité de la chose publicque en bastissent temples, theatres, basilicques, et tous ediffices de magnifiques constructions. Et donna pour ung coup au temple du Capdol seize mille livres d'or et, oultre ce, grant nombre de pierres et perles achaptez cinq cens fois sesterces,
les- | quelles sommes montent environ trois millions d'or, si le 52
dict or estoit fin[47].

Lentule Augur

[a]En son temps y eut ung bourgeoys de Romme, nommé Lentulus Augur, lequel par faveur de fortune entra tellement en sa grace qu'il se fist riche oultre mesure soubz l'auctorité et puissance qu'il luy donnoit, combien qu'il ne l'eust merité car il se trouva, en la fin, ingrat. De luy parle Senecque au livre des

---

a. V 108, L 352, B 135-36 : […] quod intra XX annos sestertium quaterdecies millies ex amicorum testamentis accepisse sese testatus est [*scil.* Augustus]***49**. Huic dicto fidem arrogat id, quod apud Senecam libro II *De beneficiis* scriptum est his uerbis : « Lentulus Augur diuitiarum maximum exemplum antequam illum libertini pauperem facerent, quater millies sestertium suum uidit. Hic cum omnia incrementa sua diuo Augusto deberet, ad quem attulerat paupertatem sub onere nobilitatis laborantem, princeps iam ciuitatis, et pecunia et gratia, subinde Augusto solebat queri dicens a studiis se abductum ». Quater millies sestertium dico non minorem esse pecuniam centies centenis millibus aureorum coronatorum, ne frustra putemus eum diuitiarum maximum exemplum appellatum a Seneca homine ipso « praediuite », ut a Iuuenale [X, 16] appellatur, et ipse fatetur apud Tacitum libro XIIII***50** in oratione ad Neronem habita : quem Tigillinus et alii eius inimici uariis criminationibus apud Neronem adorti sunt tanquam ingentes et priuatum supra modum euectas opes in dies adhuc augeret, hortorum quoque amoenitate et uillarum magnificentia quasi principem supergrederetur. Tranquillus Lentuli his uerbis meminit in *Tiberio* : « Satis constat Cn. Lentulum Augurem cui maximus census fuit, metu et angore ad fastidium uitae ab eo actum et ut ne quo nisi ipso haerede moreretur. »

Biensfaiz [II, 27, 1-2] en ceste maniere : « Lentule, dit-il, le grant et souverain exemple de richesse, se veit pour une fois quatre mille fois sesterces en l'estimation de son bien et, combien qu'il eust tout ce bien et avoir acumulé par le moyen et bienfaiz de l'empereur Auguste, au service duquel il estoyt venu plus noble que riche, toutesvoyes, après qu'il se sentit estre quasi le premier de Romme en auctorité et grant chevance, il disoit souvent audict empereur, quasi par reproche, que pour venir à son service il avoit laissé la doulceur et volupté de l'estude des bonnes lettres, laquelle chose plus il prisoit et estimoit, ce disoit il, que tout son amour. » De cette richesse desordonnée et redundante
2v avec son | ingratitude, il fut depuis bien puny, ainsi qu'on peut entendre par les parolles de Suetone [*Tib.*, 49,1, 2-5] parlant de l'avarice tyrannicque de Tybere : « Il est certain, dit il, au moins en est renommée constante, qu'il fit tant de paour et mist en si grant suspeçon et doubte de sa vie Lentule l'Augur, qui estoit l'ung de ceulx de Romme qui avoit la plus grant chevance, qu'il le fist mourir de paour et d'ennuy et ce faisoit il à ce qu'il fist son heritier ledict empereur, pour rachapter sa vie. » Par les parolles de Suetone et de Senecque on peut entendre que quatre mille fois sesterces est une somme excessive pour ung homme non estant empereur.

Premiere appellation de « Cesar »

[a]Spartian, en la *Vie de Elius Verus* [6, 1-3] qui, paravant qu'il fust Cesar, estoit nommé Commodus, dit que Adrian l'empereur, après qu'il eut peragré et visité l'empire de Romme, et qu'il se

a. V 100v, L 327-28, B 126 : Spartianus author est, Adrianum antequam Antoninum Pium adoptasset, Cetonium Commodum adoptasse : ob cuius adoptionem circenses ludos dedit et donatiuum populo ac militibus. Quem consulem designatum « cum minus sanum uideret, saepissime dictitabat, "In caducum parietem nos inclinauimus et perdidimus quater millies sestertium, quod populo et militibus pro adoptione Commodi dedimus" ». Haec summa a nobis centies centena millia aureorum nostrorum aestimatur. [...] Idem Spartianus alio libro de supradicto Commodo loquens, qui Ælius Verus post adoptionem dictus est, « Pro eius, inquit, adoptione infinitam pecuniam populo et militibus Adrianus dedit. Sed cum eum uideret homo argutior aegerrimae ualetudinis, ita ut scutum solidius iactare non posset, dixisse fertur, "Ter millies perdidimus quod exercitui populoque pro eo dependimus" ». Sed *quater*, ut arbitror, hic ut supra legendum est.

veit viel et sans enfans, il adopta pour estre son successeur à l'empire ce jeune homme, consul de Romme, nommé Commodus, qu'il appella Elius Verus, et fut le premier appellé Cesar sans estre empereur. Depuis il devint maladif et, ce voyant, Adrian disoit aulcunes fois « Je me suis appuyé sur ung pa- | roy ruyneux, 53
et ay perdu trois mille fois sesterces que j'ai donné aux legions en l'honneur de l'adoption de luy ». Et estoit, ce dit l'aucteur, une somme d'argent innumerable qu'il avoit donné par largesse à distribuer aux gens d'armes. Toutesvoyes, en la *Vie d'Adrian* [23, 14], il y a « quatre mille fois sesterces », laquelle somme monte dix millions d'or.

Richesse de Senecque

[a]Nous lisons au treziesme livre [42] de Cornelius Tacitus que Senecque, maistre de Neron dont j'ay parlé cy dessus, fut

---

a. V 218v-19, L 684-85, B 264 : [...] Ex quo apparet Senecam non frustra « praediuitem » appellatum esse a Iuuenale***51**. Nam et ipse apud Tacitum libro XIIII [53-54] ad Neronem ita inquit : « Quartusdecimus annus est, ex quo spei tuae admotus sum, octauus ut imperium obtines : medio temporis tantum honorum atque opum cumulasti, ut nihil felicitati meae desit nisi moderatio eius. » Et paulo infra : « Egone equestri et prouinciali loco ortus, proceribus ciuitatis annumeror ? inter nobiles et longa decora praeferentes nouitas mea enituit ? ubi est animus ille modicis contentus ? tales hortos instruit et per haec suburbana incendit et tantis agrorum spatiis tam lato foenore exuberat ? una defensio occurrit quod muneribus tuis obniti non debui ; sed uterque mensuram impleuimus, et tu quantum princeps tribuere amico posset, et ego quantum amicus a principe accipere. Mihi subueniendum est, cum opes meas ultra sustinere non possim. In hoc uitae itinere senex et leuissimis quoque curis impar, praesidium peto. Iube opes meas per procuratores tuos administrari et in tuam fortunam recipi. Quod temporis hortorum aut uillarum curae seponitur, in animum reuocabo. » Verba sunt Senecae ab amicis admoniti quid ab inimicis apud Neronem insimularetur, quasi « ingentes et priuatum supra modum euectas opes quotidie augeret », ut Taciti uerbis [*ibid.*, 52, 4-5] utar. Instantem igitur perniciem prouidens, ad principem ultro adiit, immensi census cessionem facturus, ut uitae consuleret, quod obtinere ei non licuit. Nunc si reputare uelimus quantae fuerint illae opes, audiamus Suillium Senecae inimicum et inter alia quoque exprobrantem apud eundem authorem libro XIII his uerbis : « Qua sapientia, quibus philosophorum praeceptis intra quadriennium regiae amicitiae ter millies sestertium parauisset ? Romae testamenta et orbos uelut indagine eius capi. Italiam et prouincias immenso foenore hauriri. » His uerbis cum superioribus comparatis intelligimus Senecam magnos redditus ex agris et foenore pecuniae habuisse. Quod si sestertium ter millies quarto iam anno imperii Neronis quaesiuerat, ut Suillius dixit, quid existimemus eum habuisse octauo eiusdem imperii anno, quando orationem

en grande auctorité et eut le gouvernement en partie pour aulcun temps soubz ledict Neron ; durant lequel temps il accumula grant avoir, au moyen de quoy se sourdit envie sur luy, tellement que Suyllius, l'ung de ses envieux qui estoit en grace du prince, luy obicea devant ledict prince les grans biens qu'il avoit acquis en luy disant telz motz ou semblables : « Par quelle sapience, par quels enseignements et doctrine de philosophie, de laquelle tu te faiz studieux, as tu peu dedans l'espace de quatre ans que le prince t'a porté faveur et monstré signe d'amour, acquerir trois mille fois sesterces ? »

Cens lustral ou lustre censeur

3v Et fault entendre que de ce temps dont je | parle les richesses ne se pouoient gueres occulter, comme ilz font de present, car, quant on venoit au cens lustral, qui se faisoit anciennement de cinq ans en cinq ans, chascun faisoit profession et bailloit par declaration son vaillant à ceulx qui faisoient office de censeurs.

Harangue de Senecque à Neron

Toutesvoyes Senecque pour lors evada l'accusation et conspiration de ses ennemys ; mais quatre ans après, soy voyant recullé de l'auctorité et port qu'il avoit eu, et adverty des charges et crimes qu'on luy mettoit sus, et que le prince prestoit fort l'oreille à ses ennemys et à la bande contraire à la sienne, vint de luy mesmes à Neron et luy dist par maniere de harangue en ceste maniere, ou à peu près, pour cuider saulver sa vie et soy retirer de la cruaulté de Neron [*ibid.*, XIV, 53-54] : « Prince, dit il, il y a quatorze ans ou environ que je vins à vous, et huit ans a que vous estes l'empereur, depuis lequel temps vous m'avez tant accumulé de biens et d'honneurs qu'il ne me reste riens pour estre bieneureux et comblé en felicité, sinon que moderation et prudence pour sçavoir eviter le trop ».

Et, après qu'il eut enumeré et recensé les parties esquelles
4 consistoit sa richesse et | affluence de biens, se prist à soy accuser de ce qu'il n'avoit gardé les statuz de sapience escripte et

illam ad Neronem habuit ? Ter millies, ut alibi diximus***52**, census fuit maior Crassiano, hoc est septuagies quiquies centena millia aureorum huius temporis. Olim autem a censu notae erant opes hominum, non ut nunc occultae. Professio enim necessitatis erat.

vescu en philosophe, en tant qu'il ne s'etoit contenté de peu ou assez. « Nonobstant, dit il, que je pourroye icy facillement trouver coulleur, et pretendre excusation legitime, pour autant que je ne pouoye bonnement ne honnestement resister à vostre liberalité et contrevenir à ce hault voulloir procedant de noblesse de cueur, or est venue la chose jusques à ce degré que tous deux avons comblé la mesure ; car autant qu'ung prince pouoit donner à ung homme estant bien avant en sa grace, vous m'avez donné, et vous estes eslargy jusques au dernier point ; et j'ay prins et eu autant d'avancement de vous que homme pouoit avoir et prandre de son prince, pour estre de luy fort estimé. Mais il reste une chose ; car je ne puis plus tirer oultre sans vostre ayde et confort, et ne pourroye plus soutenir le fex de regir et gouverner tant de revenu que j'ay, ne avoir la cure et sollicitude de si grant et si opulent avoir. Par quoy, en ceste viellesse jà debilitée | et qui plus ne peut porter le faiz de soucy et mesnagement, 5
j'ay besoing de vostre secours, et vostre plaisir sera d'en prandre pour moy la charge, et mander à voz officiers qu'ilz se saisissent de tout et le mettent en vostre main, comme à vous appartenant ; ou aultrement je succumberé soubz la charge ; et aussi je voy le temps venu que je doibs revocquer mes sens et les parties de mon entendement chez moy et en ma pensée ». Ces parolles ou semblables dist Senecque, cuidant evader la mort ; mais neantmoins Neron le fit mourir, ainsi que de longtemps il avoit quis l'occasion. À bonne cause doncques Juvenal [X, 16] appelle Senecque le preciput entre les riches, et peut on estimer sa grant richesse parce que quatre ans il demoura en son estat, après que Suylle luy eut obicé qu'il avoit acquis trois mille fois sesterces.

Tarius Ruffus

[a]Il y eust ung homme, Tarius Ruffus, du temps d'Auguste, homme de basse condition, qui par bonne fortune et grande industrie acquist au service d'Auguste mille fois sesterces, et le tout

a. V 224<bis>v, L 701, B 271 : Tarius Ruffus, quod paene omisi, infima natalium humilitate consulatum militari industria meritus, circiter mille sestertium liberalitate Augusti congestum agris coemundis exhausit, ut author est Plinius libro decimoctauo.

ou à peu près employa en heritaige, ainsi que dit Pline [XVIII, 37, 1-5].

Grande et civille humanité d'Auguste

55 [a]Ledict Auguste, pour acroistre le bien et hon- | neur de ceulx qu'il sçavait estre gens de bien, les envoyoit gouverneurs des provinces en leur donnant honnestes moyens de soy faire grans. Et quant le peuple, à qui il avoit laissé la puissance selon la coustume ancienne, le faisoit consul par honneur, tousjours voulloit il avoir deux compaignons en l'estat, à ce que le proffit allast à eux ; et tous aultres moyens avoit il exquis pour plus de gens eriger et mettre en avant. Mais quant il les veoit plains et enrichiz, il leur disoit et remonstroit que, pour soy acquitter envers la chose publicque, ilz debvoient faire quelque gros bastiment publique ou reparation, ou monstrer leur magnificence à la decoration de la ville ; et par ce moyen fut par luy et les siens la ville de Rome mise en estat et beaulté merveilleux à veoir, ainsi comme Strabo [V, 3,8, 25 et *sq.*] et Suetonne [*Aug.*, 29-30] ont escript[48].

Revenu de l'empire de Romme

[b]Pour retourner à ce que j'ay touché dessus, il n'est pas facille non seulement de dire au vray, mais de conjecturer par certains arguments et indices le revenu de l'empire de Romme ; car je treuve que le revenu publicque consistoit en plusieurs choses,
5v comme fait celluy du royaulme | de France ; et en ce avoit deux membres principaulx, c'est assavoir les vectigalles que nous appe-

---

a. V 100, L 326, B 125-26 [*suite de l'extrait f. 50*] : Sed et caeteros principes uiros, ut pro facultate quisque uel monimentis uel nouis uel refectis et excultis urbem adornarent, adhortatus est, multaque a multis extructa sunt sicut a Martio Philippo aedes Herculis et Musarum ; a L. Cornificio aedes Dianae ; ab Asinio Pollione atrium Libertatis ; a Munacio Planco aedes Saturni ; a Cornelio Balbo theatrum, a Statilio Tauro amphitheatrum ; a Marco uero Agrippa complura et egregia.

b. V 117, L 381, B 147 : Redditus uero imperii Romani nec dicere quisque, ut opinor, nec animi certa coniectura assequi potest ; nec aliquis scriptorum aliquid de ea re tradidit, quod magnopere memorandum sit. Sed nec semper eadem ratio fuit, sed alia atque alia pro conditione temporum. Si tamen de hac re commentari quenque iuuat, primum hoc scire oportet aerarium Romanum ex uectigalibus et tributis constitutum fuisse quomodo et hodie nostrum. Vectigalia trium generum fuerunt, ex agrorum cultu ; ex mercium traiectu et ex pascuis. Primum decimae, alterum portorium, tertium scriptura appellabatur. Et praeter haec salarium.

lons le domaine et aydes, et si y avoit les tribuz que nous appelons les tailles. Et oultre ce aulcunes villes fournissoient navires et aultres choses necessaires à la guerre. Le premier membre se levoit sur les terres cultivées, sur lesquelles ilz prenoient la disme ou aultre droit, ainsi que l'on voit par les oraisons [*Verr.*] de Cicero, lesquelles il fit pour ceulx de Sicille ; non pas tout partout, mais en aulcuns lieux, comme en toute Sicille la disme et en aultres lieux aultre droit ; car les terres qui avoient esté confisquées et forfaictes par rebellations, estoient baillées à charge. Ilz levoient aussi droit de vectigal sur les pasturaiges publicques des boys et terres estans en friche et ès montaignes, et puis y avoit portz et barraiges au travers. Et le tout se bailloit à ferme par les censeurs de Romme à ceulx qui s'appelloient publicquains et estoyent de l'ordre des chevaliers, ainsi que dit Cicero [*Verr.*, *passim*]. Et oultre ce les sallines et marchandises foraines, et d'oultre mer, ainsi que l'on veoit par les *Pandectes* et *Digestes* [XXXIX, 4,16, 7].

[a]Les tribuz se levoient | sur ung chascun selon la quantité de 5[illegible]
son cens, c'est à dire ses facultez redigez en taxes ; mais combien on paioyt il n'est point certain par ce que j'ay veu.

Oultre ce y avoit vingtiesmes et cinquantiesmes, et aultres subsides, selon la diversité des temps. Et oultre ce prenoient les consuls et preteurs, ès provinces où ilz estoyent, certains droiz qui n'estoient pas de petite estimation, mais les ungs les faisoient mieulx valloir que les aultres. Il y avoit aussi plusieurs villes qui avoient droit d'immunité ; et les aultres n'estoient pas tous d'une condition, ainsi que l'on veoit par la *Cosmographie* de Pline [III-VI], où il note souvent les villes stipendiaires et tributaires, et aussi les villes franches ou ayans droit latin, lequel droit Vespasian donna à tout le pays d'Espaine, ainsi que dit Pline [III, 30, 4-5].

Et ce que Plutarche a dit en la *Vie de Pompée* du revenu de Romme, et que j'ay noté cy dessus [f. 26*v*], se doibt entendre

---

a. V 117*v*, L 382, B 147 : Tributa autem pro modo census cuiusque conferebantur. Cuius rei tenuia documenta apud scriptores reperiuntur quantum equidem meminerim.

du droit vectigal et non du tribut, ainsi qu'il appert par le texte grec.

Mais pour avoir aulcune congnoissance du fait de l'empire, je mettray icy en avant aulcunes choses par lesquelles on peut
56v fai- | re conjecture en gros et entendre que c'estoit chose infinie et dont on ne pourroit faire estat certain et arresté, ainsi que des aultres empires.

Touchant Egypte et Alexandrie

[a]J'ay parlé cy dessus [f. 46] d'Agrippa qui fit remonstrance aux Juifz avant leur rebellion, ainsi que Josephe tesmoingne. En ceste oraison [*Bell. Iud.*, II, 382-87], « Pour entendre, dit il, la puissance des Rommains, n'allés point chercher exemples au loing ; prenez garde seullement aux Egiptiens qui sont voz voisins, et vous trouverez qu'Egypte s'extend jusques en Ethiope et Arabie la riche et eureuse, et si se confine à l'Inde. Et combien qu'aujourd'uy y ait en icelle cinq millions sept cens mille habitans, sans en ce comprandre ceulx de la ville d'Alexandrie, neantmoins elle paye pour grande obeyssance aux Rommains le tribut ; duquel tribut on peut estimer la grandeur par le vaillant de chascune teste redigée ès pappiers et registres censuelz. Oultre ce est la ville d'Alexandrie, laquelle leur pourroit donner le cueur et audace de soy rebeller ; car elle est riche abundamment et populeuse et grande de circuit à l'avenant, car elle a trente
57 stades de longueur et dix de largeur, et paye de tribut aulx | Rom-

---

a. V 119v, L 388-89, B 149-50 : « Quamquam quid opus est exemplis longe petitis potentiam Romanam enarrare ? cum eam possitis de uicina uobis Ægypto optime aestimare. Haec enim cum ad Æthiopas usque porrigatur opulentamque Arabiam, conterminaque sit Indiae, ac septingenties et quinquagies centena millia incolarum habeat extra Alexandrinum populum, tributa tamen obsequentissime pensitans (quorum magnitudine aestimare de censu singulorum capitum licet) Romano parere imperio non grauatur. Tametsi quantum stimulum defectionis habens Alexandriam urbem, cum multitudine hominum et opibus abundantem, tum amplitudine et ambitu non imparem ? ut quae longitudine stadia triginta, latitudine decem habeat. Tributorum uero multo amplius in singulos menses pensitet, quam uos in annos singulos conferatis. Et eo amplius Romano populo quaternum mensium frumentum suppeditet ; duae autem legiones ciuitati insidentes profundam Ægyptum cum illa Macedonum nobilitate frenant. » De magnitudine Alexandriae Strabo idem cum Iosepho dixit, latitudinem paulo minorem ponens.

mains plus toute seule par chascun moys que vous, Juifz, ne faictes par chascun an. Et si fournit la ville de Romme de fourment tous les ans pour quatre moys. Et comme ainsi soit, toutesvoyes n'y a il que deux legions en la ville et alentour pour garder toute l'Egipte soubz la main des Rommains et la tenir en obeyssance. » De la grandeur de la ville d'Alexandrie, Strabo [XVII, 1, 13-14] en dit autant que Josephe, mais diminue quelque peu de la largeur.

Tribut mis sur les Juifz[49]

[a]Icelluy mesme Josephe [*Bell. Iud.*, VII, 218], parlant du triumphe de Vespasian pour la victoyre par luy obtenue en Jherusalem, dit que Vespasian ordonna que tout homme juif, quelque part qu'il habitast dedans les limittes de l'empire payeroit deux drachmes par an, ainsi que par avant ilz avoyent acoustumé de paier au temple de Jherusalem ; et ce neantmoins avoit esté par avant ordonné en Judée, mais Vespasian mit ce tribut sur les Juifs par tout l'empire. Et aussi nous voyons par l'*Evangile*, au second chapitre [2] de *sainct Luc*, que le cens fut faict par Cirinus, gouverneur de Syrie du temps de nostre Sauveur.

Didrachme payé par Jesus Crist

[b]Or que ces deux drachmes se payassent dès ce temps là, il
appert par | le trexiesme chappitre [*sic* ; XVII, 24 ; 27] de *sainct* 5

a. V 220, L 688, B 265-66 : Iosephus libro VII *Belli Iudaici* de triumpho Vespasiani loquens quem egit de Iudaeis ui subactis, « Stipendium, inquit, ubicunque degerent Iudaeis indixit, binas drachmas singulis annis inferre in Capitolium iussit ita ut antea Hierosolymorum templo pendebant. [...] non enim primum a Vespasiano id factum est, sed ab Augusto qui censum imperauit Iudaeis Cyrino praeside. Vespasianus autem non in Iudaea tantum hoc tributum indixit, sed Iudaeis ubi terrarum cunque agerent.

b. V 219v-20, L 687, B 265 : Vnum autem restat dicendum, quod consulto in finem operis dilatum est, ut in mentione Domini nostri fastigium operis imponatur. Matthaei decimo [*sic*] legitur, ὁ διδάσκαλος ὑμῶν οὐ τελεῖ τὰ δίδραχμα ; « Magister uester non soluit didrachma. » Et rursus : « Vade ad mare et mitte hamum et eum piscem qui primus ascenderit tolle. Et aperto ore eius inuenies staterem, illum sumens da eis pro me et te. » πορευθεὶς εἰς τὴν θάλασσαν βάλε ἄγκιστρον· καὶ τὸν ἀναβαίνοντα πρῶτον ἰχθῦν ἆρον· καὶ ἀνοίξας τὸ στόμα αὐτοῦ εὑρήσεις στατῆρα· ἐκεῖνον λαβών, δὸς αὐτοῖς ἀντὶ ἐμοῦ καὶ σοῦ. Sic tamen proprie uerti potest : « Magister uester non pensitat didrachma ? » per interrogationem. Est autem didrachmum nummus binas drachmas ualens [...]. Liranus apud Matthaeum***53**, drachmam senis denariolis aestimat et sic « quilibet, inquit, capitaneus » domus « soluebat annuatim duodecim turonenses ». Ego autem tantum didrachmum

Mathieu, où il est recité que les Juifz disoyent quelquefois aux apostres : « Pourquoy ne paye vostre maistre le didrachme ? » Au moyen de quoy Jesus Crist dit à sainct Pierre : « Va t'an en la mer et là gette ta ligne et ton ameçon, et tire dehors le premier poisson qui se prandra, car en sa gueulle tu trouveras ung statere, lequel tu bailleras à ces gens qui nous molestent, et ce sera pour toy et pour moy. »

Stater en languaige grec estoit ce que les Hebreux appelloient « sicle », ainsi que dit sainct Jhierome [*In Ez.*, IV, 10][50], et valloit quatre drachmes atticques, et pour ce valloit il deux <di>drachmes, car didrachme estoit une piece vallant deux drachmes. Par quoy il appert que tout homme juifz payoit autant que montent deux journées d'homme manouvrier et mercenaire, c'est à dire sept solz tournoys, quelque chose que disent les commentateurs qui ont exposé ce terme. Stater

[a]Ès aultres pays le tribut se payoit au fur et selon les facultez des hommes. Et pour ceste cause se faisoit la profession censuelle en laquelle on declaroit ses biens par le menu. Strabo aucteur Revenu du royaulme d'Egypte
58 grec, au dixseptiesme | livre [1,13, 13-21] de sa *Cosmographie et description du monde*, recite que le revenu du royaulme d'Egypte, qui depuis fut redigé en province par Auguste, valloit du temps de Ptolomée surnommé le Fleuteur douze mille cinq cens talens.

---

ualuisse quantum septem solidos nostros turonicos dico. Hoc est septies tantum quantum Liranus existimauit.

a. V 118, L 383-84, B 148 : Age citanda una authoritas insignis ad coniecturam faciendam in uniuersas opes Romani imperii : ea erit ex eodem authore libro XVII ; quo in loco Strabo ostendere uolens magnitudinem reddituum eius prouinciae [*scil.* Ægypti] ita inquit : τῆς Αἰγύπτου δὲ τὰς προσόδους ἔν τινι λόγῳ Κικέρων φράζει, φήσας κατ' ἐνιαυτὸν τῷ τῆς Κλεοπάτρας πατρὶ τῷ Αὐλητῇ προσφέρεσθαι φόρον ταλάντων μυρίων β´φ´· ὅπου οὖν ὁ κάκιστα καὶ ῥαθυμότατα τὴν βασιλείαν διοικῶν τοσαῦτα προσωδεύετο, τί χρὴ νομίσαι τὰ νῦν διὰ τοσαύτης ἐπιμελείας οἰκονομούμενα, καὶ τῶν Ἰνδικῶν ἐμπορειῶν, καὶ τῶν Τρωγλοδυτικῶν ἐπηυξημένων ἐπὶ τοσοῦτον ; « Ægypti autem redditus Cicero quadam in oratione eleganter explicans Auletae patri Cleopatrae dicit talenta duodecies millena et quingena quotannis ex Ægypto obuenisse. Quare si is rex, qui et dissolutissime et nequissime regnum administrauit, tantum annuae obuentionis habuit ex Ægypto, quid nunc existimare conuenit quantique aestimare redditum eiusdem prouinciae tanta prouidentia administratae, praesertim Indicis negociationibus et Troglodyticis usque adeo adauctis ? »

Or estoit il prince dissollu et de meschant gouvernement : par quoy, comme dit Strabo, « Que doibt on estimer du temps de present que le pays est gouverné en paix, et en icelluy se mene grosse marchandise venant d'Inde et d'Ethiope qui par avant ne venoit pas en telle abundance ? »

[a]Les marchandises dont parle Strabo sont nommées par especes en une loy qui est ès *Digestes* au tiltre « Des vectigalles » [XXXIX, 4,16, 7], et ces especes foraines ne venoient que par Egypte ès mains des Rommains, ainsi comme dit Strabo.

Ptolemée Auletes

Ce Ptolomée dont je parle, surnommé *Auletes*, c'est à dire « Fleuteur » en langue grecque, fut pere de la royne Cleopatra, et pour sa vie dissolue fut dechassé de son pays ; car ses subgectz luy soubtrahirent l'obeyssance, et pour se remettre en son pays il vint à Romme à refuge, et fut remis par le moyen de Pompée, qui depuis fut tué par son | filz. Celluy qui le remena soubz l'auc- 58
torité et puissance de Romme fut Gabinius qui pour lors estoit chef de l'armée estant en Syrie et, pour ce faire, eut de luy dix mille talens, ainsi que cy dessus [f. 16] a esté dit et monstré par l'oraison de Cicero qu'il fit *Pour la deffence de Rabire*, qui fut la cause de l'exil de Gabinius. Douze mille cinq cens talens vallent sept millions cinq cens mille escus, et toutesvoyes, du temps de Strabo, Egypte valloit beaucoup plus, par ce qu'il dit.

Richesse de Cleopatra

Et ce peut on conjecturer et croyre par ce que j'ay recité du dit de Josephe, joinct ce que Plutarche [*Ant.*, 56, 2] dit que Cleopatra ayda à Anthoine, et confera de par elle et son pays, pour mener la guerre actiaque contre Auguste, deux cens navires de guerre, et en argent vingt mille talens ; et oultre ce fournit largement vivres pour son ost.

---

a. V 118v, L 384-85, B 148 : « Adde etiam, inquit [*ibid.*, 13, 29-31], quod Alexandria praedictarum mercium unum est receptaculum, ita ut sola plerunque eiusmodi merces uenditet et exteris suppeditet » : καὶ γὰρ δὲ καὶ μονοπωλίας ἔχει. Μόνη γὰρ ἡ Ἀλεξάνδρεια τῶν τοιούτων, ὡς ἐπὶ τὸ πολὺ ὑποδοχεῖον ἐστί, καὶ χορηγεῖ τοῖς ἐκτός. Quae sint eiusmodi merces ignorare nemo potest, qui legem ultimam legerit tituli « De publicanis » in *Pandectis.* […]

La richesse de Romme estoit la despoille du monde

[a]Ces choses semblent estre hyperbolicques et increables à
ceulx qui font jugement des choses du temps passé par ce que
l'on voit aujourd'uy. Mais à la verité il se treuve n'y avoir pas
comparaison touchant les richesses et puissance d'armes entre
59 les deux temps ; aussi leurs faiz et conquestes ont esté | telles
qui correspondent aux richesses dessusdictes, et celles que je diray cy après. Et venoit ceste grande richesse des Rommains du pillaige qu'ilz avoyent faict par toutes les parties du monde, ainsi que celles des Perses qui avoyent spolié l'Asie et depuis furent spolliez par Alexandre et les Macedoniens.

Ptolomée de Cypre

[b]Pour ung exemple insigne de rapine, on peult alleguer le roy Ptolomée de Cypre, qui pour le grand bruyt qu'il avoit d'estre moult riche fut condemné pour la faction et conspiration de Clodius, ung tribun rommain, d'avoir offensé la majesté du peuple de Romme, et ses biens declarés confisquez ; laquelle

---

a. V 51^{v}, L 169, B 65 : Quoniam uero multa dicturi sumus fidem propemodum excedentia, lectores praemonitos uelim, ne Romanas priscasque diuitias, huius temporis opulentia publica priuataque metiantur. Vrbem enim Romam totius prope orbis spoliis locupletem fuisse, historica fide planum fieri potest iis, qui Latinos Graecosque scriptores rerum gestarum lectitarint : non modo enim duces imperatoresque Romani ui aperta et bellica in hostico, sed etiam proconsules prouinciarumque praesides in pacato furtis rapinisque et expilationibus, qua sacrum qua prophanum grassabantur ; inde illud Satyrographi poetae [Iuuen., VIII, 105-7] : | « Inde Dolobella est, atque inde Antonius, inde | Sacrilegus Verres, referebant nauibus altis | Occulta spolia et plures de pace triumphos. » | Equidem, quod ad me attinet, cum haec, quae in hoc opusculum congessi animo reputarem, ea mihi species urbis Romae animo obuersabatur, quasi arcem quandam expilatorum orbis terrarum uiderem et ueluti commune gentium omnium « cimeliarchium », ut uerbo Iustiniani principis [*C.*, VII, 72, 10] utar, id est sanctius conditorium rerum toto orbe eximiarum.

b. V 107, L 347-48, B 134 : Opulentam autem Cyprum olim fuisse ex eo coniicimus, quod Ptolemaeo Cypri rege confiscato, Cato qui Clodii factione ad colligendam eius gazam ablegatus est, septem millia talentum Romam deportauit ex auctione gazae, ut author est Plutarchus, quanquam maior ob id pecunia fuisse uidetur, quod Cato aliquando in altercatione Pompeio obiecit se ex Cypro plus auri atque argenti nullo exercitu detulisse, quam Pompeius ex omnibus triumphis concusso terrarum orbe, ipse instructus ingentibus copiis, intulisse in aerarium : quo tempore Cyprus in prouinciam praetoriam redacta est factione eiusdem Publii Clodii Pulchri Ptolemaeo infensi ob negatam ei pecuniam ad redemptionem pretium cum a piratis interceptus esset ; quae historia a Strabone narratur in fine libri decimiquarti [6, 6].

chose venue à sa congnoissance il se getta en la mer par desespoir. Et, pour querir son tresor et apporter à Romme, fut envoyé Caton contre son vouloir pour donner coulleur à ce decret du peuple, pour ce que sa preudhommie estoit cogneue partout et renommée ; au moyen de quoi Caton se venta depuis quelque fois au Senat, par challeur en debatant quelque oppinion, qu'il avoit plus apporté de finance au tresor de Romme sans avoir levé gens d'armes que Pompée n'avoit | faict en tous ses triumphes. 59v
Toutesvoyes ce dit de Caton se doibt entendre par maniere de parler plus qu'à la rigueur de verité, car il n'y avoit que sept mille talens, ainsi que dit Plutarche [*Cat. Min.*, 38, 1].

La maniere de la demonstration gardée en cest œuvre

Il me semble quant à moy que les histoires dont j'ay parlé, bien entendues et considerées, sont vraysemblables, et les unes font foy des aultres, ainsi qu'il peut apparoir par le recit. Mais ce ne se peut concepvoir sinon en entendant preallablement le compte et estimation de sesterces, drachmes, livres, et manieres de parler par sesterces, et aussi mines et talens, et maniere de nombrer usitée entre les anciens. Car se le fondement n'est bien assiz, il n'y peut avoir stabilité de creance et jugement en ce qui s'ensuit après. Mais quant la demonstration se fait en maniere que, par les principes posez, les choses ensuivantes se provent et les prochaines positions se demonstrent par les precedentes, et par icelles les subsequentes, et y a telle colligance et connexion en l'euvre que les membres et parties quadrent et ont coherence ensemble et le commencement, le milieu et la conclusion correspondent par verifica- | <tion[51]> mutuelle, alors il y a matiere et 60
cause d'y asseoir jugement ferme, pour autant qu'il y a necessité de raison qui nous contrainct d'ainsi le faire.

Et, par ceste voye et maniere, je pense avoir amplement prouvé et veriffié mon intention au livre *De Asse* et mesmement pour ce que j'ay prouvé les mesures par les poix et les poix par les mesures et le faict de la memoyre grecque par la latine et, au rebours, de la latine par la grecque, en alleguant auctorités autenticques, ensemble ay colligé les lieux et passaiges des historiens, tant grecqs que latins, qui font expresse mention de ceste matiere ou desquelz peult resulter et souldre argument et verisimilitude, pour plus amplement valider et conforter ma preuve qui, sans ce, neantmoins estoyt suffisante.

[a]Pour retourner aux propoz encommancez, Suetone recite, oultre les choses dessusdictes d'Auguste, premier empereur prince de Romme, qu'il avoit de coustume de donner grans sommes de deniers à distribuer au peuple, laquelle maniere de liberalité se nomme en latin congiaire ; et quant elle se faisoit aux gens d'armes, elle | se nommoit donatif. Il fut en l'empire plus de cinquante ans, durant lequel temps « il donna souvent congiaires au peuple, ainsi que dit Suetone [*Aug.*, 41,2, 1-5], aulcunes fois trente petiz sesterces, aulcunes fois quarente, l'aultre fois deux cent cinquante ; et ne laissoit nul, tant fust il petit enfant, qu'il n'en eust, combien que regulierement avant luy en telles distributions les enfans dessoubz douze ans ne prissent riens ; et en la charte de blé il fournissoit le menu peuple à petit priz,

Congiaire et donatif d'Auguste

60v

a. V 98v-99, L 321-22, B 123-24 : Post Actiacam autem uictoriam quantum opes Romanae creuerint ex Tranquilli [*Aug.*, 41, 1,1 – 2,7] uerbis intelligere licet : « Inuecta, inquit ille, urbi Alexandrino triumpho regia gaza tantam copiam rei nummariae effecit, ut foenore diminuto plurimum agrorum pretiis accesserit ; senatorum censum ampliauit ac pro octingentorum millium summa duodecies sestertium taxauit, suppleuitque non habentibus. Congiaria populo frequenter dedit, sed diuersae fere summae, modo quadragenos, modo tricenos, nonnunquam ducenos quinquagenosque nummos ; ac ne minores quidem pueros praeteriit, quemuis non nisi ab undecimo aetatis anno accipere consueuissent. Frumentum quoque in annonae difficultatibus saepe leuissimo, interdum nullo pretio uiritim admensus est. »

Hic si reputare uelim quanti congiarium unum ducenorum nummorum constiterit illi principi, uereor ne fidem detraham historiae. Legitur autem apud Eusebium in *Chronicis* post triumphum Actiacum Romae censu acto inuenta esse Romanorum ciuium quadragies semel centena et sexaginta millia. Domino autem nostro iam nato et adolescente Augustum cum Tiberio, quem sibi in filium adoptauerat, censum Romae egisse et inuenisse capitum Romanorum ter et nonagies centena et septuaginta millia : fac igitur, ut omnia intra fidem statuam, uicies centena millia ciuius fuisse ad congiarium nomina dantium, quod ipsum ducenum tantum nummum fuerit, id est quinquaginta denariorum, seu selibrae Romanae, oportuit decies centena millia pondo argenti congiarium constitisse, quod nos centies centenis millibus aestimare solemus. Quod si ducenum quinquagenum nummum congiarium statuamus, uicies et quinquies centena millia aureorum ad summam illam accedent. Perge porro, et fac quadragies centena millia ciuium fuisse, et ducenties quinquagies centenis millibus id congiarium necessario aestimabis***54**.

et aulcunes fois pour neant » ; laquelle façon de faire fut depuis gardée par les princes qui voulloient avoir la grace du peuple rommain.

Lustre censuel

Se nous voullons entendre par ung avis faict en gros combien se pouoit monter ung congiaire à deux cens sesterces ou deux cens cinquante pour homme, il nous fault sçavoir ou conjecturer le nombre des cytoiens rommains. Eusebe dit en ses *Chroniques* [163^{h} ; 169^{h} ; 171^{a} Helm] qu'après le triumphe actiaque Auguste fit faire le lustre censuel, et fut trouvé quatre millions cent soixante mille cytoiens de Romme. « Depuis, dit-il, la Nativité de Jesu Christ Auguste adopta Thibere, et eulx deux furent censeurs, |
et fut faict le lustre par eux, auquel se trouverent neuf millions 61
troys cens et septente mille cytoiens. » Il n'y a nul doubte que soubz Auguste, au moyen de la paix et tranquillité qui estoit à Romme, la ville ne fut fort peuplée, et les lieux circonvoisins qui estoient du nombre quasi comme la banlieue, et là se tenoient les citoyens rustiques vivant de labeur, qui estoient convocquez quand il falloit faire grande assemblée.

Icy se peuvent mouvoir deux doubtes. L'ung est asçavoir si les cytoiens estans hors de la ville estoient compris en ceste distribution. L'aultre se en ce nombre de cytoiens les enfans y estoient escriptz ; car, ainsi que dit Capitolin en la *Vie de Marc le Philosophe* [9, 7] empereur de Romme, et Juvenal la touche en la neufviesme *Satyre* [82-90], l'ordonnance estoit telle gardée à Romme que, quant les enfans des cytoiens estoient nez et nommez, dedans trois jours après ilz alloient au temple de Saturne où estoit le tresor et lieu des finances, et là, au greffe des maistres et prefectz du tresor, ilz faisoient enregistrer le nom de l'enfant, et par ce moyen se sçavoit l'aage d'ung chascun, et
le nombre | des enfans et cytoiens se sçavoit, et s'appeloit cela 61v
profession des enfans ; et ung enfant n'estoit point reputé et censé estre homme jusques en l'aage de dixsept ans, qu'il laissoit la toge puerille pour prandre la virile. Et pour ces raisons et causes peut on faire doubte si au nombre du cens dessusdict les enfans estoyent comprins, car il y peut avoir argument d'ung costé et d'aultre.

Toutesvoyes si ne se peut il faire que ceste largesse ne fust de grant argent ; car, en prenant seullement deux millions d'hommes cytoyens, et deux cens cinquante sesterces pour homme, qui vallent demye livre et demy quart d'argent, la somme se montera à douze cens cinquante mille livres d'argent, qui est à dix escus la livre douze millions cinq cens mille escus couronne. Par quoy nous pouons entendre que telles largesses ne se faisoient pas souvent ; mais les petites dont parle Suetone se pouoyent faire plus aisement.

[a]Et par ce moyen ledict Auguste espandoit son argent par le peuple quant il en avoit beaucoup amassé, ainsi que faisoient anciennement les roys d'Egypte, qui edifierent les Pyramides,
62 comme | dit Pline au trentesixiesme livre [75].

[b]Qu'il y eust grant peuple à Romme on peut conjecturer par ce que dit Spartian en la *Vie de Severus* [23, 2] : « Quant il mourut, dit il, il laissa à la chose publicque ung canon frumentaire pour sept ans, en maniere que par icelluy on pouoit fournir pour jour soixante et quinze mille muys de bled ». J'ay dit devant [f. 49] qu'ung muy rommain et atticque estoit autant qu'ung boisseau de Paris, et ay monstré comment d'ung muy ung homme pouoit grandement vivre huit jours, ou huit hommes ung jour. Par quoy nous pouons juger que soixante et quinze mille muys pouoient suffire tous les jours à nourrir six cens mille hommes.

Canon frumentaire

Et estoit ce canon frumentaire, qui premierement fut institué par Trajan et remis sus par Severus, ainsi que dit Lampridius en la *Vie d'Heliogabalus* [27, 7], ung estat par lequel il se fournissoit

---

a. Cf. V 157[v], L 506, B 195 : Praeter ea autem quae diximus et Ægyptiorum opes famigeratas scimus, cum Plinius libro XXVI [*sic*] de pyramidibus Ægypti loquens ita dixerit : « Dicantur obiter et pyramides in eadem Ægypto regum pecuniae otiosa ac stulta ostentatio. »

b. V 190[v], L 600, B 231 : Porro Spartianus author est Seuerum Pertinacem imperatorem Romanum morientem reliquisse canonem frumentarium in septennium suffecturum, ita ut septuagena quina millia modium quotidie absumi possent : id est sena millia duceni quinquageni sextarii nostri. Quo fit ut ratione praedicta sexcena millia plebeiorum tesseras frumentarias acciperent in diem choenicarias. Hunc enim numerum efficit modiorum praedictorum numerus octonario multiplicatus, uel numerus sextariorum nonagies sexies ductus.

telle quantité de blé tous les jours pour subvenir à la faulte du marché et se distribuoit au peuple oultre le revenu d'ung chascun et oultre le marché publicque. Et se prenoit en Alexandrie, en Affricque et en Sicille et aultres lieux abundans en bled. Et ce | fut institué pour la faulte du blé qui souvent estoit à Romme, 62v
car les terres estoient en friche au moyen des guerres et troubles qui estoient en Italie pour la mutation des princes qui advenoit souvent ; et tout se faisoit par la force, et non par droit.

Quarante mille fois sesterces

[a]Suetonne [*Vesp.*, 16, 1-2] dit que Vespasian venu à l'empire, et considerant que ses predecesseurs Caligula, Nero et Vitellius, princes dissolluz vivans sans mesure et sans reigle, avoient dissippé les finances de l'empire et mis en arriere l'estat d'icelluy, mit sus les aydes et subsides que Galba, son prochain predecesseur, avoit abbatuz à sa bienvenue, augmenta les tailles, et en aulcunes provinces les haulssa de la moytié, et trouva moult de manieres pour retirer argent du peuple, pour lesquelles institutions il fut fort blasmé comme avers et exacteur. Toutesvoyes, ce dit Suetonne [16,3, 5 – 18,1, 2], aulcuns escripvans l'ont excusé, disant que des choses mal acquises il usa bien, et avança les gens de sçavoir et de vertu, et aussi que necessité l'avoit contrainct à mettre sus les impostz illegittimes et non usitez, au moyen que le

a. V 128, L 412-13, B 159 : Vitellio successit Vespasianus Augustus, qui omissa sub Galba uectigalia reuocauit, noua et grauia addidit, tributa etiam auxit et prouinciis nonnullis duplicauit, quare eum nonnulli auarissimum esse tradiderunt. « Sunt contra, qui opinentur, inquit Tranquillus, ad manubias et rapinas necessitate compulsum summa aerarii fiscique inopia. De qua testificatus sit initio statim principatus, professus quadringenties millies opus esse, ut res publica stare posset. Quod et uerisimilius uidetur, quando male partis optime usus est, in omne genus hominum liberalissimus » : quippe qui « expleuerit censum senatorium et consulares inopes quingenis sestertium millibus annuis sustentauerit ; ingenia et artes uel maxime fouerit, primusque e fisco Latinis Graecisque rhetoribus annua centena constituerit. » Caeterum quadringenties millies maiorem summam esse uideo quam ut Vespasianus sperauerit quantauis parsimonia aut tributorum exactione colligi posse : quare pro *quadringenties quadragies* legendum esse uidetur et sic quidem maxima erit summa earum quas adhuc diximus ; id est millies centena millia aureorum coronatorum. Vltra enim hanc summam ne ludicra quidem uota hominum procedere solent ; etiam si immensum quid, maiusque omni auri conceptaculo exoptare contendant : sed tamen credibile hoc faciunt ea quae in secundo scripsimus.

63 fisque et tresor publicque estoit vuide, et les finances evacu- | ées et en arriere. Et ce avoit il jà protesté sitost qu'il fust venu à l'empire, disant qu'il estoit besoing, pour remettre l'estat en ordre et establir le gouvernement en bonne forme et durable pour resouldre la chose publicque, assembler jusques à quarente mille fois sesterces qui sont cent millions de France, combien que ès livres qui se lisent communement il ait <esté> escript « quatre cens fois », par erreur, comme je croy, car en latin entre l'ung et l'aultre il n'y a grande difference, par quoy ceste erreur est facillement advenue et a esté approuvé par ceulx qui n'entendoient combien ceste somme montoit, c'est à dire mille millions, qui est plus grant somme que j'aye leue en histoire des Gentils ; car après [f. 66] nous parlerons des Hebreux.

[a]On se pourroit esmerveiller dont pouoit venir tant d'argent, et pour ceste cause il est à noter qu'il estoit en ce temps là trop plus d'or et d'argent qu'il n'est maintenant. Car, par ce que Strabo [III, 2,8, 1-6] et Pline [III, 30, 1-3] recitent, l'Espaigne estoit abundante en mines d'or et d'argent ; mesmement la Grenade que Strabo appelle Turditaine et Betycque ; tellement que Polybe [*in* Strab., III, 2,10, 1-7] recite que de son temps auprès |
63v de Cartaige la Neufve, qui estoit en Hespaigne Citeriore, c'est à dire vers le mont Pyrené et deçà le fleuve Hyberus, y avoit une

Le monde n'est si abundant en or et argent qu'il estoit jadiz

---

a. V 120, L 389-90, B 150 : Opimos autem fuisse redditus Hispaniae ex eo coniicere datur quod de opulentia eius prouinciae scribitur praesertim Turdetaniae quae et Baetica dicitur. Strabo libro III miranda de fertilitate eius narrans quodam loco ita inquit : « Cum uero praedicta regio tot bona suppeditet, maxime tamen admiratione digna est ob metallorum copiam, quibus uniuersae Hispaniae regio scatet [...] ». Idem paulo inferius : « Polybius autem argenti fodinas commemorans quae sunt circa Carthaginem Nouam, ab urbe XX ferme stadiis distantes, quatuor decurias operantium hominum fuisse ait, qui tunc in dies singulos uicena quina drachmarum millia populo Romano referrent » ; nos uiginti quinque millia drachmarum aureis nostris aestimare instituimus, duobus millibus et quingentis. Qua ratione ex Carthaginensibus metallis argenti Romanus populus noningena duodena millia et quingenos aureos nostros quotannis percipiebat. [...] Plinius libro III [7, 1-3] « Baetica a flumine mediam eam secante cognominata, cunctas prouinciarum diuiti cultu et quodam fertili ac peculiari nitore praecedit. » Idem alibi [30, 1-3] : « Metallis plumbi, ferri, aeris, argenti, auri tota ferme Hispania scatet ; Baetica etiam minio [...]. »

mine d'argent qui valloit aux Rommains par jour vingt cinq mille drachmes, qui sont cent mille sesterces estimez deux mille cinq cens escus.

Mine en Espaigne

[a]Pline, au trentetroixiesme livre [96-97] de l'*Istoire naturelle*, parlant des mines d'argent, dit ces parolles : « c'est chose merveilleuse ; quant aujourd'huy encores durent les puis que Annibal commença, et porte chascun le nom de leurs inventeurs, entre lesquelz y en a ung qui se nomme Bebelo, qui fournissoit à Annibal trois cens livres d'argent par jour ». Ce peut confirmer le dict de Strabo et de Polybe, qui fut du temps de Strabo[52] ; car trois cens livres d'argent vallent trois mille escus.

Plus, dit Strabo [III, 4,13, 18-22], que Possidonius a escript que Marcellus, consul rommain gouvernant l'Espaigne, tiroit tous les ans[53] de Celtiberie, qui est partie de l'Espaigne Ulte-

---

a. V 121, L 391-93, B 151 : Idem Plinius libro XXXIII de argenti metallis loquens, « Mirum (inquit) adhuc per Hispanias ab Annibale inchoatos puteos durare, sua ab inuentoribus nomina habentes. Ex quibus Baebelo appellatur hodie qui CCC pondo Annibali sumministrauit in dies ad mille quingentos passus cauato iam monte, per quod spatium Aquitani stantes diebus noctibusque egerunt aquas lucernarum mensura. » Trecena pondo Romana, tricena millia drachmarum efficiebant, quae terna millia coronatorum ualent. Quare hoc dictum Plinii conuenit cum superiore Strabonis loco, ut suspicer Plinium de Carthaginensibus argenti fodinis locutum, quae in citeriore Hispania erant finitima Aquitanis : Polybius enim aequalis Annibalis aetatis fuit.

Rursus Strabo : φησὶ δὲ Ποσειδώνιος Μάρκον Μάρκελλον πράξασθαι φόρον ἐκ τῆς Κελτιβηρίας τάλαντα ἑξακόσια ἐξ οὗ τεκμαίρεσθαι πάρεστιν, ὅτι καὶ πολλοὶ ἦσαν οἱ Κελτίβηρες καὶ χρημάτων εὐποροῦντες. « Ait autem Posidonius Marcum Marcellum exegisse tributum ex Celtiberia ad talenta sexcenta ; ex quo coniecturam facere est Celtiberorum gentem numerosissimam fuisse et pecuniam abundantem. » Tametsi regionem ieiuniam incolerent. Plinius libro XXXIII de metallis Hispaniae loquens : « uicena (inquit) millia pondo auri ad hunc modium annis singulis Asturiam atque Galleciam et Lusitaniam praestare quidam tradiderunt ; ita ut plurimum Asturia gignat ; neque in alia parte terrarum tot saeculis haec fertilitas. » Vicena millia pondo Romana, tricena minimum nostra ualent. Ingentia sunt haec testimonia de opulentia Hispaniae ; quibus accedit et tertium Trogi Pompeii, ut ex *Breuiario* quarto et quadragesimo Iustini nouimus. Strabo autem de tempore suo loquens ita inquit in mentione metallorum argenti quae sunt ad Carthaginem nouam : ἔστι δὲ καὶ νῦν τὰ ἀργυρεῖα, οὐ μέντοι δημόσια, οὐδὲ ἐνταῦθα οὐδ' ἐν τοῖς ἄλλοις τόποις· τὰ δὲ χρυσεῖα δημοσιεύεται τὰ πλείω. « Sunt autem et nunc argenti fodinae non tamen publicae, nec illic nec alibi, » sed priuatorum, « auri autem metalla pleraque sunt publica ».

riore, six cens talens, qui est trois cens LX mille escus. Pline, au livre dessusdict [78], parlant des mines d'or : « Aulcuns, dit il, ont escript que d'Asturie, Gallice et Portugal il se tire par an vingt mille livres d'or, dont la plus part vient et se tire d'Astu-
64 rie ». Ceste somme monte trente | mille marcs d'or et davantaige. Strabo [III, 2,10, 14-17], parlant des mines de Cartaige Neufve : « Aujourd'uy, ce dit il, encores y a il veine d'argent, mais les mines appartiennent aux particulliers et la chose publique n'en a nulles, ne là ne autre part ; mais les mines d'or appartiennent quasi toutes à la chose publicque ». Telz sont les tesmoignages des aucteurs grecs et latins touchant la richesse ancienne de l'Espaigne ; et à ce assez s'accorde le dit de Troge Pompée au dernier *Epitome* [XLIV, 3, 5] de Justin.

Des mines du pays

[a]Au regard du pays de France, celluy mesmes aucteur Strabo en fait grande mencion, premierement au troisiesme livre [2,8, 23-26] en parlant des mines de Grenade : « Les Gaulx, ce dit il, veulent maintenir que leurs mines sont à preferer à ceulx de Turdetaine, c'est assavoir celles qui sont au mont de Semmene, et qui sont vers le pied du mont Pyrené ». Ce que Strabo appelle Semmene, Cesar [*B. G.*, VII, 8, 2] appelle le mont de *Gebenna*,

---

a. V 121, L 393, B 151 [*suite de l'extrait préc.*] : Hactenus de Hispania. Cuius etiam Galliam aemulam aurifera ui fuisse eodem authore comprobabimus. Quippe libro III de Turdetaniae id est Baeticae metallis loquens ita subdit : ἀξιοῦσι δὲ Γαλάται τὰ παρ' ἑαυτοῖς εἶναι κρείττω μέταλλα ἐν τῷ Κιμερίῳ ὄρει, καὶ τὰ ὑπ' αὐτῇ κείμενα τῇ Πυρήνῃ. τὸ μέντοι πλεῖον τ' ἐντεῦθεν εὐδοκιμεῖ. « Galli uero meliora esse sua censent quae in Cimerio monte sita sunt, et quae Pyrene ipsi subiacent, illinc tamen aurum magis probatur quam Gallicum. » Vbi puto non *Cimerio* sed *Cemmeno* legendum. Cemmeni enim montes, Κεμμένον ὄρος, apud Strabonem libro IIII Aquitaniam a Celtis discludunt, quo loco Caesar *Gebennam* uel *Cebennam* potius montem ponit. Huius pars hodie « Tarara » uocitatur. Rursus idem author libro IIII de Narbonensi litore loquens et sinu qui Gallicus illic dicitur : ἔχουσι δὲ Τάρβελλοι τὸν κόλπον, παρ' οἷς ἐστὶ χρυσεῖα σπουδαιότατα πάντων, ἐν γὰρ βόθροις ὀρυχθεῖσιν ἐπὶ μικρὸν εὑρίσκονται καὶ χειροπλήθεις χρυσίου πλάκες ἐσθ' ὅτε μικρᾶς καθάρσεως δεόμεναι. τὸ δὲ λοιπόν, ψῆγμα ἐστὶ καὶ βῶλοι καὶ αὗται κατεργασίαν οὐ πολλὴν ἔχουσαι. « Tarbelli, inquit, eum sinum obtinent, apud quos auri fodinae sunt omnium praestantissimae ; in specubus enim leniter effossis inueniuntur auri crustae, quae manum implere possint, interdum modico purgamento indigentes. Reliquum autem aurum ramenta sunt et glebulae modicam et ipsae operam poscentes. »

qui separe les Celtes des Acquitains et de Guienne. En ung autre passaige au IIII livre [2,1, 42-47], en parlant de la rive de mer qui s'appelloit Narbonnense : « En ce gouffre, dit il, sont les Ta<r>bellins, qui ont les mines d'or les plus riches et meilleures que nulles dont il soit memoire ; car là, en fosses peu profondes | se treuvent croustes d'or qui peuvent emplire la main 64v
d'ung homme, et le plus souvent se treuvent telles qu'il fault peu d'ouvraige à les puriffier pour mettre en euvre. Le reste est raclure et gravelle d'or quasi preste à mettre en euvre sans grande preparation ».

Le tresor de Tholose

[a]En ung aultre passaige [IV, 1,13, 1-3] : « Les Tectosaiges, dit Strabo, sont prochains des monts Pyrenés, qui tiennent et occupent terre fort abundante en or. » Et qu'ainsi soit on peut juger par ce que en icelle est située la ville de Tholoze, en laquelle le bruyt est qu'il fut trouvé [*ibid.*, 33-38] « quinze mille talens ou environ en or et argent massif, sans aulcune vesselle ou aultre ouvraige : et ainsi le recite Possidonius. » Et fut trouvé cest or

---

a. V 121v-22, L 394, B 152 : Strabo his uerbis : « Tectosages Pyreneis propinqui sunt montibus, paulum etiam aquilonare latus Cemmennorum montium attingunt, terram colentes auro multo praeditam » ἐφάπτονται γὰρ μικρὰ καὶ τοῦ προσαρκτίου πλευροῦ τῶν Κεμμένων· πολύχρυσόν τε νέμονται γῆν. Apud ipsos autem thesauros ab imperatore Romano Scipione [*pour* Caepione] repertos in urbe Tolossa et ablatos ait : a quibus aurum Tolossanum apud scriptores decantatissimum, in prouerbium cessit ut author est Gellius***55**. τὰ μὲν γὰρ εὑρεθέντα ἐν τῇ Τολώσσῃ χρήματα μυρίων που καὶ πεντακισχιλίων ταλάντων γενέσθαι φασί· τὰ μὲν ἐν σηκοῖς ἀποκείμενα, τὰ δ' ἐν λίμναις ἱεραῖς, οὐδεμίαν κατασκευὴν ἔχοντα, ἀλλ' ἀργὸν χρύσιον καὶ ἄργυρον : « Posidonius, inquit [*scil.* Strabo], uerisimiliter tradit pecunias Tolossae repertas ad quindecim talentum millia ; quarum partem in fanis, partem in lacubus consecratis reconditam fuisse, argentum aurumque infectum atque rude. »

Et rursus paulo inferius, « ut autem inquit Possidonius, et alii complures, regio ipsa auro alioqui abundans et homines habens superstitioni addictos et ad parsimoniam in uictu assuetos, multis in locis Celticae Galliae thesauros habuit, maxime uero lacus eis sacrosanctos a praedonum direptionibus thesauros praestabant, in quos ideo auri argentique pondera demiserant. Romani uero cum ui et armis loca ea obtinuissent, auctioni lacus eos publice subiecerunt. Emptorum autem plurimi molas argenteas ductiles inuenerunt » : μάλιστα δ' αὐτοῖς αἱ λίμναι τὴν ἀσυλίαν παρεῖχον, εἰς ἃς καθίεσαν ἀργύρου, ἢ καὶ χρυσοῦ βάρη· οἱ γοῦν Ῥωμαῖοι κρατήσαντες τῶν τόπων, ἀπέδοντο τὰς λίμνας δημοσίᾳ. καὶ τῶν ὠνησαμένων πολλοὶ μύλους εὗρον σφυρηλάτους ἀργυροῦς.

et argent partie en lacz consacrez, esquelz à ceste cause on ne peschoit point.

Puis [*ibid.*, 45-53] dit que, « comme tesmoingne Possidonius et aultres, ce pays là est fort abundant en or et les gens du pays supersticieux et adonnez à folles et indiscrettes religions, mais grans mesnagiers et gens d'espargne ; et à ceste cause quant ilz avoient fort amassé or et argent ilz le mettoient en tresors ; et en ce faisant ne trouvoient riens plus seur que de le getter dedans
65 | les lacs du pays où les pillars ne le cherchoient point. Mais les Rommains, quant ilz eurent subjugué le pays, ilz vendirent entre aultres choses la pesche de ses lacz, non obstant qu'ilz fussent dediez aux dieux du pays, et les marchans par ceste occasion trouverent l'or et l'argent qui estoit getté en fons en grosses masses ».

L'or de Tholose. Le cheval de Sejan

[a]Cicero au troixiesme livre [74] *De la nature des dieux,* dit qu'il fut decreté par le Senat que punition seroit faicte de ceulx qui avoient pris ce tresor des Tholosains. Justin, au trentedeuxiesme livre [3, 9-11], dit que ce fut Cepio, consul de Romme, qui fit faire ce sacrilege, et que à ceste cause luy et son ost qui s'estoient enrichiz de cest argent vindrent à la fin à desconfiture et perdition.

Et de là est emané et venu le proverbe ancian, ainsi que dit Aulu Gelle au troyxiesme livre [9, 1-7] des *Nuits atticques,* qui est tel que quand aulcun cheoit à infortune detestable et à fin calamiteuse et miserable, on disoit de luy « Il a eu le cheval de Sejanus[54] », ou « Il a eu part au butin de l'or de Tholoze », pour ce que tous ceulx de la compaignie de Cepio qui eurent aulcune
65v portion de cest or ou argent dessusdict moururent misera- | blement.

Et le cheval de Sejan vint de la rasse des chevaulx de Diomedes de Thrace, et fut né en Arges et nourry par Sejan ; et estoyt

a. V 122, L 395, B 152 : Auri Tolossani meminit Gellius libro III et Cicero *De natura deorum* libro III ob cuius raptum quaestionem habitam esse dicit. Trogus libro XXXII Caepionem appellat eum imperatorem qui aurum Tolossanum abstulit, quod sacrilegium ei et exercitui eius excidii causam fuisse tradit.

cheval fort beau, bien rellevé, et bien corsé, et de poil bayart fort rouge. Dolobella, consul rommain, l'achapta audict lieu cent mille sesterces, qui sont deux mille cinq cens escus. Depuis il vint par plusieurs mains jusques à Anthoine le triumvir qui à la fin se tua par desespoir en Alexandrie ; et ainsi finirent leurs jours detestablement Dolobella, Cassius et aultres qui avant luy possederent ledict cheval ; car il portait à ses maistres fortune adverse et malencontreuse.

[a]Pour retourner à mon propos, le tresor de Tholoze, qui estoit quinze mille talens, valloit autant que neuf millions d'escus. Justin [*l. cit.*] dit qu'il y avoit cent dix mille livres d'or, que nous pouons bien dire besans selon le latin, et quinze cens mille livres d'argent, qui est somme quasi triple de la somme desusdicte ; car, posé que l'or ne fust que à vingt deux quaratz, si valloit il bien autant et plus que cent escus au soleil.

[b]Strabo [IV, 2,3, 25-31] aussi recite que Luerius, au pays d'Auvergne estoit si riche et si opulent que, pour faire osten- |

---

a. V 122, L 395-96, B 152 [*suite de l'extrait préc.*] : « Auri autem, inquit, fuere centum et decem millia pondo ; argenti quinquies decies centena millia. » Haec summa uix dicere ausim quanti aestimanda sit : auri singula pondo minoris aestimari centum aureis solatis non possunt etiam ut undecima pars aeris in eo mixta fuerit. Qua ratione aurum illud Tolossanum centies et decies centenis millibus aureorum ualuit ; quod si obryzum fuerit, id est centenis et duodenis solatis in libras aestimabile, centies uicies ter centenis et uiginti millibus ualuit. Quod autem ad argentum pertinet Trogum existimarim non *quinquies decies* centena millia pondo scripsisse, quae summa quinquagies millies mille aureos ualet, sed *quindecies* centena millia, quae quindecies millies mille aureis coronatis aestimantur a nobis, id est centies et quinquagies centenis millibus [...]. Strabo ex Posidonio quindecim millibus talentum argenti aestimasse aurum argentumque simul uidetur : quae summa minor est minima praedictarum ; id est nonagies centena millia aureorum.

b. V 122, L 395, B 152 : Idem author est Luerium Aruernum patrem Bititi, qui Bititus cum Maximo Æmyliano et Domitio Ænobarbo ducentorum millium hominum exercitu conflixit, « tantis delitiis diuitiisque circumfluxisse, ut aliquando ostendendarum opum gratia curru uectus per campum ingrederetur nummos aureos argenteosque huc atque illuc spargens ; quibus colligendis amici et comites occupati sequerentur » : τοσοῦτον πλούτῳ λέγεται καὶ τρυφῇ διενεγκεῖν, ὥστε ποτὲ ἐπίδειξιν ποιούμενος τοῖς φίλοις τῆς εὐπορίας, ἐπ' ἀπήνης φέρεσθαι διὰ πεδίου, χρυσοῦ νόμισμα καὶ ἀργύρου δεῦρο κἀκεῖσε διασπείρων, ὥστε συλλέγειν ἐκείνους ἀκολουθοῦντας***56**.

66 tation et monstre de son avoir, il montoit aulcunes fois en ung
cheriot, et se faisoit raouller par les champs espandant monnoye
d'or et d'argent ; au moyen de quoy il avoit grant suite de peuple. Le pere de luy, nommé Biti<t>us, avoit en son temps com-
battu deux consulz Rommains, ayant avec luy deux cens mille
hommes de guerre.

L'Histoire saincte

[a]Jusques cy nous avons parlé des richesses des Rommains, des Macedoniens, Egyptians et aultres dont l'histoire profane fait mention, tant latine comme grecque. Reste maintenant à toucher en brief du fait des Hebrieulx, dont la *saincte Histoire* porte tesmoingnaige ; par le discours de laquelle il pourroit sembler <que> ce que j'ay dit cy dessus ne se puisse soubstenir ; ou à ceulx qui veullent adherer à l'istoire profane pourroit sembler que l'*Escripture saincte* soit fabuleuse, ou au moins hyperbolicque[55].

Tresor de David

Premierement, au vingt deuxiesme chappitre [13-14] du *Premier livre de Paralipomenon*, nous lisons que David disoit à Salomon : « Mon filz, conforte toy et prens couraige d'homme et
n'ayez paour, car en ma paovreté j'ay amassé, colligé et preparé
66v la despence qui | est necessaire pour faire la maison de Dieu,
c'est assavoir cent mille talens d'or, ung million de talens d'argent ». Ceste somme prisée à l'estimation que j'ay suivie jusques
cy est infinie et innumerable. Nous avons veu cy dessus que toute
la richesse trouvée ès tresors de Perse ne monte point à deux
cens mille talens ; et toutesvoyes les roys d'Asyrie et de Perse
pillerent Jherusalem et eurent les Juifz en leur possession, et Na-

a. V 145, L 468, B 180 : Romanarum Persicarumque opum commentationem sequitur Iudaeorum mentio, quorum reges Dauid et Solomon immanes diuitias possedisse leguntur ; quas eo magis leuiter excutiendas esse duxi, ne praeuaricationis arguerer, quam quod explicandi de iis aliquid fiduciam conceperim. Iuuabat et alioquin in eas res inquirere quae, ut uulgi est opinio, sola sacrorum scriptorum authoritate subnixa esse creduntur. Iamprimum igitur *Prioris Paralipomenorum* capite II et uicesimo Dauid ita loquens ad Solomonem inducitur : « Confortare et uiriliter age, ne timeas neque paueas. Ecce ego in paupertatula mea praeparaui impensas domus Domini auri talenta centum millia et argenti mille millia talentum. »

buchdonosor emporta les vesseaulx du temple, et depuis Cyrus, roy de Perse, les renvoya et donna congié de rediffier le temple.

[a]Il est escript aussy au dixiesme chappitre [21-22] du *Troixiesme livre des Roys* que, du temps de Salomon, il y avoit tant d'argent en Judée qu'on n'en faisoit nulle estime ; car le navire de Salomon et du roy Hyran alloit une foys en trois ans en Tharce[56], et en amenoit grant force or et argent, tellement, dit le texte [27], « qu'il y eust tant d'or et d'argent en Jherusalem comme de pierres », et [21] « quant la maison de plaisance que Salomon avoit en la forest de Lyben, toute la vaisselle et ustenssilles estoient d'or fin ». En ce mesme chapitre [14] il dit que les tributz
ou octroiz qu'on of- | froit tous les ans à Salomon estoit six cent 67
soixante six talents d'or, oultre et par dessus l'ordinaire des aydes et de ce qui venoit d'Arabie.

[b]Ceste somme icy ne correspond point à la quantité de cent mille talens que David laissa, et neantmoins il s'appelloit paovre en comparaison de Salomon qui debvoit estre si riche ; et, pour accorder ces passaiges, ne les gloses ne autres commentateurs dirent aulcune chose, pour ce qu'ils ne sçavoient que penser. Il n'y a nul doubte que David et Salomon ne fussent roys très puissans, car David avoit subjugué et rendu tributaires les roys à l'entour

a. V 145[v], L 469, B 180-81 : *Libro* autem *tertio Regum* capitulo decimo : « Non erat argentum nec alicuius pretii putabatur in diebus Solomonis, quia classis regis per mare cum classe Hiram semel per tres annos ibat in Tharsis, deferens inde aurum et argentum » ; et paulo inferius : « fecitque ut tanta esset abundantia auri et argenti in Hierusalem quanta et lapidum. »

b. Cf. V 145[v], L 469, B 181 [*suite de l'extrait préc.*] : Vidimus supra summas Persarum opes centum et octoginta millia talentum fuisse post Darium uictum ; quibus oportet septem millia addere quae Darius Ecbatanis fugiens secum in tumultu rapuit ut author est Arrianus [III, 19, 5], et iis rursus coniectura addere sumptum eius belli. Historia autem Regum [*I Par.*, XXII, 14] dicit Dauid habuisse « argenti mille millia talentum », id est decies centena millia, et « auri centum millia », quae minima computatione mille millia talentum argenti ualent. Ita fit ut decies maiores fuerint Dauid opes quam Darii. Existimo autem et Persicum talentum et Hebraicum idem cum Babylonio fuisse talento, qua ratione summa sexta parte augetur. Quare fidem res illa habitura non uidetur hominum quidem sensu, etiam si authoritate sacrosanctae id creditur.

de Judée et en avoit acquis grant richesse, ainsi qu'on peult veoir par l'histoire[57].

[a]Et dit Josephe au septiesme livre [391, 5-7] des *Antiquitez* que David laissa, quant il decedda, plus grant tresor que nul aultre roy, fust Hebrieu ou Gentil, et estoit le tout mussé au sepulcre de David et dedans les capses et vesseaulx monumentaires esquelz les ossemens des roys estoyent mis, en maniere que le tresor estoit fort difficille à trouver. Et toutesvoyes, se nous prenons l'estimation de talens selon ce que j'ay dit, ceste histoire n'auroit foy
67v que par | auctorité de saincte Escripture, et non par verisimilitude. Mais se nous gardons bien toutes les histoires, nous trouverons que tout s'accordera et que l'Histoire saincte sera verifiée par l'histoire profane si besoing est.

Eusebe, au neufviesme livre [30,3 – 34,3] de *Preparation evangelicque*, dit avoir leu en <Em>poleme[58], ancian historian, que le roy de Tyr et de Phenice, avec aultres plusieurs, estoient tributaires au roy David, et à ce les avoit David redigez par force d'armes ; et que, par denunciation divine luy fut monstré le lieu où le temple debvoit estre ediffié. Mais, pour ce qu'il avoit maculé ses mains de sang espandu en guerre, luy fut dit qu'il ne pouoit bastir le dict temple. Par quoy il fit le plus grant amas qu'il peut d'or, d'argent et de cuivre, de pierre, de merrien de cyprès et de

---

a. V 146, L 471, B 181 [*suite de l'extrait f. 71*] : Redeamus ad Dauidem. Iosephus libro septimo *Antiquitatum* de eo loquens ita inquit : « Reliquit autem Dauid diuitias tantas quantas nemo alius regum nec Hebraeorum nec aliarum gentium » ; κατέλιπε δὲ πλοῦτον ὅσον οὐκ ἄλλος βασιλεὺς οὔτε Ἑβραίων οὔτε ἄλλων ἐθνῶν. Ingentes autem pecunias in sepulchro eius conditas fuisse dicit et in regum loculis, qui magna arte conditi ita erant, ut non facile inueniri possent.

Eusebius libro nono de *Praeparatione euangelica* author est Eupolemum ita scriptum reliquisse, « Dauid regem Syros et Phoenices usque ad Euphratem domuisse, Idumaeos etiam et Ammonitas, Ituraeos, Moabitas, Nabateos, Nabdaeos, Suronemque Tyri ac Phoeniciae regem, bello subactos tributa Iudaeis pependisse. Dauidque petenti diuinitus locum fuisse demonstratum quo loco aedificaturus esset templum. Sed cum sanguine hostium et multis caedibus per bella uaria impiatus, hoc facere non potuisset, quam maximum potuit apparatum fecisse : itaque comparasse eum aeris argenti auri talenta non pauca, lapides etiam et ligna cupressi et cedri ; nauesque eum coëgisse Melanis Arabiae ciuitate misisseque in insulam Vrphen in Rubro mari sitam metallis auri scatentem, unde in Iudaeam innumerabilia paene auri pondo delata fuisse. »

cedre, et à ceste cause envoya en une ysle qu'il appelle Urphè[59], située en la mer Rouge, abundante en mines d'or, de laquelle en fut amené innumerable quantité.

Edifflcation du temple de Salomon

[a]Après son decès Salomon, son filz, sur lequel retumboit la
charge de la construction du temple avec le tresor de David, envoya au roy d'Egypte nommé Vafrès[60] et lui envoya lettres conte-
nentes ce | qu'il s'ensuit : « Salomon, roy de Judée à Vafrès, roy 68
d'Egypte, son amy paternel, salut. Sachez que par la grace du
Dieu de David mon pere, ce royaulme m'est escheu ; lequel David me commenda durant sa vie que je bastisse ung temple au
createur du ciel et de la terre, et voulut que je te escripvisse à ce
que me voulsissiez donner confort et ayde en cest affaire. Et pour
ce te prie et requiers que ton plaisir soit m'envoier maistres maçons, tailleurs, ouvriers, pour construire ledict temple » ; lesquelles receues par le roy d'Egypte, il luy rescripvit en ceste maniere :

---

a. V 146, B 471-72, B 181-82 [*suite de l'extrait préc.*] : « Dauid autem morientem regnum Solomoni filio tradidisse ; qui cum templum aedificaturus esset Deo ita uolente, literas ad Vaphren Ægypti regem scripsisse hoc exemplo : "Rex Solomon Vaphri Ægypti regi amico paterno salutem. Scito a me Deo magno Dauid patris mei regnum accepisse ; cumque mihi pater praeceperit templum Deo condere coeli et terrae conditori, ut etiam ad te scriberem addidit, peto igitur abs te ut artifices atque fabros ad aedificandum templum Dei mittere uelis." Vaphren autem inter alia hoc rescripsisse : "Ad aedificandum templum Dei fabros atque ministros octuaginta millia hominum ad te destinaui. Dabis igitur operam ut recte atque ordine uiuant et rebus necessariis non careant temploque condito incolumes ad nos redeant." Itaque cum Solomon ad Suronem Tyri regem scripsisset, simile tulit responsum et eundem numerum operariorum impetrauit ; et praeterea architectum Tyrium matre Iudaea natum, uirum in architectura summum. » Congruit hoc cum eo quod dicitur *Tertio Regum*, capite quinto, ubi rex Tyrius non Suron sed Hiran appellatur.

Iosephus libro VIII *Antiquitatum* epistolam regis Hiram, quod Iromum a Tyriis uocitatum esse dicit, et epistolam Solomonis ad eum, ad suam aetatem asseruatas esse affirmat, non modo apud Iudaeos sed etiam apud Tyrios. Libro autem primo *Contra Apionem grammaticum* « Sunt, inquit, apud Tyrios annorum multorum acta, quae publica cura diligenter asseruantur ; in quibus inter caetera hoc quoque perscriptum est, quod Hierosolymis templum a Solomone exaedificatum est annis centum et quadraginta priusquam Tyrii Carthaginem coloniam aedificarunt. Apparatus etiam construendi templi in ea acta relatus est. Iromus enim Tyriorum rex amicus erat regis nostri Solomonis » : ἀνεγράφη δὲ παρ' ἐκείνοις ἡ τοῦ ναοῦ κατασκευὴ τοῦ παρ' ἡμῖν. Εἴρωμος γὰρ ὁ τῶν Τυρίων βασιλεὺς φίλος ἦν τοῦ βασιλέως ἡμῶν Σολομῶντος.

« Je t'envoye VIII XX mille hommes ouvriers et constructeurs d'ediffices, telz que tu as demandez, et pour ce faiz donner provision à leur cas en maniere qu'ilz pussent vivre et qu'ilz n'ayent aulcune indigence ne faulte de ce qu'il leur sera necessaire, tellement que, quant le temple sera parfaict, ilz puissent retourner à nous en bonne prosperité ». Pareilles lettres escripvit Salomon au roy Suron de Tyr, et eut aussi semblable responce et nombre pareil de maistres d'euvres et ouvriers : et davantaige ung architecte, c'est à dire maistre et souverain deviseur de bastimens,
68v qui de | par sa mere estoit de Judée et renommé architecte sur tous les aultres. Ceste histoire escripte par Empolemus, historian gentil, accorde du tout avec le texte de la Bible au cinquiesme chappitre [1-9 ; 15-18] du *Troisiesme livre des Roys*, et n'y a aultre difference quant est de ceulx de Tyr synon que le roy de Tyr, qu'il appelle Suron, est nommé Hiram audict chappitre.

De ce parlant Josephe, au huitiesme livre [55] des *Antiquitez*, dit que les deux epistres d'Hiram et de Salomon estoient de son temps saines et entieres en Judée et en Tyr et, au premier livre [109] du traicté escript par luy *Contre Appion*, « Les Tyrians, dit-il, ont encores les registres du temps passé, esquelz est enregistré l'appareil et matieres aprestées pour le temple de Judée, et estoit Hironius grant amy de nostre roy », en appelant par luy Hironius ce que l'*Escripture saincte* appelle Hiram.

[a]Empolemus, historien gentil dessusdict [*in* Eus., *Praep. Euang.*, IX, 34, 16-18], passe oultre et dit que tout l'or qui fut

---

a. V 146v, L 472-73, B 182 [*suite de l'extrait préc.*] : Pergit Eupolemus et rursum ita inquit, « Totum autem aurum, quod in templo columnis et uasis templi fuit consumptum, quadragies sexies centena millia fuisse ; argenti uero ad clauos et alia instrumenta milla ducenta triginta duo talenta ; aeris uero in columnis fornicibus ac caeteris talenta decem et octo millia. Misisseque omnes in regiones suas Phoenices simul et Ægyptios, decem auri talenta singulis data. » « Taletum autem dico, inquit, quod "siclum" appellant. Et Ægyptiorum quidem regi oleum et mel magna quantitate misisse, Suroni autem columnam auream, quae Tyri in templo Iouis conspicitur. » Haec expositio potest rem facere credibilem ; sed quod dicitur *quadragies sexies centena millia* non adiecto *siclorum* uel *talentum*, nescio an librariorum sit uitium : Graecum enim exemplar non uidi.

Siclus, inquit Hieronymus *Ezechielis* IIII « stater » est, hoc est « drachmae quatuor ». *Exodi* XXX capitulo ita legitur : « Siclus XX obolos habet ; media pars

employé au temple ès columbes et vaisseaux d'or monte quatre millions six cens mille ; et l'argent pour les cloux et aultres choses monte douze cens trente deux talens.

Ung talent d'or et ung sicle, tout ung

Puis fu- | rent contentez les ouvriers et renvoyez ceulx d'Egyp- 69
te en leur pays, et les Tyriens en Tyr, et fut donné à chascun dix talens d'or [*ibid.*, 17, 2-3] : « Mais j'appelle, dit il, ung talent ce qu'ilz appelloient ung sicle ». Plus envoya Salomon au roy d'Egypte grant quantité d'huille, et au roy de Thir une colomne d'or qui se veoit encores en Thir au temple de Juppiter. Ceste exposition de talens faicte par Empolemus fait l'histoire creable ; et si nous donne à entendre ce qui est escript cy dessus du tresor de David montant si grant nombre de talens.

Ung stater et ung sicle, tout ung

Sainct Jherosme en l'exposition du quatriesme chappitre [10] de *Ezechiel*[61] dit qu'ung sicle est ung stater, qui vault quatre drachmes atticques, ce qui convient avec le dit de Josephe au troixiesme [195] des *Antiquitez*, auquel lieu il dit qu'ung sicle vault quatre drachmes atticques ; et ce dit il en exposant le trentiesme chappitre [13] d'*Exode* où il est escript « ung sicle vault vingt obolles[62], dont la moitié se donnera en offrande ».

Compte de la despence du temple

[a]À ceste raison, en prenant seullement huit vingts mille ouvriers, pour ce que le texte sainct dit « huit [*pour* quatre]

---

sicli offeretur Domino. » Quod exponens Iosephus libro III *Antiquitatum* « Siclis, inquit, Hebraeorum nomisma quatuor drachmas Atticas habet. »

a. V 146v-47, L 473-74, B 182-83 [*suite de l'extrait préc.*] : Hac ratione si singulis operariis, qui centum et sexaginta millia erant, deni sicli dati sunt, hoc est quadragenae drachmae, fiunt quater et sexagies centena millia drachmarum. Ex quibus quatuor ex sexaginta millia pondo fiunt, eo numero per centenarium diuiso. Fiunt haec mille sexaginta sex talenta et quadraginta auri pondo : quae aestimatione nostra (in singulas enim libras centenos et duodenos aureos solatos et semissem numeramus) bis et septuagies centena millia solatorum ualent, cum fuorit illud aurum nullo alio metallo concretum. Quae summa si in opificum mercedem impensa est praeter sumptus cibariorum, quo euasuram aestimationem operis cum instrumento sacrificali et ornamentis templi putamus ? Nempe ad infinitum uisum est iri necesse est, si quis apud Iosephum uasa templi legerit. Quod si ita ponamus summa superiorem ut quadragies sexies centena millia siclorum fuerint in templo consumpta, haec summa iam paulo minus quadruplicato crescet : sedecies enim centena millia siclorum operariis data sunt, quae sexaginta quatuor millia pondo efficiunt ; quae si ternario multiplicentur, fiunt duodequinquagies centena millia siclorum, quae in ornatum et supellectilem

vingts mille tailleurs de pierre et septante mille qui portoient
69v la pierre, | et troys mille troys cens maistres », si à chascun fut
donné dix sicles d'or, qui sont quarante drachmes, ainsi que dit
Empoleme, le nombre monte à seize cens mille sicles, qui sont
six millions quatre cens mille drachmes d'or qui vallent soixante
et quatre mille livres d'or, car chasque cent vault une livre. Or
valloit chasque livre rommaine d'or fin, comme estoit cestuy là,
ainsi que dit le texte, cent dix escus soleil et plus ; mais pour
faire le compte plus aisé en prenant cent escus pour livre et ung
escu soleil pour drachme, ce seront six millions quatre cens
mille escus ; puis pour l'aultre somme qui fut consumée ou employée ès columnes, ornemens, vesseaulx et dorures du temple
fault adjouster à la somme precedente quatre millions six cens
mille sicles d'or, qui vallent dixhuit millions quatre cens mille
drachmes, et autant d'escuz soleil, en prenant huit escus pour
once, qui vault huit drachmes ou huit gros à la façon de parler
de France ; car nous appellons ung gros ce qu'ilz appeloient une
drachme, et demye once ce que les Hebrieux appelloient ung
sicle, et les Grecs ung stater.

70 Ces deux, | assemblées, montent vingt et quatre millions huit
cens mille escus. Mais pour ce que l'or estoit fin, nous prandrons

---

cedunt, cum Eupolemus scripserit sex et quadraginta millia siclorum auri, in templi instrumentum ornamentumque absumpta fuisse ; quibus nos ducenta millia addidimus, ut summa quadruplicato cresceret. Quod si uniuersam summam exacte collegeris, bis et sexagies centena millia siclorum in duobus iis capitibus inuenies. Quae ducenties quadragies octies centena millia drachmarum ualent. Haec si centenario partiantur, ducenta quadraginta octo millia pondo auri in summa efficiuntur.

Quae ut in singula pondo aureos centenos statuamus, ducenties quadragies octies centena millia aureorum ualent. Sed quoniam aurum fuit obryzum, ut diximus, si in singula pondo rursus duodenos aureos et semissem addamus, fient in summa ducenties septuagies nouies centena solatorum millia. Quibus addere oportet mille ac ducentorum talentum argenti aestimationem. Fortasse expeditior erit calculus hoc modo : ducenta quadraginta octo millia pondo auri, quatuor millia centum et triginta tria talenta efficiunt et uiginti auri pondo ; quae duodecies totidem argenti talenta ualent, id est undequinquaginta millia et sexcenta talenta. Haec ducenties nonagies septies centenis et sexaginta millibus aureorum coronatorum ualent. Et haec summa superiori conueniet, si ad solatorum coronatorum reducatur.

neuf escus pour once, qui sont dixhuit livres tournoys, et adjousterons pour chasque livre rommaine ou atticque douze escus et demy, et pour chasque sicle demy escu, qui sont vingt et cinq en la livre. Et ceste addition montera troys millions cent mille escus, car il y a en la somme six millions deux cens mille sicles, qui valent trois millions cent onces, et sur chascune once nous adjoustons ung escu au soleil. Et par ainsi la despence du temple monta ès parties dessusdictes vingt et sept millions neuf cens mille escus soleil. Puis fault adjouster, pour douze cens trente deux talens d'argent, sept cens trente sept mille deux cens escus couronne.

Et ce sans compter ce qui fut donné à soixante dix mille manouvriers dont parle le texte au cinquiesme chappitre [15] du *Tiers livre des Roys*, et à troys mille troys cens maistres qui avoyent la superintendence de l'ouvraige. Et sans la chaulx et les voictures, et despence d'erain et de fer. Et encores croistra mont la
somme se nous y adjoustons | aultres huit XX mille ouvriers qui 70
furent envoyez par le roy d'Egypte, ainsi que dit Empoleme ; et aussi le texte sainct ne parle que des tailleurs de pierre et charpentiers. Et par ce que dit est, on peult ymaginer que le temple estoit ung ouvraige de merveilleux artiffice et de despence inestimable.

[a]Et tout ce estoit oultre le bastiment de la forest de Libane dont parle la *saincte Escripture* [*III Rg*, X, 16-17], auquel lieu il fit faire deux cens escus de fin or, c'est à dire couvers d'or extenué en façon de lames, et pesoit, dit le texte, chascune lame six cens sicles qui sont deux mille quatre cens escus au soleil. Et oultre ce trois cens peltes, qui sont escuz petiz et legiers, le tout d'or très

---

a. V 147, L 474-75, B 183 [*suite de l'extrait préc.*] : Addit Eupolemus mille aurea scuta a Solomone fuisse facta. In *Tertio* autem *Regum* capitulo decimo, ita legitur : « Fecit quoque Rex Salomon ducenta scuta de auro purissimo ; sexcentos auri siclos dedit in lamina, scuti unius, et trecentas peltas ex auro probato, trecentaeque minae auri unam peltam uestiebant ; posuitque eas rex in domo saltus Libani. » Per hoc intelligimus in ornatum templi scuta aurea non cessisse, et accedere ad quantitatem auri ab Eupolemo positam. Peltam autem scutum esse breue nemo est qui ignoret, Virgilio [*Æn.*, I, 490] dicente, « Ducit Amazonidum lunatis agmina peltis ».

purifié et affiné. Empolemus [*ibid.*, 34, 20] dit qu'il fit faire mille pavoys d'or.

[a]L'*Escripture* au *Troixiesme des Roys* [X, 26 ; 28-29] dit que Salomon assembla quatorze cens charriotz de guerre et douze mille hommes de cheval, lesquelz il ordonna estre assis pour les garnisons des villes. Et venoient ces chevaulx d'Egypte et de Syrie, et coustoyent les quatre chevaulx venant d'Egypte accouplez pour ung charriot, six cens sicles d'argent, qui sont deux mille qua-
71 tre cens drach- | mes ; à laquelle raison chasque cheval coustoit soixante escus couronne.

Hyppotrophe de Syrie

[b]Strabo [XVI, 2,10, 16-21] dit que en Syrie y avoit ung très excellant hyppotrophe, que nous appellons haraz, où il y avoit trente mille jumens et trois cens estallons d'eslite ; et là estoient gens dompteurs de chevaulx à gaiges commis par les roys.

De la fin de Sardanapale

[c]Pour confermer l'oppinion dessusdict touchant les talens et sicles, j'ajouteray cy ung passaige d'histoire escripte par Cte-

---

a. V 147^{v}, L 475-76, B 183 : Capite autem praedicto *Tertii Regum* ita legitur : « Egrediebatur autem quadriga ex Ægypto sexcentis siclis argenti et equus centum quinquaginta ; atque in hunc modum cuncti reges Syriae equos uenumdabant » : centenos quinquagenos siclos in singulos equos pretium statuit, id est nummo nostro sexagenos aureos coronatos, quo fit, ut quadrigae, id est quaterni equi iugales quatuor et uiginti libris constiterint, quae ducentis et quadraginta coronatis aestimare possunt. Ex pretio hodierno intelligimus probabile id pretium fuisse, ut negotiatores Solomonis equos in Ægypto et in Syria sexagenis coronatis emerint.

b. V 148, L 476-77, B 183-84 : Syriam autem equis abundasse ex Strabone intelligimus libro decimosexto. Tradit enim Pellam urbem Syriae fuisse de successoribus Alexandri appellatam de nomine Pellae, quae patria fuit Alexandri. Postea autem Apamia dicta est. Iuxta eam locum esse campestrem quem Orontes fluiuis cum lacu quodam chersonesum efficit ; ibi locum fuisse recensendo exercitui ; et hippotrophium pulcherrimum, hoc est locum [*sic*] equitio alendo destinatum. In eo fuisse equas regias numero supra triginta millia ; admissarios autem equos trecentos ; ibidem et equisones fuisse, seu domatores equorum et lanistas et bellici ludi magistros et quicunque ad arma tyrones instituunt, stipendia merentes : quod mihi memorabile uisum est. ἐνταῦτα δέ, inquit Strabo, καὶ τὸ λογιστήριον τὸ στρατιωτικὸν καὶ τὸ ἱπποτρόφιον· θήλειαι μὲν ἵπποι βασιλικαὶ πλείους τῶν τρισμυρίων· ὀχεῖα δὲ τούτων τ΄. ἐνταῦθα δὲ καὶ πωλοδάμναι καὶ ὁπλομάχοι καὶ ὅσοι παιδευταὶ ἐμισθοδοτοῦντο.

c. V 145^{v}-46, L 469-71, B 181 [*suite des extraits donnés au f. 67*] : Quanquam etiam magis illud hyperbolicum uidetur quod Ctesias de Sardanapalo scripsit ; qui

sias[63], aucteur grec, du roy d'Assyrie Sardanapalus qui fut environ deux cens ans après Salomon, et par son decès mist la fin audict royaulme ; et est ceste histoire contenue en Atheneus [XII, 38, 23-45]. L'histoire est assez notoire comment Sardanapalus fut assiegé en son chasteau et maison royalle par Arbaces son lieutenant de Mede, et comment à la fin il se brusla, luy et ses concubines avec luy. Ctesias, parlant de luy, recite que, quant ledict roy veit que nulle esperance n'y avoit à soustenir siege, et que vivres luy failloient, il fit lever, en une place remote et fermée estant dedans la closture de son chasteau, charpenterie de grosses pieces de boys jusques à la haulteur de quatre cens
piedz en fa- | çon de pyramide ; et dedans ceste charpenterie 71
ainsi dressée laissa grant espace vuyde et de grant circuit, tellement que, au milieu de ceste closture, y avoit aultre lieu dressé de charpenterie lambressée de grosses et longues tables ou dais

---

ducentis circiter annis Solomonis aetatem secutus, morte sua regnum Assyriorum finiuit. Ait enim eum regem ab Arbace Moedo obsessum fractis iam aduersa pugna uiribus et uictoriae spe abscissa, « pyram in regia struxisse altitudine pedum quadringentorum, in qua cubilia centum et quinquaginta posuit aurea, totidemque ex auro mensas. In medio autem pyrae contabulationem extruxit pedum quoquo uersus centenum ; in quo lecticas consternendas cum curauisset, superiorem contabulationis partem trabali materia contexit, et latera crebris ualidisque tignis cinxit, ita ut exitus non pateret. Quo facto ipse et uxor et pallacae uariis in lecticis iacuerunt in eo aedificio conclusi. In quod etiam ipsum auri centies centena millia, argenti uero decies tantundem congessit, id est, millies centena millia talentum, quod ipse myriadem myriadum appellat, id est decies centena millia in sese multiplicata ut antea dictum est, cum praeter eam summam liberis, quos ad Nini regem belli initio miserat, auri talenta numero tria millia dedisset. Super his operibus cum instrumento regio multiplici ac copiosa uarietate distincto, cum ipse ita cum uxore et pellicibus eius recubuisset, pyram illi aedificio circundatam accendi per eunuchos, id est amicorum iuratissimos iussit. Eos enim solos conscios consiliorum extremorum fecerat. Quo facto ipse cum illis opibus diebus quindecim conflagrauit, stupentibus aliis praeter conscios. Fumus enim in sublime conuolutus ingentis cuiusdam sacrificii opinionem faciebat, apud eos quidem qui extra regiam erant » : ἐπεστέγασε δὲ τὸ οἴκημα δοκοῖς μεγάλαις τε καὶ παχείαις· ἔπειτα ἐν κύκλῳ περιέθηκε πολλὰ ξύλα καὶ παχέα, ὥστε μὴ εἶναι ἔξοδον· ἐνταῦθα περιέθηκε μὲν χρυσίου μυριάδας χιλίας, ἀργυρίου δὲ μυρίας μυριάδας ταλάντων· καὶ ἱμάτια καὶ πορφύρας καὶ στολὰς παντοδαπάς· ἔπειτα ὑφάψαι ἐκέλευε τὴν πυρὰν καὶ ἐκαίετο πεντακαίδεκα ἡμέρας. οἱ δὲ ἐθαύμαζον ὁρῶντες τὸν καπνὸν καὶ ἐδόκουν αὐτὸν θυσίας ἐπιτελεῖν· ταῦτα δὲ μόνοι ᾔδεσαν οἱ εὐνοῦχοι.

de largeur ; ledict lieu interiore si spacieux qu'il avoit cent piedz en quarré, qui sont quatre cens pieds de tour. Leans dedans fist dresser cent cinquante couches d'or qui servoyent à faire convys et banquetz magnificques selon la façon ancienne, et, à l'endroit d'icelles ou dessus, autant de tables d'or. Et estoit le tour de ce lieu interiore tellement cinct et assemblé de marrien ou grosse menuiserie que nulle sallie n'y avoyt ne ouverture, sinon pour avoir jour par le hault.

Ce fait, fit entrer sa femme et ses concubines et dames de sa
court que plus il aymoit, non saichans ne soy doubtans de ce qu'il
voulloit faire, puis y entra luy et se fit enclore sans nul espoir de
retour. Mais avant ce il avoit fait porter, comme dit l'histoire,
mille myriades d'or et une myriade de myriades d'argent et ung
grant nombre d'habillemens d'hommes et femmes de pourpre
72 et de toutes especes d'acoustre- | mens precieux et enrichiz selon
la mode du temps et du pays. Quant il se fut enclos avec ce que
dit est, les ennuches et varletz de chambre du roy esquelz il avoit
toute fiance et desquelz il avoit pris le serment pour ce faire,
bouterent le feu audict amas de boys et charpenterie ainsi erigée, en soy acquittant de la promesse qu'ilz avoient faicte à leur maistre, qui s'en estoyt à eulx seullement descouvert. Et dura le feu par l'espace de quinze jours, dont ceulx de la place et de dehors s'esmerveilloyent voyans la fumée qui montoit au ciel, excepté les enuches qui entendoyent le faict. Car les aultres qui avoyent eu accès au lieu où la charpenterie estoyt dressée cuidoyent que le roy fist ung grant sacriffice aux dieux.

Mille myriades d'or vallent dix millions, qui sont mille fois dix mille, et une myriade de myriades d'argent vault cent millions, qui sont dix mille fois dix mille. Car tout ainsi que le nombre de mille augmenté et multiplié par luy mesmes faict ung million, aussi le nombre de dix mille augmenté et multiplié par luy mesmes faict cent millions. Mille myriades

2v Puisque l'aucteur | ne mect que le nombre sans adjouster
« talens » ou aultre espece, nous devons entendre « sicles », qui estoyent congneuz au pays, ou pieces d'or et d'argent courant au pays qui estoyent du poix de sicle, comme il est à presumer.

Tresor de Sardanapalus

Et par ce moyen Sardanapalus, quant il partit du monde, emporta quant et luy, et quasi spolia la terre qu'il voulut spolier de si grande quantité d'or et d'argent que dit est ; car sans les couches et tables d'or et pierres precieuses, et accoutrements royaulx, dix millions de sicles d'or valloient autant que quarante millions d'escus au soleil ; et cent millions de sicles d'argent valloient quatre cens millions de drachmes ; et cent millions de drachmes vallent quatre cens millions sesterces qui sont estimez dix millions d'escus couronne : car les quarante vallent ung. Laquelle somme il fault quadrupler, et seront quarente millions d'escus couronne ; par quoy l'une somme vault quasi l'aultre, et n'y a difference que d'escus soleil à escus couronne.

Talent d'or

Avant ce, dit l'histoire [*ibid.*, 20-22], Sardanapalus avoit envoyé les enfans en garde au roy de la ville de Ninus, que l'*Escriptu-
re saincte* appelle Ninive, et pour eulx | avoit envoyé troys mille 7
talens d'or. Mais je prens « talent » en ce lieu pour soixante et dix livres d'or ou mines d'Athenes, car « talent d'or » se prenoit, comme j'ay dit [f. 13 ; 69], en deux manieres : l'une fois pour talent babyllonicque qui valloit ung sixiesme plus que l'atticque, ainsi que dit Herodote ; l'aultre fois pour ung sicle, qui estoit monnoye forgée du poys de demye once.

[a]Et pour ce, quant on lit ce mot « talent » ès Escriptures sainctes ou ès escriptures faisans mention des Assyriens ou de ceulx de Caldée, il y fault accommoder jugement ou aultrement on tumberoit en grant erreur. Exemple, nous avons jà veu [f. 66^{v}]

a. V 148^{v}, L 478-79, B 184 : Dauid autem circa finem regni Assyriorum regnauit [...]. Ex quo coniectura capi potest de talento Homerico et Dauidico : huic opinioni authoritatem praebere potest Iosephus libro VII [371, 1-4] *Antiquitatum*, apud quem Dauid ita loquens inducitur ad primores tribuum : « Fratres nosse uos uolo, quod cum templum Domini aedificare statuissem, auri argentique magnam uim praeparaui ad talenta centum millia » ; *centum millia* dixit, non *mille millia*, ut *Prioris Paralipomenorum* capitulo secundo et uicesimo. Nec centum millia talentum *auri*, sed auri et argenti centum millia talentum. Rursus cum dicitur *Tertii Regum* X de regina Saba : « Dedit ergo regi centum uiginti talenta auri et aromata multa nimis et gemmas pretiosas » [...] ; et capite superiore : « Misitque Hiram in classe illa seruos suos uiros nauticos et gnaros maris cum seruis Salomonis, qui cum uenissent in Ophir, sumptum inde aurum quadringentorum uiginti talentorum detulerunt. » In omnibus his locis, ego talentum magnum intelligo.

de David qu'il laissa cent mille talens d'or et ung million d'argent, comme il est escript au *Premier livre de Paralipomenon* [22, 13-14]. Et au dixiesme chapitre [10] du *Tiers livre des Roys*, nous lisons que la royne Saba donna à David dix vingts talens d'or et force pierres precieuses. En ung aultre lieu [*ibid.*, IX, 27-28] on lit que le roy Hiram envoya ses nautonniers et pilotz avec les gens de Salomon, et rapporterent d'Ophir quatre cens vingt talens d'or.

[a]En ces derniers exemples, il fault entendre talens de septente
3v livres d'or qui sont sept mil- | le drachmes et autant d'escus au soleil, selon l'oppinion d'Herodote, ou, selon l'oppinion de Pline, huit mille escus ; car le talent egyptiaque valloit quatre vings livres. Aultrement ce que nous avons veu de l'isle Ophir, ou Urphè ainsi que Empoleme la nomme ne se pourroit soubstenir.

[b]Pareillement au vingt neuviesme chappitre [3-4] du *Premier de Paralipomenon*, où David en assemblée de peuple dit : « Oultre ce que j'ay préparé et mis à part pour le temple de Dieu, encores donneray je troys mille talens d'or, de l'or d'Ophir, pour dorer le temple de Dieu ». Je croy qu'il se doibt entendre de talens de poys et non de talens monnoyez, attendu ce qui est escript au lieu dessus allegué de cent mille talents d'or.

[c]Et Josephe [VII, 378-79] en ung passaige : « David, dit-il, faisant les primices de ses oblations, promist de donner troys mille

---

a. V 149v, L 482, B 186 : Ponderale vero et librale Hebraeorum talentum, Babylonium fuisse puto, vel potius Ægyptium, qualia erant auri talenta quae ex Ophir insula afferebantut, quam Vrphen Eupolemus Graecus auctor appellat.

b. V 148v, L 479, B 184 [*suite de l'extrait f. 73*] : Quomodo etiam cum de aere et ferro loquitur historia. *Prior* autem *Paralipomenorum* XXIX ita inducitur Dauid pro concione loquens inter primores tribuum : « De peculio meo et aurum et argentum do in templum Dei mei, exceptis iis, quae praeparaui in aedem sanctam, tria millia talenta auri de auro Ophir [...]. »

c. V 149, L 479-80, B 185 : De hoc loquens***57** Iosepus, ita inquit : « Sed et tunc oblationis primitias faciens alia tria millia talentum auri purissimi se praebiturum esse pronunciauit, ad adytum et currum Dei faciendum ; cumque tacuisset Dauid, a principibus et sacerdotibus atque Leuitis certatim offerentibus, collata sunt auri quidem talenta quinque millia et stateres decem [...]. » Hic etiam magna talenta intelligo : sed adnotandum, quod quos historia sacra « solidos », Iosepus « stateres » dixit. « Stater » apud Graecos aureum nummum significat,

talens d'or pour faire le sanctuaire et le charriot de Dieu, et les princes et prebstres de la loy donnerent par grande gayeté, et quasi par emulation cinq mille talens d'or et dix stateres » ; et neantmoins sur ce passaige je ne vueil riens affermer, car il est doubteux. Tant y a qu'ung talent ne peut moins valloir qu'ung
sta- | ter, qui est de quatre drachmes, par quoy le compte que 74
nous avons fait ne peult estre faulx. Josephe, au VII [371, 1-4] des *Antiquitez*, en escripvant ce que David prepara pour le temple, dit en ceste maniere, en parlant en la personne de David : « Mes freres, j'ay assemblé une grant finance d'or et d'argent jusques à cent mille talens », ce qui ne concorde pas à la grande somme contenue au lieu dessus allegué.

Talent d'or

De talent d'or il n'y a nulle ou bien petite mention ès histoires grecques et latines, sinon ce que j'en ay dit par avant.

[a]Pollux [IV, 173, 7], escripvant à Commodus, empereur de Romme, dit qu'ung talent d'or valloit trois pieces d'or atticques, qui sont autant que trois medailles d'or de Romme, pesant troys quars d'once ensemble, ainsi que l'on veoit aujourd'uy. « Mais le talent d'argent, dit il, vault six mille drachmes ».

L'or et l'argent est depery et tousjours diminué

On peult veoir par ce que dit a esté cy devant que l'or et l'argent estoyt trop plus abundant anciennement qu'il n'est de present ; et sont ces deux mestaux tousjours diminuez par succession de temps. Car il s'en deperit tousjours par usaige, par
dorures, par naufraiges, par tresors | enfouys, et aultrement, et 7
les mines se sont aneanties et perdues, ainsi qu'il est evident par ce que l'on dit et que j'ay recité cy dessus.

---

quo nomine et Persae et Macedones utebantur, unde Philippei stateres et Darici et Alexandrei dicti. Stater etiam pondus est drachmarum quatuor, ut ante diximus, quod Hebraei « siclum » dicebant. Ergo *stateres* hic pro aureis nummis, id est siclis intelligo [...]. Summa disputationis nostrae haec est : aestimatione opulentiae Hebraicae fieri non posse ob talenti uarietatem, cum nec ipse Iosepus extricare hanc ambiguitatem potuerat ; nunc enim pro pondere, nunc pro numero, nunc pro nummo ponitur, ut apud Eupolemum in loco supradicto.

a. V 148, L 477, B 184 : [...] idem [Pollux] alibi eodem libro dicit : ἠδύνατο δὲ τοῦ χρυσίου τὸ τάλαντον τρεῖς χρυσοῦς ἀττικούς· τὸ δὲ ἀργυρίου ἑξήκοντα μνᾶς ἀττικάς. « Valebat autem auri talentum tres aureos Atticos ; argenti uero sexaginta minas Atticas. »

Mydas et Cresus

[a]Pline au trentetroixiesme livre [51,5 – 52,2], parlant des grans richesses, dit que Mydas, roy de Phrige, et Cresus, roy de Lydie, qui est aujourd'uy l'Anatolie et la Turquie, estoient riches d'or sans nombre.

L'avoir de Cyrus, roy de Perse

Cyrus aussi, roy de Perse qui prit Cresus et ses tresors, eut infinie opulence car il spolia toute l'Asie, tellement qu'ès victoires qu'il eust il gaingna cinq cens mille talens d'argent, voire talens d'Egypte qui valloient, comme il dit, octante livres d'argent ; et avec la somme dessusdicte rapporta le grant hanap de Semiramis qui pesoit quinze talens. Ceste somme ou quantité d'argent est la plus grande que j'aye memoire d'avoir leue d'argent assemblé pour une fois. Car elle monte troys cens millions d'escus, et à prandre talens d'Egypte, comme dit Pline, ung sixiesme davantaige, qui sont cinquante millions. Et n'est de esmerveiller s'il en accumula tant, car il avoit eu sa puissance les richesses anciennes d'Assyrie, qui estoient translatées en Mede, et de plusieurs aul-
75 tres pays. Et par ce moy- | en avoit eu les anciennes richesses de David et de Salomon.

Le roy de Colchis

Il dit [*ibid.*, 52, 2-8] aussi qu'il y eut ung ancian roy de Colchis nommé Esubopes[64], qui avoit ouvert premierement les mines et trouvé la terre vierge, et d'icelle enlevé or et argent innumerable, puis avoit eu victoire de Sesostres, roy d'Egypte très abun-

---

a. V 150v-51, L 486-87, B 187 : Verum et Assyriae et Mediae regna in Persas esse uictoria Cyri translata nemo ignorare potest qui Herodotum et Iustini *Breuiarium* legerit. Haec testimonium perhibent dicto Pliniano libro XXXIII : « Equidem, inquit, miror populum Romanum uictis gentibus in tributo semper argentum imperasse non aurum, sicut Carthagini cum Annibale uicta ; nec potest uideri penuria mundi id euenisse : nam Midas et Croesus infinitum possiderant. Iam Cyrus deuicta Asia pondo XXXIIII millia inuenerat, praeter uasa aurea aurumque factum et in eo folia ac platanum uitemque. Qua uictoria argenti quingenta millia talentorum reportauit ; et craterem Semiramidis, cuius pondus XV talenta colligebat. Iam regnauerat in Colchis Galauces et Esubopes, qui terram uirginem nactus plurimum argenti aurique eruisse dicitur in Suauorum gente et alioqui uelleribus aureis inclyto regno ; sed et illius aureae camerae et argenteae trabes narrantur, et columnae atque parastaticae, uicto Sesostre rege tam superbo, ut prodatur annis quibusque sorte reges singulos e subiectis iungere ad currum solitos, sicque triumphare » : his uerbis apparet Cyrum maiores multo opes reliquisse quam quae legantur inuentae ab Alexandro.

dant en richesse, tellement que ce roy de Colchis avoit en sa maison columbes, poultres et huisseries d'argent, et voultes d'or ; et dit que pour la grande opulence de ceste contrée fut inventée la fable de la toison d'or.

Conclusion de ce livre

Il me semble que c'est ce qu'on peut dire en brief et par maniere de summaire du livre *De Asse*, auquel est traicté amplement du fait de comptes, de poix et de monnoies antiques et histoires plus insignes concernant ceste matiere et afferentes à ce propos, par lesquelles l'estat du monde et des royaulmes et empires renommez se peut entendre plus clerement. Au regard de l'aultre membre du livre, qui est des mesures servant à entendre pareillement les choses anciennes, et mesmement la capacité des navires, je n'en ay voulu icy escripre car c'est ung aultre devis, et qui
requerroit discours particulier | qui ne seroit pas petit ; et le livre 7
est jà venu à grandeur competente pour ung *Epitome et abbregé*[65].

Et en tout ce que j'ay dit de ceste matiere, je ne treuve difficulté touchant l'advis que j'en ay faict et explication de l'euvre, sinon au fait des Hebrieux, comme j'ay dit [f. 69] : car Josephe ne s'accorde point à l'Escripture saincte touchant le nombre des talens. Et se nous entendons cent mille talens d'or atticques ou babyllonicques avoir esté laissez en tresor par David avec l'argent qui est designé, la somme seroit immense, et fauldroit entendre que l'Escripture parlast par figure et hyperboliquement ; aussi se nous entendons talens pour sicles ce sera petite somme quant à la despence du temple, et attendu que Josephe dit que David laissa plus grant tresor que nul aultre roy soit hebrieu, ou aultre.

Ung notable dit de Pline

[a]Icy, pour conclusion et fin de ce livre j'adjousteray ung dit de Pline [XXXIII, 136, 1-2], soy esmerveillant et vituperant la cu-

---

a. V 220v-21, L 690-91, B 266 [*suite de l'extrait suiv.*] : Plinius libro XXXIII de immensis opibus hominum singulorum loquens, « Congregatae, inquit, et excedentes numero opes, quota tamen portio erunt Ptolemaei, quem Varro tradit Pompeio res gerente circa Iudaeam octona millia equitum sua pecunia tolerauisse ; mille conuiuas totidem potoriis uasis, mutantem uasa cum ferculis, saginasse ; quota uero illae ipsae, neque enim de regibus loquor, porro fuerit Pythii Bithynii, qui platanum aureum, uitemque nobilem illam Dario regi donauit. Xerxis copias hoc est septies LXXXVIII millia excepit epulo, stipendium quinque mensium frumentumque pollicitus, ut e quinque liberis senectuti suae in delectu unus

pidité des hommes et insaciable avidité d'accumuler opulence, laquelle jamais ne treuve fin ; et par ce moyen l'homme ne peut jouyr de beatitude et felicité, laquelle gist en desir accomply ou
76 rasasyé : | « Or bien, dit Pline, prenons ung homme qui tant ayt accumulé d'or et d'argent qu'on puisse dire qu'il soit riche sans nombre, encorres ne sera ce riens en comparaison d'ung homme que je diray, qui ne fut roy ne ayant principauté equipollant à royaulme.

Ce fut ce Ptolemée, qui tant fit de frais pour ayder à Pompée quant il subjuga la Judée, qu'il entretenoit à ses despens et à ses gaiges huit milles hommes de cheval ; et alors fit ung festin auquel il y avoit mille hommes seans à table, qui avoient chascun leur tasse d'or, et leur changeoit on à chascun més qu'on servoit tasse d'or de novelle façon. Richesse de Ptolomée

Mais encores, dit il [136,6 – 137,9], sa richesse ne seroit qu'une petite portion de la richesse de Pythius de Bythinye, qui donna au roy Daire de Perse une plane d'or avec la vigne d'or dont il estoit si grant bruit et encores si grant memoire. Et depuis receut icelluy Pythius par hospitale liberalité le roy Xerxès, filz dudict Daire, quant il passa pour aller contre la Grece par hostilité ; et avec luy receut tout son ost, montant en nombre sept cens octante et huit mille hommes, et les festoya pour ung jour
6v en ung banquet. Et pour ce que ledict | Pythius avoit cinq filz et que le roy faisoit commandement que tout homme puissant et ydoine à porter armes passast avec luy en Grece, il offrit audict roy de souldayer son ost pour cinq mois, et de le fournir de bled durant ce temps au nom de ces cinq enfants ; et pour ce demandoit seullement respit d'aller en ceste guerre pour son filz aisné, à ce qu'en l'absence des quatre aultres il peust conduire le fait du pere et supporter sa viellesse. Herodote, recitant l'histoire Richesse de Pythius

saltem concederetur. » In antiquis exemplaribus legitur *mille milia hominum excepit epulo.* Vterque autem numerus mendosus uidetur ex Herodoto, qui peditatum Xerxis ex Asia contractum ter et uicies centena millia hominum fuisse dicit praeter seruitia et frumentatores ; praeter classem cuius magnum numerum facit. Hunc igitur numerum hominum Pythium hospitio suscepisse uerisimile est, quoniam tantas copias terrestres habuit Xerxes cum in Phrygiam uenit.

met plus grand nombre de gens, deux fois que Pline, par quoy il semble qu'il y ait faulte au nombre de Pline.

[a]Et dit Herodote, au septiesme [27-29], que quand Xerxès approcha de la ville de Celene en Phrige Pythius alla au devant de luy et l'invita, luy et tout son ost, à loger en ses terres et maisons, et après qu'il les eust festoyez leur donna dons magnificques, et offrit au roy luy stipendier tous ses gens durant ceste guerre. Alors Xerxès, esbay, demanda à ceulx qui estoyent de costé luy qui estoit cest homme qui se vantoit de si grant chose et faisoit telle offre de luy mesme ; on luy respondit que c'estoit Pythius le riche, qui avoit donné | à son pere la vigne d'or et la plane quant

---

a. V 220[v], L 688-90, B 266 : Nunc igitur in hac mentione stateris***58** aestimentur si fieri potest diuitiae hominis unius priuati quantum meminerim maximae. Pythius is est Bithynius, quem Herodotus in VII prodidit Dario Persarum regi uitem auream et platanum donauisse. Posteaque Xerxi Darii filio cum in Graeciam infesto exercitu tendens, Caelanis urbe Phrygiae iter faceret, obuiam profectum, regem ipsum atque omnem eius exercitum hospitio suscepisse, xeniisque magnificis donauisse, pecuniam etiam in id bellum praebiturum se pollicitum ; quam pollicitationem admiratus Xerxes, astantes percunctatus est quisnam hominum esset Pythius, quamque pecuniis abundans, qui hoc ultro spopondisset.

Cui cum responsum esset, illum esse Pythium qui patrem eius Darium uisendo illo munere uitis ac platani aureae donauisset, ac tum quoque nihilominus hominum ditissimus secundum regem esset, rursus admiratus Xerxes et ad Pythium conuersus, sciscitari coepit, quam ingentis pecuniae fiducia ad pollicitationem illam uenisset ; ad ea Pythius, « Cum ad mare, inquit, Graeciae descendere te audissem, statim opum mearum rationem inire aggressus sum. Iam tum enim in animum induxeram pecuniam tibi dono dare in bellum id gerendum. Subducta igitur ratione argenti quidem talenta duo millia, auri uero myriadas quadringentas staterum Daricorum septem millibus minus habere me comperi, quae tibi dono dare statui mihi autem uictus ex mancipiis et agricultura suppetet. » His uerbis Xerxes delectatus, « Vt tecum, inquit, paria faciam, pro hac liberalitate hospitem te meum facio. Quadringentas uero myriadas nummum de meo explebo datis tibi chiliadibus septem, ut quadragies centenis millibus Daricorum staterum nihil desit. Proinde quae hactenus possedisti possideto, mementoque talem te semper praestare. » Haec enim uerba Xerxis apud Herodotum : σοὶ ὦν ἐγὼ ἀντὶ αὐτέων γέρεα τοιάδε δίδωμι, ξεῖνόν τε σὲ ποιεῦμαι ἐμόν· καὶ τὰς τετρακοσίας μυριάδας τοι τῶν στατήρων ἀποπλήσω παρ' ἐμεωυτῷ δοὺς τὰς ἑπτὰ χιλιάδας, ἵνα μή τοι ἐπιδέες ἔωσι αἱ τετρακόσιαι μυριάδες ἑπτὰ χιλιαδέων, ἀλλ' ᾖτοι ἀπαρτιλογίη ὑπ' ἐμέο πεπληρωμένη, κέκτησό τε αὐτὸς τάπερ ἐκτήσαο· ἐπίστασό τε εἶναι αἰεὶ τοιοῦτος. οὐ γάρ τοι ταῦτα ποιέοντι οὔτε ἐς τὸ παρεόν, οὔτε ἐς τὸ μέλλον μεταμελήσει.

il estoit passé par là, et qui neanmoins estoit encores le plus riche homme que l'on sceust en Asie après le roy.

Ce fait, Xerxès se retourna vers Pythius, et lui demanda quelle somme de deniers il pouoit avoir si grande qu'il pensast estre suffisante pour stippendier son ost qui estoit si grant et si populeux : « Sire, respond Pythius, quant j'ay entendu que vous descendiez vers la Grece pour mener la guerre, je me suis pris à regarder quelle somme j'avoye content, car jà par avant je m'estois deliberé de vous donner le tout, pour defraier vostre exercite. En fin de compte j'ay trouvé que j'avoye deux mille talens en argent et, en or, quatre cens myriades de stateres daricques moins sept mille pieces seullement. Tout ce, Sire, vous donné je, ainsi que j'ay deliberé dès longtemps. Et pour moy et mon estat entretenir, je retiendray l'industrie de mes serfz, et le revenu de mon agriculture, qui me suffira ».

Quand Daire[66] eut consideré le cueur liberal de Pythius, il luy respondit par grant liesse et gayeté de cueur ce qui s'ensuit : « Mon amy, dit il, je vous faiz mon hoste et amy pour | la recompense de la grant offre que vous me faictes, et pour vostre grant largesse et benignité, et si vous redonne tout, et vous fourniray davantaige les sept mille daricques qui deffaillent du nombre dessusdict, afin que le compte soit rond ; et pour ce ilz sont à vous comme ilz estoient par avant, et je n'y ay plus riens ; mais vous soubviengne d'estre tousjours tel subject comme vous estes monstré à ce coup, et vous vous en trouverés bien ».

Quatre cens myriades vallent quatre millions, c'est à dire quatre cens fois dix mille. Les Rommains disoient « quarente fois cent mille ». Quatre cens myriades

[a]Par quoy, pour estimer cette somme il ne reste que de sçavoir combien valloit ung stater daricque. Les historiens font mention Stater d'or

a. V 221, L 691, B 267 : Nunc igitur de stateribus Daricis uideamus. Stateres quidam Alexandrei, quidam Darici, quidam erant Philippei. Sed stater aureus minam argenti ualebat. Pollux : ὁ δὲ χρυσοῦς στατὴρ μνᾶν ἠδύνατο· καὶ γὰρ ἐν τοῖς ἱσταμένοις τὴν μνᾶν τῆς ῥοπῆς στατῆρα ὀνομάζουσι. « Aureus, inquit, stater minam ualebat ; nam et in iis quae appenduntur pondus minae staterem nominauerunt. » [...] Hoc si est uerum, stater unus aureus quaternos minimum aureos nummos

de stateres daricques, philippicques et alexandrins, lesquelz sont denommez par les noms des roys desquelz ilz portoient l'ymaige. Pollux [IX, 57, 4] dit qu'ung stater d'or valloit une livre ou mine d'argent ; et est la raison qu'ung stater en poix vault une mine, ainsy comme il dit. Toutesvoyes nous avons veu cy dessus [f. 69] que, selon l'oppinion de Josephe, ung stater ne valloit qu'ung sicle, qui sont quatre drachmes, et quatre drachmes d'or fin vallent IX livres | tournois et plus, s'ainsy est que dit Pollux ; ung 78
stater daricque valloit X escus couronne, qui est quasi la moitié plus qu'ung sicle d'or, et pesoit autant que quatre medailles de Romme, lesquelles poisent deux gros la piece ou deux drachmes, qui est tout ung.

À ceste raison, les quatre millions de Pythius reviennent à trente six millions d'escus couronne à trente cinq solz pour piece, qui est forte monnoye et aujourd'uy vauldrait plus.

[a]J'ay souvenance d'avoir veu entre les mains d'ung changeur de Paris une medaille ancienne en laquelle estoit escript en

---

Romanos ualebat. Quatuor enim aurei Romani quadringentos non amplius sestertios ualebant ut satis demonstratum est ; ut fuerint stateres aurei unciales, cuiusmodi fere Lusitanici hodie aurei uisuntur denis aureis aestimabiles.

a. V 221[v]-22, L 693, B 267-68 : Quomodo autem apud Romanos argentea nomismata drachmalia signabantur Atheniensium imitatione et aurea didrachma erant, sic apud Athenienses et Persas et Macedonas stateres aurei geminato pondere signabantur, hoc est octonis drachmis : certe nomisma unum hoc triennio argenteum uidi cuius lemma erat Λυσιμάχου βασιλέως, « Lysimachi regis » ; cuius pondus tunc non examinaui, nec alioqui nummum magnopere considerandum duxi, quod nihil tunc harum rerum cogitarem, quare nec mihi oblatum mercatus sum. Hoc autem anno cum anxie perquirerem et ter quaterque argento rependere paratus essem, in tertias quartasque manus peruenisse comperi et tandem hinc exportatum ; sed cum ab iis percunctarer qui maxime meminisse uidebantur quantum ponderis traheret, aiebat unus se existimare semiunciale nomisma fuisse. Id ille mihi facile persuasit, quod alter maius etiam pondus meminisse se dicebat et ea mihi magnitudo nomismatis oculis obuersabatur, quae (ut minimum) aequaret denarium Mediolanensem ; resciui etiam a tertio in cuius tunc manu esset, id est cui ipse id dono dedisset (in quartam enim manum uenerat) sed uidere mihi postea non contigit. Siue autem stater id fuit, siue non, Daricus tamen stater non minus denis aureis nostris ualuit, id est argenti mina : qua ratione fit, ut quadragies centena millia Daricorum, quadringenties centena millia coronatorum ualuerint. Nunc igitur apparet Pythium Bithynium non modo septingentis et octoginta millibus, sed plane decies centenis millibus

lettres grecques que c'estoit la face « du roi Lysimachus », qui fut l'ung des successeurs d'Alexandre, et pouoit estre de demye once d'argent, qui n'est que la moitié du poix dessusdict. Mais les pieces d'or se forgeoient à Romme et à Athenes doubles de celles d'argent ; car une medaille d'or poise deux d'argent, et ainsi peut on juger et veoir aujourd'uy. Quoy que ce soit, il est necessité que ces quatre millions de daricques fust grosse somme, car du moins y avoit il huit cens mille hommes par terre en l'ost de Xerxès. Et quant ilz n'eussent eu que trois escus au soleil
78v par moys, tant de gens de pied que gens de cheval, | si seroit ce par mois deux millions quatre cens mille escus au soleil, sans le bled que Pythius debvoit fournir, et il falloit que les cappitaines et gens de cheval eussent triples gaiges. Et combien que ce Pythius fut si riche, toutesvoyes Pline [XXXIII, 137, 6-7] dit qu'il n'estoit à comparaiger à Cresus, roy de Lydie, lequel avoit nombre d'or infini.

À ceste cause, c'est faulte d'entendement à l'homme que de mettre son cueur si avant en avarice, dont la fin n'est aultre chose que de posseder grant finance ; et se sont trouvez aulcuns serfz qui ont esté plus puissans en richesse que ne sont les roys renommez. Et des roys qui en ont tant abundamment possedé, il ne s'en trouva jamais ung qui en pensast avoir assez accumullé, ainsi que dit Pline [XXXIII, 48, 1-4].

[a]Pallas fut serf de Neron, et tant acquist soubz luy, après qu'il fut mis en liberté, qu'il fut possesseur de trois mille foys sesterces, ainsi que dit Cornelius Tacitus [*Ann.*, XII, 53, 10-13], qui valent sept millions cinq cens mille escus. Pline [XXXIII, 134, 2-8]

---

atque adeo decies septies centenis, et equitatui praeterea et classi stipendium et frumentum suppeditare in quinque menses potuisse***59**.

a. V 66, L 214-15, B 82-83 : Diximus supra apud Plinium legendum esse de eodem Crasso in agris sestertium bis millies possedit, Quiritium post Syllam ditissimus. Siquidem bis millies quinquagies centena millia aureorum ualet : quare Claudii libertus Pallas, qui a Cornelio Tacito sestertii ter millies possessor dicitur, uicies et quinquies centenis millibus Crasso fuisse ditior perhibetur, quod etiam Plinius satis significauit his uerbis : « Multos postea cognouimus seruitute liberatos opulentiores pariterque tres Claudii principatu Pallantem, Callistum et Narcissum. »

dit qu'il fut plus riche que Crassus, combien que Crassus eut en
terre et heritaiges l'estimation de cinq millions d'or. Et combien
qu'il fut appelé le riche de son temps et le plus | riche des Rom- 79
mains après Sylla, neantmoins, du temps de Claude l'empereur,
y eut trois serfz, c'est assavoir Pallas, Calistus, et Narcissus, qui
furent plus riches que luy chascun.

Il fault doncques conclurre par la parabolle de Salomon, qui a esté le plus riche de tous hommes et le plus saige : que la beatitude et felicité de ce siecle et de ceste vie consiste en acquisition et possession de sapience. Pour ce, comme il dit [*Pro.*, III, 16], que sapience tient en sa dextre longueur de vie et les ans qu'on doibt vivre ; et en sa senestre elle porte opulence et gloire. Et qui peut les aultres surmonter en acquisition de ce bien et estre eminent en gloire et renommée acquise par honneur et vertuz, et par les biens de l'entendement, il est possesseur et riche des biens de ce monde qui sont propres à luy et ne demeurent aux heritiers.

Fin de ce present Epitome.

NOTES

1. « Ung “quadrin” à Romme » : dans cette étymologie erronée Budé semble faire référence au terme italien *quattrino*, nom d'une pièce de monnaie issu de *quattro*.

2. « Loy » : Budé souligne le rapport entre le terme grec νόμος, au sens de « loi », et les deux vocables signifiant « monnaie » qu'il vient de citer, *nomisma* et *nūmus* – autre forme du mot latin *nummus*, employée dans le *De Asse* en 1522. Il suggère ainsi, nous semble-t-il, que la monnaie est le produit de la loi.

3. La fin du premier livre du *De Asse* (V 36^{v}-43, L 121-143, B 46-55) est consacrée à l'explication du sens des expressions liées au sesterce, déjà ponctuellement abordées auparavant. Le début est donné dans l'extrait correspondant au f. 3^{v} : « Ventum iam esse ad locum praecipitem… ».

4. « Il fault entendre… singulier » : dans cette phrase Budé écarte l'interprétation « douze fois *un* sesterce » (singulier), c'est-à-dire seulement *douze* sesterces, au profit de l'interprétation « douze fois *sesterces* » (pluriel), selon la manière de traduire en français *duodecies sestertium* qu'il a adoptée dans l'*Epitome*, c'est-à-dire, cette fois, *un million deux cent mille sesterces*.

5. Le texte latin de Suétone se trouve à la fin de la citation incluse dans le premier extrait donné pour le f. 5^{v}: « suppleuitque [senatoribus] non habentibus ».

6. Le mot « sesterce » dérive, en effet, d'un adjectif *sestertius* composé de *semis*, « moitié » et *tertius*, « troisième », au sens de « troisième moitié » selon le compte suivant : *première moitié* = 0,5 ; *deuxième moitié* = 1,5 ou un entier et demi ; *troisième moitié* = 2,5 ou, comme l'explique Budé, deux entiers et demi. Le symbole du sesterce, *HS*, vient d'ailleurs de l'écriture liée de deux

unités (II) et de la lettre S pour *semis*, c'est-à-dire « deux fois I plus une moitié ».

7. « Le poix d'une drachme… apothicaires ». Budé songeait-il à un terme tel que « dragée » pour établir son équivalence ?

8. Cf. f. 36^{v}-37. La manchette, que nous avons déplacée, jouxtait par erreur les lignes mentionnant « Mille fois sesterces ».

9. Cf. f. 52-52^{v}.

10. Cf. f. 20.

11. Le *De Asse* (V 245^{v}, L 636-37, B 246) contient une allusion à cette double dénomination adoptée pour distinguer deux valeurs successives, celle du franc de Jean le Bon et celle du franc à pied de Charles V : « Hoc [le fait de faire baisser la valeur d'une monnaie] et apud maiores nostros aliquando factitatum legimus inuento regum in nummaria difficultate […]. » À ce texte semble renvoyer l'Index de L, *s.v.* « Franci Pedites Equitesque nummi ».

12. Voir plus haut, f. 9, et l'extrait correspondant du *De Asse.*

13. Écrit *tartres.*

14. Cf. V, 2,11, 1-4, où il est uniquement question de Suse ; le chiffre défini ici comme « *incredibilem* ex thesauris *summam* pecuniae » s'élève à cinquante mille talents d'argent. Pour obtenir les cent soixante-dix mille que cite Budé, il faut ajouter les cent vingt mille de Persépolis, chiffre fourni par Quinte-Curce au même livre V, 6,9, 1-3. Le contexte de la référence de Budé, qui énumère aussi les villes de Damas et de Babylone, est donc bien plus large.

15. Calembour créé à partir de *fer* et *or*, ou *ferré* et *doré.*

16. Les lettres d'Alexandre figurent dans la première partie de l'*Epistolarum Graecarum collectio Graece* publiée à Venise par Alde en 1499, recueil que Budé connaissait certainement.

17. Anaxarque d'Abdère, disciple de Démocrite et maître de Pyrrhon, accompagna Alexandre dans son expédition.

18. Cf. Plutarque, *La fortune ou vertu d'Alexandre*, 333^{B}, 1-6 et *Alexandre*, 8, 5.

19. « Denoté », écrit « deurté ». La correction est suggérée par une annotation en marge de l'exemplaire de la BnF.

20. L'*Epitome* est en avance par rapport au *De Asse* de Venise, où Grolier a repris le texte de la première édition parisienne de 1514-1516 ; aussi, nous donnons l'extrait correspondant avec, entre crochets obliques, les intégrations que Budé a insérées par la suite. Budé y précise qu'il a « reçu » (*ad nos peruenit*) le texte grec de Plutarque, soit l'édition *princeps* des *Vies parallèles* imprimée à Florence chez Giunta en 1517, « après l'autre édition » du *De Asse*, celle de 1514-1516 : *post alteram libri huius editionem*. Cf. aussi L 133, B 50 : « Cum autem post *primam* huius libri editionem legere mihi *Historiam* [*scil.* les *Vies*] Graecam eiusdem Plutarchi contigit, recens ex officinis Transalpinis publicatam, certam iam fidem habere coepi eius quod coniectura exacta ante collegeram », etc. La traduction latine en usage à cette époque, plusieurs fois réimprimée et augmentée, est due à plusieurs humanistes : voir, par exemple, les *Virorum illustrium uitae ex Plutarcho Graece in Latinum uersae*, Venise, Bartolomeo de Zani, 1496 ; au f. 36 du tome II on lit le texte du passage concerné dans la traduction d'Antonio Tudertino.

21. Cf. f. 4^{v}.

22. Cf. f. 3^{v} et *sq.*

23. « Subsides » : nous corrigeons le texte imprimé qui donnait l'incompréhensible « succides », au sens de *subsidia*, « moyens », pour indiquer les sommes perçues par l'État romain après le triomphe de Pompée ; cf. *infra*, f. 56, l'emploi de « subsides » au sens d'impôts.

24. « Briefve », c'est-à-dire abrégée par l'ellipse de *centena milia*, comme il est expliqué plus haut.

25. Budé ne traduit pas l'unité de mesure de ces chiffres, qui est le *passus* (« passuum », abrégé en « p. » dans le texte latin).

26. Citation non identifiée.

27. « Inutile », c'est-à-dire inutilisable, parce qu'il ne livre pas tous les renseignements de l'autre source. La tournure employée dans le *De Asse* latin (« apud Tranquillum locus muti-

latus est ») indique une lacune inexistante pour les éditeurs modernes de Suétone.

28. Cf. Suétone, *César*, 38, 1 et *sq.*

29. Cf. Plutarque, *Luc.*, 46 (3), 1.

30. Le chiffre de « neuf cens fois » sesterces est obtenu à partir de la correction du vers de Martial cité dans le *De Asse* au début du développement consacré à Apicius : *dederas Apici bis trecenties uentri* (III, 22, 1) où, selon Budé, il faudrait lire « ter trecenties » pour se rapprocher de l'autre chiffre transmis par Sénèque de mille (« fois ») sesterces, dont il ne reste à Apicius que cent au moment où il décide de mourir ; « mille » correspondrait donc à « neuf cents » plus « cent ».

31. Budé semble avoir pris quelques libertés par rapport au texte de Pline cité dans le *De Asse* dans la première des trois occurrences signalées. En comparant les deux versions de l'anecdote, on remarque notamment que Pline n'évoque que le seul plat de la perle pour ce dîner ; le détail de la deuxième perle est absent.

32. La question du poids de la perle est absente du passage cité : Budé l'a peut-être déduit à partir de son prix en sesterces et du coût des carats.

33. L'expression « à tout la jube » s'explique par le mot de sa source, Pline : *leonum iubatorum*, « des lions fournis de crinière ».

34. « Appian », etc. : ici aussi, *l'Epitome* innove par rapport au *De Asse* de 1522, qui fonde ce développement sur le seul Plutarque. Les éditions suivantes de l'ouvrage latin comportent à cet endroit des ajouts avec des extraits d'Appien mais qui ne recoupent pas ceux de l'*Epitome* (*Bell. Civ.*, IV, 16,120, 19-23).

35. Le « Cydnus », écrit « Cyduns » par erreur, est un fleuve de Cilicie.

36. Cf. Plut., *Ant.*, 28,2, 2-3 : Budé a voulu transcrire l'expression à partir de la forme suivante : τῶν Ἀμιμητοβίων σύνοδον.

37. « Scipion l'Asiatique … Anthiocus » : Lucius Cornelius Scipion, frère de Publius, le Premier Africain, fut appelé Scipion l'Asiatique après sa victoire sur Antiochus III de Syrie, bat-

tu à Magnésie du Sipyle en 189. La Paix d'Apamée fut conclue en 188. L'expression « victoires *d'*Antiochus » est donc, ici, ambiguë.

38. « France » : il s'agit, bien entendu, de la guerre des Gaules (58-51 av. J-C.).

39. Attale III légua aux Romains son royaume de Pergame en 133. Ce territoire constitua la province romaine d'Asie à partir de 129, à l'issue d'une « guerre des esclaves » suscitée par Aristonicus, fils naturel d'Eumène II, prédécesseur d'Attale.

40. « Destruction de Corinthe » : en 146, après l'insurrection conduite par Andriscus, soi-disant fils de Persée, en 148.

41. « Persès de Macedone » : Persée de Macédoine, battu en 168 à Pydna.

42. C'est en vain qu'Agrippa II tint ce célèbre discours en 66 après J.-C. pour conjurer la révolte qui mènera au désastre infligé par Titus en 70 avec la prise de Jérusalem.

43. « Varius » : forme erronée du nom du gouverneur Quintilius Varus, à l'origine de l'adjectif « Varianus ». Suétone fait ici allusion à la fameuse défaite de Teutobourg, infligée aux Romains par Arminius/Hermann en 9 apr. J.-C.

44. « Pour luy <et pour son> deuxiesme » : notre intégration se fonde sur le passage de Thucydide cité, où il est précisé que l'on payait une drachme pour le soldat et une pour son serviteur, ὑπηρέτῃ.

45. « Trois moys » : cette version française du texte de Plutarque marque une progression interprétative par rapport au texte latin du *De Asse* tel qu'il est imprimé à Venise en 1522 : « hunc locum suspectum habeo quod ad *minas* pertinet… » Entre-temps, Budé a découvert que les « mines » cachaient des « mois », soit le vocable grec μῆνας lu, par erreur, μνᾶς, et il adaptera les éditions suivantes du *De Asse* latin. Dans notre transcription, nous avons mis entre crochets obliques les modifications apportées au texte latin de 1522.

46. « Quarante et huyt mille [pieds] » : cf. le texte latin, où le calcul aboutit au chiffre de quarante-huit mille quatre cents.

47. La source principale de ce passage, Suétone (*Auguste*, 29-30), que Budé suit presque à la lettre dans les extraits latins, est donnée au f. 55 de l'*Epitome*. Cf. aussi la note suivante.

48. Voir à ce propos l'étude de Jacques Gascou, *Suétone historien*, Rome, B.E.F.A.R., 1984, p. 405-8.

49. Cette manchette est placée au bas du f. 57^{v}, après les deux qui figurent à la suite dans notre édition.

50. Cf. *infra*, f. 69.

51. Écrit par erreur « verifica- | ces ».

52. Confusion chronologique, peut-être due au fait que les propos rapportés de Polybe, cités peu auparavant (f. 63^{r-v}), figurent dans la *Géographie* de Strabon.

53. « Tous les ans » : la campagne de Claudius Marcellus date de 152 av. J.-C.

54. Budé fait de Gnæus Seius un Séjan, alors que dans le texte d'Aulu-Gelle « Seianus » est épithète d'*equus*.

55. Budé va montrer (f. 69) que l'incohérence entre récits bibliques et hellénistiques pourrait être expliquée par la valeur de « talent » attribuée au sicle, ou *shekel*, mais, au f. 75^{v}, il revient sur cette explication.

56. « Tharce » pour Tarsis. Budé s'intéresse à cette référence géographique rare plus loin dans le *De Asse* (V 149^{v}, L 482, B 186). Cf. *Dictionnaire encyclopédique de la Bible*, Turnhout, Brepols, 1987, *s.v.* « Tarshish, Tarsis » : « [...] Dans la Bible, le terme [...] désigne [...], en premier lieu, toute la région de lointain Occident [...]. De même les "vaisseaux de Tarsis" font allusion à toute navigation au long cours : le commerce avec l'Occident en priorité (1R 10,22 ; Is 2,16 ; 23,1 ; 69,9) mais, également, le trafic en mer Rouge (1R 22,49). » Voir aussi *The Anchor Bible Dictionary*, New York, Doubleday, 1992, vol. VI, *s.v.* « Tarshish (place) » et F. Rienecker, *Lexikon zur Bibel*, Wuppertal-Zurich, Brockhaus, 1994, *s.v.* « Tarsis ».

57. Cf. l'extrait latin suivant, avec la citation d'Eusèbe de Césarée.

58. « En <Em>poleme » : haplographie. Il s'agit de l'historien juif hellénisé Eupolémos, dont Budé orthographie le

nom « Empolemus » ou « Empoleme » : cf. plus bas, f. 68v et *sq.* Il fut l'auteur d'un traité *Des rois de Judée*, source d'Eusèbe de Césarée.

59. Plus loin, f. 73v, Budé fait le lien entre ce nom donné d'après le grec et le « Ophir » du *Livre des Rois.*

60. « Vafrès » : ce « roi d'Égypte » n'est pas nommé dans le récit parallèle de l'Ancien Testament. Le nom que donne Eupolémos et que Budé rend par « Vafrès » correspondrait plutôt à celui d'un pharaon du VIe siècle, Éphrée (ou Hophra) dans la Bible et Apriès chez Hérodote.

61. Ez 4, 10 : « Cibus autem tuus quo uesceris, erit in pondere uiginti statheres in die » ; Jérôme *ad loc.* : « [...] qui panes habent uicenos siclos, id est statheres. Siclus autem, id est stather, habet drachmas quatuor. Drachmae autem octo, Latinam unciam faciunt : ita et unus panis decem uncias habere dicatur : quo trahitur magis anima quam sustentatur. »

62. Jerôme suit la Septante qui traduit par « oboles » l'hébreu *ghêra* (גרה).

63. Ctésias de Cnide (Ve/IVe siècle av. J.-C.), médecin grec à la cour d'Artaxerxès et historien, auteur notamment d'un traité *Sur les tributs de l'Asie*, cité par Athénée ; cf. *infra.* Pour cet épisode, voir l'édition de Dominique Lenfant : Ctésias de Cnide, *La Perse. L'Inde. Autres fragments*, Paris, Les Belles Lettres, 2004, p. 76-77.

64. On reconstruit de nos jours le nom du roi de Colchide en « Saulacès », que Budé, dans la citation plinienne du *De Asse*, donne sous la forme double *Galauces* [*sic*] *et Esubopes.* Derrière cette leçon, qui semble remonter à celle du ms. *Paris. lat.* 6801 (***h*** : *salauces et esubopes*), Sillig a rétabli, à partir de celle du *Bamberg.* M. V. 10 (**B^1** : *saulaces aetaesubolis*) « Saulaces Æ<e>tae subolis », c'est-à-dire « Saulacès, le descendant d'Æétès ».

65. Budé fait ici allusion à la partie initiale du cinquième livre du *De Asse* (V 161-196v, L 510-617, B 196-238), où il exposait les systèmes de mesures de capacité anciennes, leurs rapports avec les prix et les noms des récipients. Malgré ce qu'il affirme

dans la suite de la phrase, on trouve aux f. 49-50 une rapide explication des principales mesures anciennes.

66. « Daire » : confusion ; il s'agit évidemment de Xerxès.

NOTES AUX EXTRAITS DU *DE ASSE*

***1.** Suit l'extrait donné au f. 1^{v}.

***2.** Cf. Domizio Calderini, *In Iuvenalem*, Venetiis, B. de Tortis, 1482, *ad loc.* Ami de Bessarion et évoluant dans les milieux de la curie romaine, l'humaniste véronais Calderini (1446-1478) est l'auteur de plusieurs commentaires aux poètes latins qui connurent un succès considérable.

***3.** Cf. Marcantonio Sabellico, *Suetonius cum commentariis*, Venetiis, J. Rubaeus, 1490, f. 34, *ad loc.* Élève de Calderini et de Pomponio Leto, l'humaniste et poète romain Sabellico (c. 1436-1506) est notamment l'auteur d'annotations philologiques à Tite-Live, Pline et à d'autres auteurs latins ainsi que de traités érudits.

***4.** Cf. Philippe Béroalde, dit l'Ancien, *Commentarii in Suetonium*, Mediolani, L. Pachel, 1494, f. non numéroté, *ad loc.* Né à Bologne, Filippo Beroaldo *senior* (1453-1505) compte parmi les grands philologues, éditeurs et commentateurs de la Renaissance italienne. Son court séjour parisien en 1477 fut très fécond pour l'humanisme français.

***5.** Cf. Flavio Biondo, *Roma triumphans*, Basileae, H. Frobenius, 1531, livre IV, p. 85. Ami de Leonardo Bruni et de Guarino de Vérone, l'humaniste Biondo (1392-1463) composa de célèbres sommes historiques et archéologiques (*Roma instaurata, Italia illustrata, Roma triumphans, Decades historiarum ad inclinato Romano imperio*) qui ont façonné la vision renaissante de l'Antiquité.

***6.** Cf. l'extrait donné au f. 36^{v}.

***7.** Suit l'extrait donné au f. 5^{v}.

***8.** Faute d'éditions modernes de l'ouvrage de Priscien *De ponderibus et mensuris*, cf. *Opera*, Venetiis, A. Manutius, 1527, f. 273.

***9.** Cf. le texte au f. 13.

***10.** L'expression *rei obscurae* se réfère à la difficulté d'évaluer le talent.

***11.** Cf. l'extrait précédent.

***12.** Le chiffre erroné ρη´ cache un ὀκτωκαίδεκα, soit « dix-huit (myriades) » ou cent quatre-vingt mille talents, comme Budé l'écrit dans sa traduction latine.

***13.** Suit l'extrait donné au f. 21[v].

***14.** Cf. l'extrait suivant.

***15.** Suit l'extrait qui, dans le *De Asse*, précède le présent extrait.

***16.** Suit l'extrait donné au f. 26[v].

***17.** Cf. l'extrait suivant.

***18.** Voir la note 20 au texte de l'*Epitome*.

***19.** « Semel » : il faudrait le multiplicatif *decies*.

***20.** Suit l'extrait donné au f. 31.

***21.** Cf. l'extrait suivant.

***22.** Cf. l'extrait donné au f. 34.

***23.** Suit l'extrait donné au f. 31.

***24.** Cf. l'extrait suivant.

***25.** Cf. Domizio Calderini, *In Martialem*, Venetiis, B. de Tortis, 1482, p. <70>. Sur Calderini, cf. *supra*, note *2.

***26.** Cf. l'extrait donné au f. 37[v].

***27.** Suit l'extrait précédent.

***28.** Cf. l'extrait suivant.

***29.** Suit l'extrait précédent.

***30.** Suit l'extrait donné au f. 36.

***31.** Il s'agit de Georges d'Amboise (1460-1510), archevêque puis cardinal légat (1501), puissant seigneur très lié à Louis XII qu'il seconda notamment dans sa politique extérieure.

***32.** Cf. l'extrait donné au f. 36[v].

***33.** « Prodigum » : il faudrait *dignum*.

***34.** Cf. l'extrait donné au f. 42.

***35.** Cf. Strabon, *Geographia*, trad. latine par Gregorio Tifernate et Guarino de Vérone, Parisiis, E. Le Fevre, 1512, f. 138^{v} b.

***36.** Cf. l'extrait donné au f. 2^{v}.

***37.** Cf. l'extrait suivant.

***38.** Il s'agit du juriste orléanais François Deloynes, ami et parent de Budé, dont il fréquentait le cercle d'humanistes. À la fin du *De Asse*, Budé se représente en train de converser avec lui.

***39.** Il s'agit du théologien humaniste Guillaume Petit (c. 1470-1536), confesseur de Louis XII et de François Ier et, sous ce dernier, chargé de la bibliothèque royale de Blois. Jusqu'au début des années 1520, il fut très lié au groupe d'humanistes réunis autour de Budé et Lefèvre d'Étaples.

***40.** Cf. l'extrait précédent.

***41.** En disant que ces « M » ressemblent à des *omega*, Budé tente apparemment de décrire des « M » en onciale.

***42.** Voir la note 45 au texte de l'*Epitome*.

***43.** Cf. l'extrait donné au f. 46^{v}, à l'endroit qui précède l'amorce « Haec ut libro nostro… ».

***44.** « Centum » : il faudrait *quattuor*.

***45.** Cf. Flavio Biondo, *Roma triumphans*, Basileae, H. Frobenius, 1531, p. 139. Sur Flavio Biondo, cf. *supra*, note *5.

***46.** Cf. l'extrait donné au f. 45.

***47.** Cf. l'extrait donné au f. 60.

***48.** Suit l'extrait donné au f. 55.

***49.** Cf. l'extrait précédent.

***50.** Cf. l'extrait donné au f. 53.

***51.** Cf. l'extrait donné au f. 52.

***52.** Cf. les extraits donnés au f. 47^{v}.

***53.** Il s'agit de la *Postilla super quatuor Euangelium*, élément de la *Postilla literalis* à toute la Bible composée par le grand exégète franciscain hébraïsant, juif converti, Nicolas de Lyre (1270-1349), dont Budé cite le commentaire *ad loc.* (« Et cum uenissent Capharnaum »).

***54.** Suit l'extrait donné au f. 45.

***55.** Cf. l'extrait suivant.
***56.** Suit l'extrait donné au f. 65.
***57.** Cf. l'extrait précédent.
***58.** Cf. les extraits donnés au f. 57.
***59.** Suit l'extrait donné au f. 46^{v}.

POSTFACE

*L'annotation de l'*Epitome, *en complément de l'édition critique déjà achevée en 2003 par* Marie-Madeleine de La Garanderie *(1913-2005), doit ses dimensions actuelles à l'heureuse initiative de l'éditeur, M. Alain Segonds : il nous a proposé d'intégrer au texte français déjà établi les extraits latins correspondants, tirés du* De Asse. *Comme souvent pour l'étude des ouvrages érudits de Budé, il s'est agi d'un travail de pionnier, que pourra éventuellement augmenter et rectifier çà et là une édition critique et annotée, encore à venir, de l'*opus maius. *Ainsi, nous avons jugé utile de placer en fin de volume, en guise de postface et sans empiéter sur la généreuse introduction de M.-M. de La Garanderie, une brève étude des points fondamentaux ressortant de la comparaison avec l'œuvre latine. La disparition de la grande spécialiste de Budé ne m'a pas permis de rédiger ce deuxième volet du projet d'édition sous sa supervision ; c'est à sa mémoire que je l'offre en toute modestie.*

L.-A. S.

Il y a en chascune langue certaine proprieté
qui ne se peult si bien trouver en une aultre.

Epitome, f. 4v

Dans toute entreprise de vulgarisation, la barrière linguistique dresse le plus redoutable des obstacles. Si l'on songe, de plus, à la nature du travail de Guillaume Budé, on concevra d'autant mieux la difficulté de l'exercice. Budé livre dans le *De Asse* les résultats d'une recherche extensive sur l'économie antique et ses bases monétaires, établis en priorité sur la foi des œuvres anciennes dont il a comparé les données et, au besoin, rectifié les erreurs.

Mais ces données et ces erreurs ne pouvaient qu'être de nature linguistique ou, plus précisément, à caractère philologique, c'est-à-dire liées à la transmission des textes anciens et à leur état au moment et sur les supports où Budé les lisait. Or dans l'*Epitome* du *De Asse* Budé a voulu offrir en français – le moyen français d'avant la Pléiade, d'avant Amyot – à un public non humaniste comme celui de la cour, l'essentiel d'un ouvrage de recherche aussi déroutant que difficile. Il a dû, ainsi, résoudre de nombreux problèmes de traduction du latin ou du grec en français, choisir un ordre d'exposition clair à l'intention de ses nouveaux lecteurs et, à l'occasion, rendre compte des avancées de ses travaux érudits en vue d'une nouvelle édition du *De Asse* latin.

Aspects linguistiques et stylistiques

Tout au long du siècle de Budé, la volonté de cerner le sens précis de certains vocables anciens s'est traduite par l'emploi courant de binômes synonymiques, ainsi que nous pouvons le constater dès le titre de notre ouvrage, *Summaire et Epitome*. Certes, tout lecteur de Cicéron nous dira qu'il s'agit là d'un procédé rhétorique typique hérité de l'Antiquité. Mais ce qui se voulait alors un ornement à l'intention de destinataires locuteurs de la même langue latine, devient ici un instrument de connaissance et n'obéit pas tout à fait aux mêmes règles stylistiques : c'est ce que l'on constate, par exemple, au f. 58, là où Budé cite « la *Cosmographie et description du monde* » de Strabon. Il est évident que la deuxième partie du titre a pour fonction d'expliquer la première, empruntée au grec et encore exotique en 1522. Dans certains cas la difficulté est de nature philosophique, comme au f. 18^{r-v}, où l'expression « les actes et choses humaines subgectes à mutation ont inclination *fatalle et ordonnée par providence divine* », employée à propos de la défaite de Darius III par Alexandre, tente de rendre à la fois deux conceptions du monde en reliant le *fatum* à la providence chrétienne. Bien sûr, on trouvera plusieurs binômes traduisant des termes techniques ; ils permettent à Budé d'importer en français un mot latin ou grec tout en donnant son équivalent plus ou moins exact. C'est le cas des « fermiers et *publicains* » au f. 8, ou des différents « *registres* ou papiers des comptes » (f. 20^{v}), « registres et bordereaulx » (f. 51), « pappiers et registres censuelz » (f. 56^{v}).

Les termes grecs posent un double défi puisqu'il a fallu, déjà, les traduire en latin dans le *De Asse*, puis les rendre en français pour l'*Epitome*. Il est intéressant à ce propos de considérer brièvement, aux f. 18 et *sq.*, les solutions trouvées par Budé aux problèmes posés par une source aussi exigeante que régulièrement citée dans le *De Asse*, Athénée. Ce dernier nous a conservé la lettre que Parménion adressa à Alexandre depuis Damas après la bataille d'Issos. Le général y décrit la foule des personnels agrémentant le campement du roi, à travers lesquels Budé évoque le faste oriental pour les Français de son époque :

- παλλακίδες μουσουργοὶ τοῦ βασιλέως (lat. : *pallacae canendi peritae et musicae uariae artifices, ad regis oblectationem intentae*), « damoyselles concubines, chanteresses, sçavantes, gaillardes et bien instruictes en toutes façons et especes de musicque, lesquelles le roy menoit en son ost pour son deduyt et passetemps ». En latin comme en français, Budé a cherché à rendre à la fois le statut supérieur de ces dames de compagnie et la polysémie de l'adjectif grec composé du nom des Muses.

- ἄνδρες στεφανοπλόκοι (lat. : *uiri coronamentorum artifices*), « hommes ouvriers de mettre fleurs et faire boucquetz et chappelletz de gentillesses odoriferantes ». Ici, c'est la nouveauté de la fonction qui l'emporte, obligeant le traducteur à expliquer l'intérêt des couronnes de fleurs.

- ὀψοποιοί (lat. : *coqui*), « cuisiniers » et χυτρεψοί (lat. : *figuli ad culinarium instrumentum in castris fingendum*), « potiers besoingnans de terre pour faire journellement potz et ustensilles de cuisine ». Budé a bien analysé les bases du vocable, χύτρα « pot, marmite » et ἕψω « cuire », mais, contrairement à la signification de « cuisinier » que l'on donne à ce mot de nos jours et qui lui a sans doute paru redondante après ὀψοποιοί, il a compris le terme dans le sens où c'est le « pot » qui est « cuit » par un ouvrier potier. Or la langue grecque dispose d'une variété de termes indiquant les différentes fonctions du cuisinier, tels que μάγειρος, σιτοποιός, ἀρτοποιός, etc.

- γαλακτουργοί (lat. : *lactarii pistores*), « maistres de paticerie, de tartes et de toutes especes qui se cuysent au four friandes et delicates ».

- ποτιματοποιοί (lat. : *potionum temperatores concinnatoresque liquorum*), « faiseurs de vins aromatizez et de toutes douces liqueurs et boissons artificielles et qui se passent par la chausse », et οἰνοηθηταί (lat. *homines qui a sacellandis vinis erant et colo condiendis*), « eschançons, sommeliers, ouvriers de mixtionner ». Le verbe ἠθέω qui fournit le suffixe de ce dernier composé grec signifie « filtrer » ; cf. l'expression précédente, *passer par la chausse.*

- μυροποιοί (lat. *unguentarii*), « hommes ouvriers de faire odeurs et senteurs, tant liquides comme seiches ».

Certes, Budé a souvent enrichi sa traduction au point d'en faire un tableau descriptif presque détaché du texte source mais on peut constater comme, dans nombre de cas, il ne pouvait éviter de rendre un mot par une définition ou une périphrase. En même temps, son travail lexical contribue à faire progresser la langue française et témoigne d'un intérêt pour elle qui se prolongera jusqu'aux *Commentarii Graecae linguae,* qui fondent une véritable réflexion sur les rapports entre les langues grecque et française, et que l'on retrouve dans maint endroit des carnets autographes où Budé recueillait les fruits de ses lectures comme ses ébauches littéraires.

Transposition des matériaux du *De Asse*

De tels procédés d'amplification sont relativement indépendants du problème linguistique. Supposant ses lecteurs gourmands de descriptions du luxe ancien, Budé a insisté davantage dans l'*Epitome* que dans le *De Asse* latin sur les excès spectaculaires de tant de personnages de l'Antiquité, de Darius à Antoine, de Lucullus à Néron. Aux f. 36^{v}-37, le récit du dîner de Cléopâtre, évoqué certes à trois reprises dans le *De Asse,* mais de manière succincte, est bien plus développé dans la version française que dans Pline, sa source ; Budé ajoute des détails sur les mets et aborde la destinée de la deuxième perle de la reine, celle qui n'a pas été sacrifiée parce que le prix du dîner avait été atteint. On comparera de même l'exploitation de l'épisode du « théâtre de Scaurus » en français, f. 38 et *sq.*, et dans l'extrait latin, bien plus concis, ou, au f. 34, le deuxième épisode de repas de Lucullus, absent du *De Asse.*

D'Alexandre, Budé cite *in extenso,* f. 23^{v}, une lettre à Aristote, tirée de Plutarque et d'Aulu-Gelle, que les extraits correspondants du *De Asse* ne transcrivent pas, peut-être en raison de sa célébrité ; Budé rappelle en effet qu'on la trouve dans le *Recueil d'épîtres grecques* publié par Alde en 1499. Elle contient un propos emblématique chez un homme légendaire pour ses victoires militaires : « Quant à moy, je veul que tu saches que je faiz plus de cas et estime plus surmonter les aultres et estre eminent sur tous en *doctrine et erudition des bonnes et excellentes sciences* que en puissance et force d'armes ».

L'affirmation des liens d'amitié et de respect entre le roi macédonien et les philosophes s'étend volontiers, f. 24^{v}, au thème de l'argent versé par Alexandre au Stagirite comme à Anaxarque d'Abdère ou à Xénocrate de Chalcédoine, tandis que le *De Asse* ne relate que le premier de ces épisodes. À travers ces exemples, Budé plaide devant François Ier et sa cour en faveur du même modèle de mécénat royal, pour soutenir et encourager le développement des études humanistes en France : « Ne se fault esmerveiller, dist il, se Anaxarche demande si grosse somme, car je luy sçay bon gré de ce qu'il entend que *celluy à qui il la demande a le vouloir bon et pouoir de luy fournir* ».

Au prix de ces différences d'accent, le contenu principal du *De Asse*, à savoir les longues démonstrations philologiques aboutissant à l'établissement des données économiques, est quasiment absent de l'*Epitome*, comme on l'a déjà remarqué. La comparaison de certains passages français avec les extraits latins correspondants est éloquente : cf., par exemple, la discussion sur le prix de Bucéphale dans les différentes sources, tronquée dans développement aux f. 15v-16, ou la narration des f. 35 et *sq.*, à qui s'oppose l'ample démonstration philologique de l'extrait latin.

Mais ce qui nous intéresse davantage ici, c'est peut-être le dispositif rhétorique par lequel Budé présente ses recherches et les simplifie en vue de l'explication, notamment celle qui occupe tout le début de l'abrégé français. En effet, la différence de ton dans les deux versions est sensible : dans le *De Asse*, qui s'adresse à des savants, Budé souligne les difficultés pour mettre en valeur ses efforts de savant et donner plus de prix – s'il en était besoin ! – à ses résultats ; dans l'*Epitome*, il préfère mettre à l'aise ses lecteurs, peu érudits et facilement découragés. Sans dissimuler les difficultés de la tâche philologique, il adopte une posture de pédagogue et mène avec la plus grande clarté les quelques démonstrations jugées nécessaires à la compréhension des principaux faits économiques antiques.

Cette différence stylistique, évidente dans la plupart des passages reproduits, éclate dans la page des *centies sestertium*, f. 3v et *sq.* Dans le *De Asse* la présentation dramatisée de la question, clé de voûte de son travail, commence par la phrase suivante : « Avec un sens d'horreur dans l'âme, qui évalue l'ampleur d'un danger menaçant et imminent, je comprends que nous sommes désormais parvenus au moment critique : voici le point capital de notre sujet, le pivot de notre ouvrage tout entier, enfin tout le risque d'une entreprise incertaine, parce que nous nous apprêtons à montrer ou plutôt à démontrer la différence qui existe entre *sestertia centum* et *sestertium centies.* Passage tout aussi glissant qu'abrupt, du moment qu'il faut ou bien que je tombe dans le gouffre des erreurs à la moindre hésitation, ou bien que cet ouvrage ne puisse poursuivre sa marche sans interruption si, en cet endroit même, je m'écartais un tant soit peu de la vérité. »

Point de pareille solennité dans l'*Epitome* : « La difficulté est pour ce que on trouve ès aucteurs anciens trois manieres de parler de sesterces. [...] Mais la troisiesme maniere de parler est où gist la grande difficulté, c'est à dire où a esté l'erreur generalle et perpetuelle par cy devant : car entre *centies sestertium* et *centum sestertia* tant y a de tare que l'ung signifie cent <mille> fois autant que l'autre. Et *cent fois* sesterces signifie *cent fois cent mille* petis sesterces [...] ». Le reste de ce développement est de même tonalité. Budé revient tout aussi sereinement sur sa méthode plus loin dans l'*Epitome,* aux f. 59v-60 : « Car se le fondement n'est bien assiz, il n'y peut avoir stabilité de creance et jugement en ce qui s'ensuit après. Mais quant la demonstration se fait en maniere que, par les principes posez, les choses ensuivantes se provent et les prochaines positions se demonstrent par les precedentes, et par icelles les subsequentes, et il y a telle colligance et connexion en l'euvre que les membres et parties quadrent et ont coherence ensemble [...], alors il y a matiere et cause d'y asseoir jugement ferme, pour autant qu'il y a necessité de raison qui nous contrainct d'ainsi le faire ».

Progrès des recherches en 1522

Par-delà les besoins liés à des destinataires différents, ce qui nous paraît le plus important à signaler, c'est la présence dans l'*Epitome* de plusieurs éléments attestant l'évolution des recherches de Budé en vue d'une nouvelle édition du *De Asse.* Si l'on compare l'édition de 1522, préparée à Venise sous la direction de Jean Grolier, et les suivantes, on remarque la quantité d'endroits retouchés ou augmentés par Budé. Des auteurs comme Plutarque ou Appien, jusque-là cités en traduction latine, apparaissent maintenant en grec. Or en cette même année 1522 la version française livre sur plusieurs points un état des travaux plus avancé que celui de l'original latin et annonce, pour ainsi dire, l'étape suivante.

Nous avons montré ces progrès par rapport au *De Asse* de Venise dans deux extraits latins relatifs à Plutarque, respectivement aux f. 26^v (discussion reprise au f. 56), à propos des richesses apportées à Rome par les victoires de Pompée, et 47^v, dans le passage sur le revenu de Crassus ; un autre « texte grec de Plutarche » est également mentionné dans la description du triomphe de Lucullus, f. 32^v. Budé en profite, donc, pour mettre à jour sa recherche devant ses lecteurs français. Dans le deuxième cas, plus simple, on comprend par la lecture de l'extrait latin que Budé a déjà corrigé en français l'erreur de la traduction latine, qui portait *minas*, les mines (monnaie grecque) au lieu de *menses* à cause de la lecture fautive du mot grec μῆνας. L'*Epitome* en effet, au f. 48, traduit directement « moys », sans rendre compte de la discussion philologique contenue dans le *De Asse* après 1522.

Dans le premier cas, en revanche, il s'agit d'une double confusion. D'abord entre *drachmes*, terme sous-entendu chez Plutarque (*Pompée*, 45, 3 ; cf. 45, 9), et *sesterces* ou, pis, *as*, qui apparaît dans la traduction latine du passage concerné : « Et si estoit signifié comme dessus, ainsi qu'il est escript au Plutarche grec, non pas en cellui qui est translaté en latin » (par Antonio Tudertino). Ensuite, confusion sur le statut des revenus : « impostz » ou « tributz » ? Là aussi le texte grec permet de cerner la valeur exacte du terme et de corriger la traduction latine, comme Budé le rappelle au f. 56 : « Et ce que Plutarche a dit en la *Vie de Pompée* du revenu de Romme [...] se doibt entendre du droit vectigal et non du tribut, ainsi qu'il appert par le texte grec » qui écrit τέλη, ou impôts sur le revenu, le *vectigal* romain, et non φόροι, tributs payés par les provinces.

D'autres pistes dont nous trouvons la trace dans l'*Epitome* ont été abandonnées dans les éditions suivantes du *De Asse.* Le peu de citations du Nouveau Testament que ce dernier comporte sont augmentées en plusieurs points tout à fait pertinents dans la version française, et d'entrée de jeu au f. 1[v], à propos du *quadrant* : Budé cite avantageusement *Matthieu,* V, 26, et surtout *Marc,* XII, 42-43, avec l'offrande de la veuve pauvre. Il cite aussi, au f. 57, le recensement organisé en Judée par le gouverneur Quirinius, à travers la mention de *Luc,* II, 2, tandis que le *De Asse* n'évoque que le nom du gouverneur sous forme d'emprunt grec, « Cyrinus », par ailleurs maintenue dans le texte français. Pourtant, la page suivante de l'*Epitome* comporte une citation de *Matthieu,* XVII, 24-27 (miracle du statère trouvé dans la bouche d'un poisson), qui est également présente dans l'œuvre latine ; ici, non seulement elle fait l'objet d'une courte discussion philologique, mais elle est mise en valeur par des mots d'introduction éloquents : « Mais il reste à dire une chose encore, qu'à dessein nous avons laissée à la fin de ce livre pour que le faîte de l'œuvre soit marqué de la mention de notre Seigneur ». L'absence des autres citations évangéliques dans le *De Asse* pose donc une question dans l'étude des rapports entre les deux ouvrages.

En outre, on peut voir un agencement différent de l'exposé du *De Asse* dans les quelques endroits de l'*Epitome* qui reprennent les mêmes contenus de l'œuvre latine en changeant de plusieurs manières leur disposition. On pourrait parler presque d'un autre assemblage des mêmes éléments. Cela semble reprendre, à une échelle réduite, les choix du plan général de l'*Epitome* qui, comme on l'a vu, représente une rationalisation des développements foisonnants et tortueux du *De Asse.*

On citera à ce propos quelques exemples évidents. L'exposé sur les principales monnaies romaines qui ouvre l'*Epitome* a fait l'objet d'un remaniement profond. Peu d'extraits du *De Asse* y correspondent parfaitement ; cependant, l'énumération des pages – par exemple celles, de petit format, de l'édition de Lyon – suffira à donner une idée du travail accompli : 12, 618, 9, 146-47, 104, 146, 633, 106, 150, 629, pour les extraits correspondant aux f. 1-3^{v}. Abordé par l'*Epitome* aux f. 5^{v}-6^{v}, le discours sur le cens des sénateurs sous Auguste et après correspond, toujours dans l'édition lyonnaise, aux pages 96-97, 166, 196, 404-05. Les f. 29^{v}-31^{v} de l'*Epitome*, où Budé narre les triomphes de César, redistribuent les contenus des pages latines qui, dans l'édition de Lyon, se suivraient ainsi : 305-306, 303-304, 305, 306, 220-21. En revanche, d'autres développements du *De Asse* ont été assez fidèlement suivis, tels ceux des f. 63-66, sur les trésors d'Espagne et des Gaules (éd. Lyon : p. 389-96), et des f. 66-74, sur l'« Histoyre saincte » et sur Sardanapale (éd. Lyon : p. 468-82).

* * *

L'ensemble de ces données comparatives permet de mieux focaliser les enjeux de recherche et d'écriture d'un ouvrage à la fois encyclopédique et novateur. Sa nouveauté exigeait, d'une part, qu'il fût connu rapidement, donc publié : d'où les éditions latines parues sans relâche en 1514, 1516, 1522, 1524, 1527. Cette même nouveauté poussait, d'autre part, son auteur à approfondir et à préciser ses recherches et son propos : d'où les différences, petites ou grandes, entre ces éditions. Au milieu de cette quinzaine d'années de travail, la rédaction de l'abrégé français marque une étape significative, non seulement du point de vue des progrès de sa science, mais aussi pour son statut d'œuvre littéraire française. Œuvre hybride, narrative non moins que technique, exploitant un terrain vaste et relativement inconnu du public visé. Elle témoigne du processus qui triomphera au sein des littératures européennes modernes, issues de l'humanisme : la transposition linguistique, l'imitation esthétique, l'appropriation culturelle des formes littéraires, des contenus humains et scientifiques, des philosophies venus de l'Antiquité.

INDEX DES AUTEURS CITÉS

Le nom de l'auteur est donné sous sa forme moderne. Pour les autres formes employées dans les deux textes français et latin, cf. l'Index. Après les références de chaque citation, les chiffres renvoient au feuillet de l'*Epitome* où la citation commence ; la lettre « n » (pour « note ») renvoie aux citations dans les extraits du *De Asse*, présentés en note de bas de page : ainsi, la mention « 24 et n » signifie que la citation est présente dans les deux textes et l'appel de note correspondant à l'extrait voulu du *De Asse* se trouvera au feuillet mentionné ; la mention « 24n » signifie que la citation ne se trouve que dans l'extrait latin en correspondance du feuillet indiqué.

Les simples mentions de titres, comme celle de l'*Iliade* (f. 23n), ne sont pas prises en compte dans cette liste, non plus que la plupart des auteurs transmis en fragments, dont on ne répertorie que la source, toujours explicite chez Budé : par exemple, les citations d'Eupolémos figurent sous « Eusèbe de Césarée ». Les références au texte de l'Ancien Testament sont données selon les titres et découpages de la *Vulgate*, que nous indiquons de manière abrégée ; ainsi, le cinquième chapitre du *Troisième livre des Rois* (*III Rg*, V) de la *Vulgate* correspond, dans les versions françaises actuelles, aux v. 15-31 de *I Rois*, V, et *Paralipomena* (abrégé en *Par*) aux livres des *Chroniques*.

INDEX DES NOMS PROPRES

Sont répertoriés dans cet Index tous les noms propres contenus dans l'*Epitome* ainsi que dans les extraits du *De Asse* correspondants, à l'exception de ceux qui figurent dans les titres d'ouvrages cités (pour lesquels cf. l'index des Auteurs cités), du nom de Rome et des collectifs les plus fréquents, que l'on trouve *passim* : Grecs, Romains, Perses, Macédoniens, Athéniens et Latins.

Les chiffres renvoient aux feuillets de l'*Epitome* ; la lettre « n » (pour « note ») renvoie au texte latin du *De Asse*, présenté en note de bas de page. Les références de type « 12^{v}/13 » sont employées pour les noms se trouvant coupés entre deux pages : en l'occurrence, « Hesi- | che » pour Hésychius.

Les noms sont donnés en français sous leur forme moderne complète, les formes latines ou françaises pouvant poser problème font l'objet de renvois.

A

M

N

GLOSSAIRE

Outre les termes désignant poids, mesures ou monnaies antiques ou modernes, pour lesquels on a signalé l'occurrence, n'ont été insérés dans le présent *Glossaire* que les vocables absents en français moderne ou dont la signification a évolué, les autres acceptions conservées n'étant pas mentionnées dans ce cas. De même, pour les vocables comportant plusieurs acceptions en moyen français, nous ne signalons que celle ou celles nécessaires à la compréhension du texte en présence. Quelques formes verbales difficiles sont également répertoriées, ainsi que quelques mots grecs ou latins cités par Budé dans leur forme originale ou francisés, sauf quand ils font l'objet d'une explication dans l'*Epitome* ou quand leur sens est évident comme dans le cas de *sestertius*, pour lequel on cherchera simplement à l'entrée *sesterce.* Pour les monnaies médiévales, nous renvoyons à M. Bompaire – F. Dumas, *Numismatique médiévale. Monnaies et documents d'origine française*, Turnhout, Brepols, 2000.

A

accourcir, raccourcir, abréger
achapter, *achecter*, acheter
acromaticque (pour « acroamatique »), qui concerne l'enseignement oral donné à des auditeurs.
adjourner, assigner en justice
advenant, convenable
adviser, décider
alentour, auprès, dans les environs

alleguer, indiquer, citer

amander, recevoir, gagner

amphore (f. 49$^{r\text{-}v}$) mesure de capacité grecque équivalant à env. 26 litres.

apothicaire, vendeur d'herbes médicinales, pharmacien

apparent, notable, important

apparoir, apparaître

apperra, (il) apparaîtra

appert, (il) apparaît

appoinctement, règlement, accord

apprehension, connaissance

arithmetique, mathématicien

arpent (f. 49^{v}), mesure agraire de valeur variable, correspondant à cent perches.

artifice, métier, art

as (plur. *asses* ; f. 1-4^{v}, 10^{v}), base de la monnaie romaine, valant un dixième du denier.

asses, v. *as*

au moyen de, v. *moyen*

aulcuns, quelques-uns, d'aucuns

ausser, rehausser, augmenter

avalluer, apprécier, évaluer

avers, avare

B

bailler, donner, fournir, offrir

bende, côté

besant (f. 9^{v}), monnaie d'or byzantine ayant cours en Occident.

billon (f. 1, 12), monnaie altérée par l'alliage ; depuis Charles VIII, monnaie formée par alliage de cuivre et d'argent.

blanc (ou *petit blanc* ; f. 12), petite pièce de monnaie d'argent valant la moitié d'un sou.

boesseau (f. 30^{v}, 49-50), boisseau, mesure de capacité équivalant, à Paris, à un douzième du setier, soit env. 13 litres.

C

cadeler, orner, enjoliver
calandre, sorte d'alouette
calculation, calcul
carolus (ou *kar-* ; f. 2, 10^v), monnaie frappée sous Charles VIII, valant dix deniers tournois.
certain, sûr, déterminé (préposé : f. 10^v, 55)
chanicque, chénice (gr. χοῖνιξ ; f. 49^v), mesure de capacité grecque, un huitième du setier, soit env. un litre.
chausse, entonnoir, filtre
chevance, patrimoine, possessions
chiliade, millier
cinct, ceint
circunder, entourer
cochevis, alouette crêtée
colliger, recueillir, rassembler
collocque, rassemblement
collocquer, placer
columne, colonne
combien que, bien que
commettre à, employer
comparaiger, comparer
composition, reddition
conclave (emprunt du lat.), grande salle
congié, permission, autorisation
congneu, connu
congnoistre, connaître, reconnaître
content, comptant
contrarieté, contradiction ; désaccord, opposition
convy, festin
coucher (*par escript*), rédiger
coulumbe, colonne
creable, crédible
creance, foi, crédibilité
cueillette, collecte d'argent

cuider, croire, estimer
cure, souci
curio, curion, prêtre d'une curie romaine

D

d'ambas, d'en-bas
dampnable, lamentable
debet, dette
declaration, explication, éclaircissement
deduyct, plaisir, divertissement
deduyre, développer, composer
deffaire, vaincre, mettre en déroute
denier (*passim*), I. monnaie française valant le douzième d'un sou (*sol*). *Denier tournois*, ou simplement *tournois*, pièce fabriquée à l'abbaye de St.-Martin de Tours, d'une valeur plus faible que le denier de Paris ; II. (*denarius*) monnaie romaine d'argent valant à l'origine dix as.
denunciation, annonce, communication
derrenier, dernier
despendre, dépenser
despens (plur.), frais
deust, (il) dût
devant (prép.), avant ; (adv.) avant, auparavant
diction, expression
dolent, affligé
d'ores en avant, dorénavant
douze vingts, deux cent quarante
drachme (*passim*), monnaie divisionnaire grecque, valant six oboles.

E

Edouart, v. *noble à la rose*
emboicque, euboïque, d'Eubée
entre, parmi, au milieu de
entretenement, entretien
enuches (ou *enn-*), eunuques

envers (prép.), vers ; devant ; auprès de ; contre
erain, airain, bronze
esbair, ébahir
esbat, *esbatement*, divertissement
eschayent, v. *escheoir*
escheoir, échoir, arriver, tomber
escrain, écrin
escripture, écrit
escripvain, copiste ; auteur
escu, I. grand bouclier ; II. (*passim*) *escu couronne*, monnaie royale française ; l'écu *au soleil* atteint le cours de deux livres en 1519.
esperit, esprit, intelligence
espicier, valet du roi chargé du service des épices ; marchand d'épices.
estellin (f. 9^{r-v}, 48^{v}), denier anglais ou denier écossais ; poids équivalent d'un vingtière d'once.
exacteur, qui commet un abus
exceder, dépasser
exercite (emprunt du lat. *exercitus*), armée
expositeur, commentateur
extenuer, rendre ténu, amoindrir

F

faict, possession, bien
faillir, manquer, faire défaut
faiz (nom), faix *ou* faits
fermier, qui loue selon un bail à ferme ; (en contexte romain) publicain
feste, faîte
festier, fêter
festiment, ornement de fête
fex, faix
finer, payer, régler
fons, fond ; *getter en fons*, jeter au fond
forain, v. *imposition foraine*

forfaire, perdre
forme, procédé
fourment, froment, blé
franc (ou *franc à cheval* ; f. 5, 13), monnaie d'or équivalant à une livre tournois.
franc à pied (f. 13), monnaie de Charles V.

G

gaze (emprunt du grec), trésor royal
gouffre, golfe
grever, incomber, revenir
gros (f. 9^{r-v}, 69^{v}, 78), petite monnaie, huitième partie de l'once.
gulosité, gloutonnerie

H

hanap, grande coupe
homme de cheval, cavalier
homme de pied, fantassin
huyt vingts, cent soixante

I

icelle, cette, celle-ci
icelluy, ce[t], celui-ci
impertinent, incongru, incohérent
imposition foraine, taxe de douane
inclination, inclinaison ; destinée
incontinent, aussitôt
increable, incroyable
intention, thèse, propos

J

javeline, dard long et menu
jeu, *jeut*, formes du verbe *gesir*
journal, v. *papier journal*
joyaulier, joaillier

jugere (f. 49ᵛ), mesure agraire romaine équivalant env. au quart de l'hectare.

K

karolus, v. *carolus*

L

lapidaire, marchand de pierres précieuses
lay, legs
leans, là
lecteur, esclave employé à la lecture à haute voix
libella (lat. ; f. 2ᵛ), monnaie romaine d'argent valant un as.
liberal, généreux, noble
livre (fém., emprunt du lat. *libra* ; *passim*), I. unité de poids, l'équivalent d'un as dans l'Antiquité romaine ; II. monnaie de compte valant vingt sous.
livrée, provision, nourriture
loz, louange
lubrique, glissant

M

maculer, tacher
maille (f. 1ᵛ, 12), petite monnaie de cuivre valant un demi-denier.
malle façon, malfaçon, tromperie
manouvrier, ouvrier ; manœuvrier
marc (f. 6ᵛ, 9-10, 13, 14ᵛ, 64), unité de poids pour l'or et l'argent
marrien, v. *merrien*
medaille [*d'or*], monnaie romaine d'or de valeur variable
medimne (f. 49ʳ⁻ᵛ), mesure de capacité correspondant, à Athènes, à six setiers, soit env. 51 litres.
memoire, historiographie
merrien, bois de construction
merveiller, éblouir, émerveiller
més, mets

messaige, envoyé, messager
mestier, besoin
mettre sus, former, fonder, organiser ; *mettre sus à*, accuser
mine, I. (*passim*) monnaie grecque valant cent drachmes ; II. (f. 49-50) mesure parisienne de capacité, la moitié d'un setier, ou six boisseaux, soit env. 78 litres.
minot (f. 49^{v}), mesure de capacité valant, à Paris, la moitié d'une mine ou trois boisseaux, soit env. 39 litres.
monstre, spectacle ; *mettre en monstre*, montrer, exhiber
mont (adv. pour *moult* ?), beaucoup
monter, s'élever à
moyen : *au moyen de*, à cause de, en raison de ; *au moyen de quoy*, c'est pourquoi ; *sans moyen*, immédiatement, directement.
mulcte, amende
musser, cacher
muy (du lat. *modius* ; f. 30^{v}, 49^{r-v}, 62), muid, mesure de capacité romaine, correspondant au boisseau.
myriade, dizaine de milliers

N

naif, naturel
nautonnier, pilote de navire
ne (conj.), ni
noble (ou *noble à la rose* ; f. 9), monnaie d'or anglaise frappée sous Édouard III.
nombrer, compter
nomisma (grec), monnaie
note, marque, signe
numme (emprunt du lat. *nummus* ; f. 4, 28^{v}), autre nom du sesterce
numus (lat., classique *nummus* ; f. 2^{v}), monnaie ; sesterce.

O

obelle, v. *obolle*
obicer (emprunt du lat. *obicere*), reprocher
obolle, I. (*passim*) monnaie grecque : obole, le sixième d'une

drachme ; II. *obole tournois* (f. 10^{v}) : monnaie française de cuivre valant la moitié d'un denier tournois.

odoriferant, parfumé

once ($1^{r\text{-}v}$, 8^{v}-10, 37, 69^{v}-70, 73, 78), unité de mesure valant un douzième (du latin *uncia*) ; elle s'applique au poids, à la durée, à la longueur et à la monnaie.

oraison, discours

ordonnance, organisation, disposition ; règlement, édit

ore(s), maintenant ; *d'ores en avant*, dorénavant

ost, armée, campement

outrecuidance, témérité

P

papier journal, livre de compte

par quoy, par conséquent, partant

paragonner, comparer

partir, partager, diviser

passe (emprunt du lat. *passer*), moineau

pavillon, logement portatif des soldats

pavoy, bouclier

pelte (emprunt du lat. *pelta*, repris au grec), petit bouclier

pescherie, pêche

peult, (il) peut

peust, (il) pût

peut, (il) put

philippus (f. 9), monnaie néerlandaise frappée sous Philippe le Bon.

pieton, fantassin

piraticque, des pirates

plane, platane

plusier, pluriel

poisent, (ils) pèsent

poix, *poys*, poids

pondo, nom latin indéclinable pour indiquer la livre (*libra*).

pouoir, pouvoir

pourtraicture, portrait, buste

praticque (subst.), procédé ; calcul
preciput, sommet, élément principal
preudhommie, probité, honnêteté
pugnir, punir
pyte (f. 10^v), petite monnaie de cuivre valant le quart d'un denier ; … *et pyte* : façon d'exprimer l'approximation.

Q

quadrant (lat. *quadrans* ; f. 1^v), la quatrième partie d'un as.
quadrantal (f. 49^v), équivalent romain de l'amphore, soit env. 26 litres.
quadrin (emprunt de l'italien *quattrino* ; f. 1^v-2^v), Budé emploie ce mot pour *quadrant.*
quant (adj.), combien de
quant (conj.), quand ; *quant est de,* quant à
quart, quatrième
quis, recherché, requis

R

raison, compte ; proportion, division
rebellation, rebellion
reciter, rapporter, citer ; raconter
rediger, réduire ; soumettre ; ramener
reduyre, ramener, rapporter à
remonstrance, protestation, mise en garde
remonstrer, indiquer, avertir, reprocher
repue, repas, nourriture
requis, exquis, excellent

S

sallie, sortie, issue
sapience, savoir, sagesse, science
sceust, (il) sût
se (conj.), si
seant, assis

semblance, image, portrait

septz, cep, bloc de bois où l'on serrait les pieds des prisonniers.

sesquisexte [*proportion*], proportion de six à sept, ou des sept sixièmes.

sesquitierce [*proportion*], proportion de trois à trois et demi, ou des quatre tiers.

sesterce (*passim*), monnaie romaine d'argent valant deux as et demi, aussi appelée *petit sesterce* par Budé pour la distinguer du *grant sesterce,* qui en vaut cent mille.

sestier (du lat. *sextarius* ; f. 49[v]), setier, mesure de capacité romaine, valant un sixième du conge, soit env. huit litres.

sextans (lat. ; f. 1), la sixième partie d'un as

six vingts, cent vingt

social, des alliés (*socii*)

sol (*passim*), pièce de menue monnaie, valant un vingtième de la livre ; *douze solz et six,* sous-entendu *deniers.*

sommaire, résumé, abrégé

soubtrahirent, (ils) retirèrent, refusèrent

souldre (pour *sourdre*), surgir

souloir, avoir coutume, être habituellement

sourdit, (il) surgit

spaciosité, étendue

sportule, petit sac contenant de l'argent et de la nourriture que les patrons romains distribuaient à leurs clients.

stater (aussi *-tere* ; f. 9, 57[v], 69[r-v], 73[v], 77-78), monnaie grecque valant quatre drachmes ; nom employé pour d'autres monnaies.

stipende, solde

stipendiaire, qui perçoit une solde, relatif aux soldes ; *ville stipendiaire,* soumise à un tribut.

stipendier, payer, verser un salaire ou une solde

subsides, moyens ; impôts

summairement, brièvement

superfluité, disproportion ; (plur.) délices

superintendence, surintendance, direction

T

table, v. *tenir table*
talent (*passim*), poids et monnaie grecque de valeur variable.
tare, différence
taxe, taux
taxer, accuser
tenir table, être hospitalier ; accueillir
teruncius (lat. ; f. 1*v*), litt. « trois douzièmes [onces] », le quart d'un as.
tolissoit, (il) retirait
tournois, v. *denier* et *obolle*
tout ung, le même, identique
translater, traduire
translateur, traducteur
tribut, tribu
tuition, protection

U

unze, onze

V

vaillant, patrimoine
vectigal (emprunt du lat.), impôt, tribut
velà, voilà
venir en avant, se répandre
vesseaux (ou *vai-*), vaisselle de parement
victeur, vainqueur
vingts (base vigésimale), v. les multiplicateurs *six, huyt, douze*
voulsist, voulsissiez, (il) voulût, (vous) voulussiez
vueil, (je) veux

TABLE DES MATIÈRES

Collection
« Les Classiques de l'Humanisme »

dirigée par Pierre Laurens, Alain Michel et Alain-Philippe Segonds

– Déjà parus –

LÉON BATTISTA ALBERTI

Poèmes (*Rime*), par G. Gorni et M. Sabbatini.

Grammaire de la langue toscane (*Grammatichetta*) par Giuseppe Patota

FLAVIO BIONDO

Rome restaurée (*Roma instaurata*), t. I (livre I), par A. Raffarin-Dupuis.

GUILLAUME BUDÉ

L'étude des Lettres. Principes pour sa juste et bonne institution (*De studio literarum recte et commode instituendo*), par M.-M. de la Garanderie.

Le passage de l'hellénisme au christianisme (*De transitu Hellenismi ad Christianismum*), par M.-M. de la Garanderie et D. Penham.

Philologie (*De Philologia*), par M.-M. de la Garanderie.

DANTE ALIGHIERI

Le Banquet (*Il convivio*), par Ph. Guiberteau (traduction seule).

MARSILE FICIN

Théologie platonicienne de l'immortalité des âmes (*Theologia platonica de immortalitate animarum*), tomes I, II et III, par R. Marcel.

Commentaire sur *Le Banquet* de Platon (*Commentarium in Convivium Platonis de amore*), par P. Laurens.

PIERRE MARTYR D'ANGHIERA

Les quatre voyages de Christophe Colomb (*De orbe novo*, Ire Décade), par B. Gauvin.

GIROLAMO MERCURIALE

La gymnastique (*De arte gymnastica*), livre I, par J.-M. Agasse.

ALBERTINO MUSSATO

Écérinide, Épîtres métriques sur la poésie, Songe (*Ecerinis, Epistolae, Somnium*), par J.-F. Chevalier.

AGOSTINO NIFO

Du beau et de l'amour. I. Le livre du beau (*De pulchro liber*), par L. Boulègue.

PÉTRARQUE

Lettres familières (*Rerum familiarium libri*), t. I, II, III, IV et V (livres I-III, IV-VII, VIII-XI, XII-XV et XVI-XIX), par U. Dotti et A. Longpré.

Lettres de la vieillesse (*Seniles*), t. I et II (livres I-III, IV-VII), par U. Dotti, E. Nota, F. Fabre, A. de Rosny, *et al.* ; III (VIII-XI) par U. Dotti, E. Nota et C. Laurens ; et IV (XII-XV) par U. Dotti, E. Nota, J.-Y. Boriaud et R. Lenoir.

L'Afrique (*Africa*), t. I Chants I-V, par P. Laurens.

ANGE POLITIEN

Silves (*Silvae*), par P. Galand-Hallyn.

LE POGGE

Les Ruines de Rome (*De varietate fortunae*, Livre I), par J.-Y. Boriaud et F. Coarelli.

IACOPO SANNAZARO

L'Arcadie (*Arcadia*), par G. Marino.

– Prochains volumes à paraître –

LÉON BATTISTA ALBERTI

t. VI. *Profugiorum ab ærumna*, par M. Ponte.

t. IX. *Amatoria* et autres écrits, par S. Stolf et C. Martelli.

JÉRÔME CARDAN, Traité des songes (*De insomniis*), par J.-Y. Boriaud.

NICOLAS DE CUSE, *De coniecturis*, par J.-M. Counet.

AGOSTINO NIFO, De l'Amour (*De Amore*), par L. Boulègue.

PÉTRARQUE, Lettres de la vieillesse (*Seniles*) , livres XVI-XVIII par U. Dotti, E. Nota, J.-Y. Boriaud et P. Laurens.

TROIS TRAGÉDIES LATINES (LOSCHI, DATI, CORRER), par J.-F. Chevalier.

Ce volume,
le trentième de la collection
« Les Classiques de l'Humanisme »
publié aux Éditions Les Belles Lettres
a été achevé d'imprimer
en juillet 2008
sur les presses
de la Nouvelle Imprimerie Laballery
58500 Clamecy

N° d'éditeur : 6751
N° d'imprimeur : 808044
Dépôt légal : septembre 2008
Imprimé en France